거만한 놈들이 세상을 바꾼다

존 엘리엇 지음 | 최소영 · 김원옥 옮김

한언 HANEON.COM

거만한 놈들이 세상을 바꾼다

펴 냄 2005년 1월 25일 1판 1쇄 박음 / 2007년 10월 10일 1판 4쇄 펴냄
지은이 존 엘리엇
옮긴이 최소영 · 김원옥
펴낸이 김철종
펴낸곳 (주)한언
       등록번호 제1-128호 / 등록일자 1983. 9. 30
주 소 서울시 마포구 신수동 63-14 구 프라자 6층(우 121-854)
       TEL. 02-701-6616(대) / FAX. 02-701-4449
책임편집 김지혜 jhkim@haneon.com
디자인   이정아 jalee@haneon.com
홈페이지 **www.haneon.com**
e-mail   haneon@haneon.com

거만한 놈들이 세상을 바꾼다

나를 넘어 정상에 설 수 있도록
이 책이 당신을 도울 것입니다.

To _____

_____

_____

_____

_____

_____

_____

_____

From _____

세계 챔피언이자 남다른 사고방식의 소유자였던
존 세켓과 팀 심슨 박사를 기리며

'평범함'을 '비범함'으로
바꾸는 놀라운 힘

10여 년 전 나는 한 의대 교육 관련 회의에 패널로 초대 받은 적이 있다. 천여 명 정도 되는 청중들이 모여 있었던 것으로 기억하는데, 회의의 주제는 당시 의학계의 논쟁거리 중 하나였던 '인턴과 레지던트들의 과도한 근무시간과 스트레스'였다. 사회자는 패널들에게 학생들을 훈련시키는 동안 스트레스 문제를 어떻게 다루는지 물었다. 나는 이렇게 대답했다. "저는 제 레지던트들에게 최대한의 스트레스를 줍니다. 거기서 견디지 못하는 사람은 제적시켜 버리죠."

그러자 회의장은 물을 끼얹은 듯 조용해졌다. 몇몇 사람은 박수를 보내기도 했지만, 야유를 보내는 사람도 많았다. 나는 놀라지 않았다. 스트레스와 일중독은 비단 의학계만이 아닌, 사회 전반에 걸친 문제였다. 그나마 열렬한 반(反) 스트레스 부대가 활약한 덕택에 지금은 레지던트가 주당 80시간 이상 일하지 못하는 법적 규제가 마련되었다. 물론 병원 재량으로 8시간 추가 근무를 시킬 수 있는 예외조항이 있지만 말이다. 나는 그 회의에서, 젊은 의사들의 '과로'를 둘러싼 논쟁에 이 책이 인용되었다면 얼마나 좋았을까 하는 생각을 했다. 이 책은 '효율을 높이려면 스트레스를 피해야 한다'는 주류 심리학자들의 관습적 믿음에 대한 해독제다. 훌륭한 외과의사라면 정교한 수술에 성공하고 어떠한 불의의 사고에도 대처할 수 있는 능력을 갖추기 위해, 훈련 기간 동안 기꺼이 극도의 스트레스를 감당할 것이다.

존 엘리엇은 이 점을 잘 알고 있다. 심리학자이자 대학 교수로서, 그는 신경의학 분야의 놀랄 만한 진보에 통달한 사람이다. 그는 외과의사들이 일하는 모습과 스트레스 상황에 어떤 사고방식으로 대처하는지 직접 관찰하면서 '고도의 성취자'들에 대한 연구를 진행해왔다. 또 최근 들어서는 운동선수, 음악가, 기업가들이 어떻게 자신들의 재능과 노력을 위대한 업적으로 승화시켰는지 연구하는 데 많은 시간을 할애하고 있다. 엘리엇 박사는 왜 스트레스가 좋은 것인지 잘 이해하고 있다. 그는 외과수술을 포함한 지구상의 모든 복잡한 업무와 임무를 제대로 수행하려면, 단순한 스킬 외에도 고도로 정신을 활용하는 법을 훈련해야 한다고 주장한다. 나 역시 그 의견에 전적으로 동의한다. 신경의학과 교수인 나의 임무는 최고의 재능을 지닌 숙달된 젊은 의사들에게 '극한의 상황에 부딪혔을 때 사고력을 100% 활용하는 법'을 가르치는 것이다. 그래서 나는 최대한 스트레스가 심한 수술현장과 유사한 환경을 만들어서 훈련을 시키고 있다. 최고의 조종사들이 극도의 시뮬레이션으로 훈련받는 것과 비슷한 이치다.

내가 가르치고 있는 최고의 학생들은 엘리엇 박사가 '무한성취' 수준이라고 인정할 정도의 뛰어난 능력을 갖췄다. 나 역시 위대한 신경외과의가 되겠다는 포부를 안고 첫발을 내딛었던 때를 기억한다. 그러므로 내 학생들 역시 당시의 나처럼 이러한 꿈을 이루는 게 삶의 최우선 목표이기를 바란다.

물론 친구들이나 가족, 동료들이 이런 주장을 쉽게 받아들이지는 않을 것이다. 그런 사람들을 만나면 나는 '어떤 분야이든 최고의 사람들은 달걀을 한 바구니에 몰아넣는다'는 내용의 6장을 읽어보라고 권하고 싶다. 어떤 분야에서건 최고가 되려면 그렇게 하는 것이 관건이기 때문이다. 자신이 하는 일에 전념하고 그것을 사랑하면, 88시간 따위는 순식간에 지나가 버린다. 나에게 가장 힘든 것은 밤새도록 열정적으로 일한 바람에 일주일 제한 시간에 도달해 버린 레지던트들에게 '집에 가라'고 알려주는 일이다. 학생들은 걱정한다. "그럼 내일 배울 것들은 어쩌고요?" 아무리 피곤해도 위대한 신경외과의가 될 자질을 높일 기회를 놓치고 싶지 않은 것이다.

분명 '보통' 사람들은 이런 식으로 행동하지 않는다. 그러나 바로 이 비범함이 높은 성취를 위한 핵심 요소다. 도대체 평범한 방식으로 어떻게 자기 분야에서 최고가 될 수 있겠는가? 평범하게 사는 것이 당신 삶의 목표라면, 이 책은 당신에게 필요 없다.

나는 운 좋게도 재능 있는 여러 사람들과 일할 기회를 누려왔다. 그리고 그들에겐 눈을 씻고 봐도 평범한 구석이라곤 없었다. 그 중에는 상태가 중한 환자들도 있었다. 크리스토퍼 리브 *Christopher Reeve*가 버지니아 농장에서 낙마 사고를 당해 우리 병원으로 실려 왔을 때, 우리는 진료팀에게 절대안정을 취하게 하라고 지시했다. '우리가 과연 그에게 무슨 도움을 줄 수 있을까?' 의문을 가진 사람이 많았고, 힘든 시간을 보내고 있던 리브 자신도 마찬가지 심정이었다. 그러나 시간이 조금 지나자 그는 일말의 가능성도 없다는 모든 과학적 증거에도 불구하고, 다시 걸을 수 있게 되기까지 전력을 다하기로 결심했다. 그의 이러한 뜨거운 열망은 척수 연구에 혁명을 가져왔다. 자신의 상태를 있는 그대로 받아들이면서도, 그는 척수 장애를 가진 여러 사람들을 위해 척수 장애 치료법 개발에 대한 국가적, 국제적 관심을 모으는 데 노력했다.

리브의 업적은 동료 닐 캐셀*Neal Kassell* 박사가 사무실 벽에 붙여놓았던 조지 버나드 쇼의 격언을 떠오르게 한다.

합리적인 사람은 자신을 세상에 적응시킨다.
비합리적인 사람은 세상을 자기에게 맞추려고 고집을 부린다.
모든 발전은 바로 이 비합리적인 사람으로부터 비롯된다.

당신이 일을 진전시키고 싶거나 자기 분야에서 최고가 되고 싶다면, 어떻게 하면 재능을 극대화할 수 있는지 궁금하다면, 인간의 정신이 어떻게 작용하고 우리가 왜 '두뇌의 밀레니엄'이라고 불리는 이 시대에 들어섰는지에 대한 통찰력을 얻고 싶다면, 그리고 다소 '비합리적'이라거나 '비정상'으로 보이는 것을 별로 꺼리지 않는다면, 계속 이 책을 읽어도 좋다.

— 존 A. 제인 시니어*John A. Jane, Sr.* 박사

제인 박사는 1969년부터 버지니아 대학의 신경의학과 교수와 학장직을 맡아왔고, 미국 신경외과의사협회에서 주는 최고 상인 쿠싱 메달을 받은 바 있다. 신경외과 분야에서 세계적으로 인정받는 제인 박사는 크리스토퍼 리브가 1995년 낙마 사고로 전신마비 상태가 되었을 때 그의 치료를 담당했다.

CONTENTS

PART ONE

무한성취자의 정신 속으로

PART **T W O**

● 당신도 무한성취자가 될 수 있다

무한성취의 신화

Mythological story of overachievement

당신은 어떤 사람의 삶을 가장 동경하는가? 성공을 떠올릴 때 누가 생각나는가? 당신은 모르고 있는 성공으로 가는 길을 누군가는 알고 있는 게 아닌지 궁금해 한 적이 있는가? 빌 게이츠는 어렸을 때 그냥 컴퓨터를 좋아해서 컴퓨터 소프트웨어를 '가지고 놀기' 시작했다. 어린시절의 이런 열망이 그를 세계 최고의 부자로 만들었다. 마이클 델은 자기 혼자 차린 컴퓨터 회사가 언젠가 IBM을 이길 거라고 확신하며 대학을 중퇴했다. 15년 후에 델 컴퓨터는 세계에서 컴퓨터를 가장 많이 파는 회사가 되었다. 칼리 피오리나는 모든 역경을 이기고 〈포춘〉 지가 선정한 20대 기업의 CEO 중 최초의 여성이 되었고, 이후 많은 사람들이 우려했던 HP와 컴팩의 합병을 성사시켰다. 그러나 거대해진 HP는 여전히 잘 굴러가고 있으며, 피오리나는 델을 추월하려고 분투하고 있다. 윈드 서퍼이자 베트남 퇴역군인 출신의 과학자 J. 크레이그 벤터*Craig Venter*는 1998년, 정부가 지원하는 과학자 컨소시엄보다 더 빠르고 더 경제적으로 향후 3년 안에 인간 게놈 지도를 완성할 것을 목표로 회사를 설립했다. 유전학 관련 기관들은 불가능한 일에 대해 거짓 선전을 유포한다며 그를 비난했다. 한 저명한 유전학자는 벤터의 전략이 곧 '비극적인 장벽에 부딪힐 것'이라고 의회를 향해 경고했다. 그러나 2001년 2월, 벤터는 예정보다 훨씬 앞서 인간 생리학과 질병에 대한 귀중한 지식을 발견했다고 발표했다. 타이거 우즈는 21세에 프로선수로 입문해 프로 입문 첫 해에 12타의 기록으로 마스터스 챔피언이 되었다. 그리고 그 후에도 연속 두 번이나 마스터스 챔피언 자리를 지켰으며, 29세까지 총 40개의 챔피언 타이틀을 획득했다.

타이거 우즈처럼 스트레스를 잘 조절할 수 있다면, 혹은 당신이 선망해 마지않는 빌 게이츠처럼 부자가 될 수 있다면, 당신의 삶은 어떤 모습일까? 당신에게 마이클 델의 자신감이나 칼리 피오리나의 강인한 집념이 있다면, 어떤 일을 할 수 있을지 상상해보라. 벤터처럼 광대한 꿈을 펼쳐서, 안 될 거라고 말하던 사람들에게 한 방 먹여줄 수 있다면 얼마나 멋지겠는가? 자기 분야에서 고착된 관행에 구애받지 않고 원하는 일을 추진할 수 있을 만큼 수억 달러를 가지게 된다면 얼마나 근사할까? 유명인사는 아니라도 주변의 사장이나 동료·경쟁자 중에서, 열정과 능력으로 똘똘 뭉쳐 당신에게 끊임없이 감동을 주는 사람들이 있을 것이다. 혹은 무슨 일을 하든 무엇을 목표로 하든, 힘도 안 들고 언제나 최고의 자리에 도달하는 옛 친구나 가족도 있을 것이다.

이 책은 당신이 그런 사람 중의 한 사람이 되도록 도울 것이다.

앞에서 말한 사람들이 모두 슈퍼맨쯤이나 되는 것 같지만, 그들은 결코 유전적 변종이 아니다. 그들은 단지 우리 모두가 될 수 있는 모습을 대변하고 있을 뿐이다. 빌 게이츠나 마이클 델보다 더 똑똑한 사람들은 많았지만, 둘은 그 똑똑한 사람들을 활용해 사업을 일으킨 선구자였다. 칼리 피오리나는 세계에서 가장 유명한 테크놀로지 기업을 운영하고 있지만, 정작 자신은 '공학자'가 아니었다. 피오리나는 대학에서 철학과 중세학을 전공했다. 벤터는 미국 유수 대학의 과학자들을 모아 셀레라 *Celera* 사를 창립했지만, 그 이전 수년 동안 진행된 연구에서는 6만여 개의 인간 유전자 중에서 겨우 3%를 해독한 상태였다. 타이거 우즈는 천상의 재능을 가진 골프선수이긴 하지만, 미국 어느 주에나 우즈보다 더 멀리 드라이브샷을 날릴 수 있는 건장한 청년이나 더 정확한 퍼팅을 구사하는 십대 소녀들이 수두룩하다. 천부적인 재능과 지능은 분명 삶을 수월하게 만들수 있다. 그러나 그것이 업적을 가능하게 만드는 결정적인 요인은 아니다. 운으로만 되는 것도 더더욱 아니다. 당신이 누구를 가장 선망하든, 사실 그 사람은 당신 생각만큼 특별한 사람들이 아니다.

단 한 가지, 그들은 다르게 사고한다는 것만 빼곤 말이다. 호각이 울릴때, 칩이 놓였을 때, 협상 테이블에 앉았을 때, 무대의 조명을 받았을 때, 그들은 특별한 정신상태에 빠진다. 평범한 사람이 무한성취자가 되는 순간은 생의 미션을 받았을 때 이 특별한 정신상태를 가동하기 시작하면서부터다. 이 정신상태를 가동하도록 돕는 것, 즉 어떤 '행동'을 해야 하는가가 아니라 어떤 생각을 해야 하는가를 보여주는 것이 이 책의 목적이다.

이 책은 당신의 정신상태를 재조정해서 최상의 상태에서 일을 하고, 그 일에 더 능숙해질 수 있도록 도울 것이다. 여기서 내가 전달하고자 하는 것은 최고의 성과를 올리는 비법이나 직관이 아니다. '누가 이렇게 했더니 성공했더라' 하는 무용담이 아니며 이 책의 모든 내용은 과학적 연구에 기초하고 있다.

무한성취에서 성별과 연령의 한계는 없다. 단지, 중요한 점은 하루아침에 일어나지 않는다는 점이다. 나는 요술방망이를 휘둘러 당신을 타이거 우즈나 빌 게이츠로 변신시킬 수 없다. 당신은 살 빼는 약, 정력을 증진시키는 약, 우울증을 치료하는 약은 얻을 수 있겠지만, 나는 여기서 당신에게 어느 날 갑자기 위대한 성취자의 정신을 갖게 해주는 알약을 건네줄 수가 없다. 성공으로 향하는 '큰 발걸음'이나 '7가지 비결', '60초 처방전' 따위는 없다.

스포츠에서 내가 제일 진부하다고 생각하는 말이 '정신력'이다. 정신적인 무장을 한 선수가 육체적인 재능을 가진 경쟁자를 이긴다는 것이다. 아직도 많은 사람들이 이 말을 신봉한다. 그래서 지난 20여 년간 임상심리학자들이 선수들에게, '스트레스 조절법', '목표 설정', '시각화', '자기암시' 같은 기술을 가르쳐왔던 것이다. 프로선수들에게 '정신적 우위'를 심어주었다는, '강한 정신력'을 길러주었다는 각종 기술을 담은 자칭 '세계적인 권위자들'이 쓴 기사와 책들이 넘쳐 났고, 수십만 부씩 팔려나갔다.

그런데 어째서 이 모든 사람이 뛰어난 성취자가 되지 않았을까?

심리학자들과 코치들은 만병통치의 즉효약을 손에 들고, 내가 '무한성취의 망상'이라고 부르는 슬로건을 전파해왔다. 그들이 주장하는 내용은 이렇다.

1. 머리를 써라
2. 긴장을 풀어라
3. 자신의 한계를 알아라
4. 목표를 설정하라
5. 열심히 노력하라
6. 달걀을 한 바구니에 담지 말라

7. 자만심을 버려라　　8. 팀 플레이어가 돼라

9. 실수에서 교훈을 얻어라　　10. 리스크를 최소화하라

일견 합리적이고 지각 있고 이성적으로 들리는 이런 충고들은 '궤변'일 뿐이다. 자기계발에 대한 그런 허튼소리들은 당신을 평범한 사람으로 좌천시킬 뿐이다. 무한성취자들은 절대 합리적으로, 지각 있게, 이성적으로 사고하지 않는다. 당신의 삶의 목표가 다른 사람과 잘 어울리며 지내는 것이라면, 이 책은 더더욱 당신을 위한 책이 아니다.

이 책은 자신의 가능성을 최대화하길 바라는 사람들을 위한 것이다. 그리고 그렇게 하려면, 걱정은 바람에 날려 버리고 부모나 코치, 배우자나 사장이 말하는 '현실적이 되라'는 간청은 무시하라. 성공 확률에 얽매인 현실적인 사람들은 결코 비범한 일을 달성하지 못한다. 최고의 성취자들은 확률을 무시한다. 그들은 가능성에 자신을 한정하는 대신, 가슴 뛰고 흥미진진하며 원대한 것, 남들과는 다른 꿈들을 추구한다.

진정으로 위대한 성취자가 되고 싶다면, 진부한 생각은 떨쳐버리고 다음 내용에 귀를 기울여라.

1 _ 머리를 쓰는 것은 어리석은 짓이다

진정한 천재는 요기 베라 *Yogi Berra* 같은 사람이다. 월드 시리즈 경기장과 명예의 전당에 열 번이나 섰을 때 요기는 아무것도 생각하지 않았다.

2 _ 최고의 사람들은 스트레스를 환영하며, 오히려 거기에 흠뻑 빠진다

긴장을 완화시켜준다는 심호흡과 긴장완화 기술은 오히려 놀라운 기

록을 세울 수 있는 가능성을 없애고, 최고의 실행을 방해한다. 스트레스는 무한성취자들의 에너지원이다.

3 _ 한계란 없다

당신이 진짜 도달할 수 있는 한계가 어디까지인지 알고 싶다면, 스스로 정한 한계를 없애고 몸을 사리지 않고 도전해봐야 한다.

4 _ 목표 설정은 게으른 사람들에게나 해당되는 말이다

'목표 설정'은 사실상 불타오르는 동기에 찬물을 끼얹는 핵심적인 장애물이다. 그렇게 해서는 위대한 인물이 될 수 없다.

5 _ 열심히 노력하면 바보가 된다

슈퍼스타들은 일을 언제 그만둘지, 언제 다시 시작할지를 안다. 여러 연구와 상담을 통해, 나는 너무 많이 연습하면 '동기만 높고 성과는 낮은' 전형적인 결과만을 낳는다는 사실을 발견했다.

6 _ 달걀은 모두 한 바구니에 담아라

성취는 한 가지에 집중해 몰두하는 과단성에서 나온다. 마음의 일부를 따로 떼어 놓고는 슈퍼스타의 대열에 낄 수 없다

7 _ 거만한 놈들이 세상을 바꾼다

성취자에게 자신감의 상한가 따위는 없다. 어떤 분야이든 진짜 최고는 으레 대부분의 사람들이 고개를 절레절레 저을 만큼 자신감에 넘친다. 그

것이 그들이 최고의 자리에 도달한 이유다.

8 _ 팀 플레이어가 되면 실적평가에서는 우수상을 차지하게 될지 몰라도, 사장실은 차지하지 못할 것이다

독보적인 존재가 되려고 노력하다 보면 다른 사람 눈 밖에 나는 것은 어쩔 수 없는 일이다. 다재다능한 천재는 왕따 CEO가 된다. 젊고 유머러스한 간부 정도로는 별볼일 없다. 최고의 성취자는 유별나게 생각할 뿐 아니라, 동료들에게도 다르게 사고하도록 가르친다.

9 _ 전설적 인물들은 미안하다고 말하지 않는다

실수에 대해 곰곰이 되새겨보고, 성공에 대해 떠올려보지 않는 것은 실패의 두려움을 키우는 확실한 지름길이다. 최고의 성취자들은 자기들이 잘하는 것을 '많이' 생각하고, 이미 한 일에 대해 되돌아보는 데는 인색하다.

10 _ 리스크 분석은 겁쟁이들이나 하는 짓이다

독보적인 사람들에게, 리스크란 보상과 동의어다. 불확실성을 향한 도전이야말로 높은 성과를 추구할 때 맛볼 수 있는 묘미고, 바로 거기에 무한성취가 존재한다.

이런 내 처방을 거북스러워하고 못마땅해하는 사람들이 있다. 관습적인 지혜를 따르거나 '정상*normal*'이 되려고 노력해서는, 명성과 부와 지극한 행복감을 느끼는 최고의 성취자가 되기 힘들다. 최고의 성취자들은 시시콜콜한 심리학책을 탐독하거나 '심리치료' 따위에는 나가지 않는다. 무하마드 알리가 정신병원 세미나실에서 메모를 하고 있는 모습을 상상할 수 있는가? 악명 높은 테드 터너나 리처드 브랜슨*Richard Brandson*은 말할 것도 없고, 워렌 버펫이나 조지 소로스는 또 어떠한가?

사실, 대부분의 스포츠 심리학자들과 코치들은 그런 특이한 캐릭터가 어떻게 형성되는지 모르고 있다. 그런 사람들의 성공 이유는 주류 심리학에서 주장하는 이론과는 무관하다는 것을 말이다. 주류 심리학은 연구의 초점을 '건강', 즉 적응을 잘 하고 정상적인 상태를 유지하며 주류에 속하는 것에 맞춰 왔기 때문이다.

임상학자들은 심리적 '문제'를 진단하는 법을 훈련 받는다. 그들의 목표는 비정상적인 것을 찾아내 그것을 없애는 것이다. 당연히 그들은 똑같은 잣대를 들이대 정상과 비정상을 평가한다. 그러나 위대한 성취자들은 사실 대부분 이들 임상학자들의 기준으로 보면 '비정상'이다. 그들은 스스로를 군중으로부터 분리하는 데 평생을 바친다.

내 목표는 당신을 옳은 길로 안내하고 당신이 가진 최고의 잠재력을 발휘하도록 돕는 데 있다. 나는 이런 이야기를 책으로 펴낸 최초의 사람이다. 머리를 '뜯어고치는' 심리적 기술이나 훈련이 아닌, 대부분의 사람들이 정신병자라고 손가락질할 만한 사고방식을 주입시킬 것이다. 내가 '지나치게 자만감에 가득 차 있고', '정신 나간' 사람처럼 보이고, 이 책으로 당신에게 아주 또라이가 되는 법을 가르치려 하는 것처럼 보이더라도 이해하기를 바란다.

나는 스포츠에 미쳤던 어린시절부터 인간이 가진 성취능력에 매료되었었다. 1960년 미국 올림픽 스키팀 코치였던 내 아버지 릭은 선수들을 전광석화처럼 빨라지게 만들어줄 전혀 새로운 방법을 연구하고 있었다. 나 역시 뛰어난 스키선수가 되려고 부단히 노력했지만 아무리 노력해도 별로 소질을 보이지 못했고, 룸메이트였던 존 고프 *John Goff* 에게 늘 놀림감이 되었다. 존은 구장과 코트 양쪽에서 뛰어난 활약을 벌인 강한 정신력의 소유자였다. 4학년 때 나는 스트레스 상황에서 지각능력과 집중력, 운동능력을 높이는 실험실 연구와 현장 실험을 통해서, 본격적으로 인간 성취능력의 심리에 대해 직접 연구하기 시작했다. 곧 나는 주류 심리학자들이 내놓은 유명한 이론들이 실제로 경기력 향상은커녕 오히려 방해만 해왔다는 것을 깨달았다.

나는 버지니아 대학에서 인간의 성취능력에 관해 연구하던 심리학자 밥 로텔라 *Bob Rotella* 교수의 지도 하에 내 연구를 계속하기로 결심했다. 로텔라 교수는 프로 골퍼들이 압박감 속에서도 자신감을 높이고 집중할 수 있도록 도왔고, 여러 사람을 챔피언으로 만들었다.

1990년대 초반이었다. 심리학계는 한 저명한 심리학자가 '흐름 *flow*' 이라고 이름 붙인 '최상의 경험' 이라는 것에 열광했다. '흐름' 이란 아무 것도 중요하지 않게 여겨지는, 시간과 공간이 사라진 듯한 무아지경의 정신상태를 뜻한다. 선수들이 말하던 전설의 지대 같은 것이었다. 내가 하던 여러 연구결과와 너무나 일치한 주장이었다.

상담을 계속 하면서, 나는 압박감 속에서도 계속해서 성공을 거두는 본능적인 성취자들, 예를 들어 달라스 카우보이의 전설적 인물 에미트 스미스 *Emmitt Smith* 와 메릴 린치 부회장 딘 트린들 *Dean Trindle* 같은 사람들은 심리학자가 방문하는 날에는 어떻게 해서든 핑계 거리를 만들어 상담을 피하려 한다는 것을 알아차렸다. 내가 그 이유를 묻자, 그들은 이구동

성으로 대답했다. 이제까지 여러 번 심리학자들과 상담을 해봤지만, 그때마다 더 좋은 성과를 내는 게 아니라 오히려 더 나쁜 성과를 얻었다는 것이다. 그들은 오히려 전통적인 심리학 기술이나 자기계발 서적들에서 받은 영향을 지우는 데 주력하고 있었으며, 성과를 나아지게 하기 위해선 다른 게 필요하다는 것을 알고 있었다.

나는 그들에게 '다르게 생각하는 법' 을 가르친다. 대다수의 기준에 볼 때 아주 비정상적인, 아니 유별난 사람이 되는 걸 자랑으로 여기라고 말이다. 다르게 생각하는 사람이 되는 일은 쉽지 않다. 그래서 대부분의 사람들이 어려운 길을 포기하고, 다른 사람 뒤를 좇는 쉬운 길을 택한다. 그러나 다른 사람의 성공지도가 당신을 똑같이 성공으로 안내해주지는 못한다.

오랫동안의 경험을 쌓은 행동심리학자로서 나는, 최고의 성취자들이 어떻게 정신을 사용하는지 그 방법을 알려줄 수 있다. 스트레스 상황에서 두뇌가 어떻게 작동하는지 그 과학적 근거도 알려줄 수 있다. 그러나 나는 당신에게 자신감을 심어주거나 생각을 전환시킬 스위치를 작동시켜줄 수는 없다. 이제까지 내가 만난 모든 위대한 성취자들은 자기만의 꿈으로부터 자극을 받았다. 그러니 내가 매일 당신 침대 머리맡에서 꿈을 주입시켜줄 수도 없는 노릇 아닌가? 아무리 많은 책을 읽고 숱한 강의를 들어도, 심지어 세계 최고의 대학원에서 학위를 받는다고 해도, 그것이 곧 위대한 외과의사나 기업간부, 운동선수가 되게 해주지는 않는다.

내가 당신에게 해줄 수 있는 것이라고는 고도의 실행능력을 갖출 수 있는 도식적인 모델을 제시하고, 그것을 당신에게 맞는 방식으로 적용할 수 있도록 방향을 알려주는 정도다. 그래서 이 책에서 최고 실행가들이 어떻게 스트레스 상황에서 정신을 작동시켰는지, 그들이 가지고 있는 사고방식을 어떻게 과학적으로 규명할 수 있는지 설명할 것이다. 그리고 당신이 스포트라이트를 받았을 때 이 사고방식을 활용해 훌륭한 결과를 얻을 수 있도록 도울 것이다.

이 책은 다음의 두 가지 심리적 전제를 기본으로 접근해나갈 것이다.

- 사고는 습관으로, 다른 습관들과 마찬가지로 변화시킬 수 있다. 반복해서 노력하기만 하면 된다.
- 누구나 특별한 정신을 계발할 수 있는 능력을 가지고 있다. 그저 다르게 생각하기로 결심하고 사람들이 미쳤다고 말해도 개의치 않으면 된다. 게임이 진행되고, 언제나 승리하는 것은 당신이라는 것을 사람들이 깨달을 때까지 말이다.

본문으로 들어가기 전에, 나는 '세계 최고의 무언가'가 절대 아니라는 점을 분명히 하고 싶다. 아울러 당신도 완벽을 보장한다거나 해답을 가지고 있다고 주장하는 사람들의 말을 경계하기를 바란다. 나는 당신의 꿈이 무엇인지 당신이 어떤 동기로 지금 일을 시작했는지, 당신의 포부가 얼마나 크며 의지가 얼마나 강한지 모른다. 스트레스 상황에서 당신이 어떻게 사고하는지도 모른다. 당신이 성공이나 실패를 맛봤을 때 어떻게 대처하는지도 모른다. 이 세상에 어떻게 하면 성공한다는 '기준' 따위는 존재하지 않는다.

나는 귀납적인 방식으로 접근할 것이다. 끈기 있게 실행해서 성공한 대부분의 사람들이 어떻게 행동하는지 살펴, 그것으로부터 정신의 작용을 과학적으로 설명할 것이다. 그리고 당신 스스로 현재 어떤 사고방식(동기부여, 자신감, 집중력, 역경과 압박감에 대한 반응 등)을 가지고 있는지 평가할 수 있게 돕고, 예전처럼 높은 성취도를 보이도록 회복하는 방법이나 예전보다 더 성취 지향적으로 사고하도록 도울 것이다.

이를 위해서 1부에서는 먼저 위대한 성취자들이 어떤 정신상태로 일하는지 소개할 것이다. 어떻게 그들이 압박감과 사람들의 조롱 속에서도 의연히 대처하며 성공을 거두는지를 말이다. 아울러 높은 성취능력 이면에 깔려 있는 생물학적, 화학적 이론도 알려줄 것이다. 몇몇 사람에게는 통했지만 다른 사람들에게는 전혀 씨알도 먹히지 않는 그렇고 그런 성공 노하우가 아니라, 과학적 근거에 따라 당신이 쉽게 배우고 연습을 통해 직접 사고방식과 행동방식을 변화시킬 수 있는 방법도 제안할 것이다.

2부에서는 위대한 성취자의 사고방식에 어떻게 접근할지 배우고, 그것을 연습하는 몇 가지 방법을 제시할 것이다. 또한 모든 분야의 최고 성취자들의 특징인 '뛰어난 집중력'을 일관되게 유지할 수 있는 방법을 보여줄 것이다. 사고를 재구성하여 누구나 가지고 있는 기술과 경험과 결합시킴으로써, 자유롭고 열정적으로 일하면서 자기 분야에서 유능해지고, 더 나아가 일에서 예술의 경지에 도달할 수 있는 방법을 제시할 것이다.

이 책에서 설명한 것을 실제 당신 삶의 결과로 만들어낼 것이냐 아니냐는 당신 자신에게 달려 있다. 진정으로 대단한 성취자, 무한성취자가 되기를 원하는가? 당신이 가진 사고방식에 메스를 들이댈 준비가 돼 있는가? 그렇지 않다면 이 책을 덮어라.

각각의 이야기와 사례, 과학적 요소들이 당신과 당신이 처한 특수한 상황에 어떻게 적용될 수 있을지 메모해 두라. 그리고 실제 그것을 실행하라. 당신은 순조롭게 새로운 재능을 얻게 되고 당신을 붙들고 있던 과거의 비효율적인 습관과 성향을 깨고, 어느 순간 정상에 도달한 자신을 발견하게 될 것이다.

PART **ONE**

무한성취자의 정신 속으로

Inside the Minds of Overachievers

chapter 01

무한한 자기 신뢰_
다람쥐처럼 사고하라

The Trusting Mindset _ How to Think Like a Squirrel

1976년 인스브루크 동계올림픽에는 지금까지도 사람들 사이에서 회자되는 한 금메달리스트가 있었다. 알파인 스키(스피드와 기술을 겨루는 것으로 가파른 경사를 누가 더 빨리 내려오느냐를 겨루는 활강 종목 – 옮긴이 주) 종목의 오스트리아 선수 프란츠 클라머 *Franz Klammer* 가 바로 그다. 당시까진 아무도 올림픽 챔피언인 스위스선수의 기록을 깨지 못하고 있던 데다 코스마저 곳곳이 얼어붙어 여러 번 경기가 중단될 만큼 위험한 상황이었다. 결승전 때도 경기가 불가능할 정도는 아니었지만 빠른 스타트에 반드시 필요한, 출발선에서 폴을 바닥에 짚고 뛰어 오르기 따위는 불가능한 듯 보였다. 그러나 클라머는 이를 시도했고 폴이 닿은 바닥이 미끄러웠던지 중심을 잃고 한쪽으로 체중이 쏠린 듯했다. 그가 균형을 다시 잡기 위해, 반대쪽으로 체중을 실으려고 하면 또 반대쪽에서 균형을 잃었다.

알파인 스키에서 가장 높은 속력을 내려면 공기와의 마찰이 가장 적은 낮은 자세를 유지하고, 스키가 바닥과 최대한 붙어서 마찰이 없는 상태로 미끄러지듯이 일직선으로 내려와야 한다. 그러한 기준에서 본다면 클라머의 주법은 기록이나 안전 면에서 전혀 바람직한 것이 아니었다. 그는 불안정하게 중심을 바꾸며 코스를 탔으며, 언덕을 내려오는 동안 팔다리는 덜덜거리고 스키는 덜거덕거렸다.

경기를 지켜보던 사람들은 클라머가 죽지 않게만 해달라고 기도했다. 클라머의 코치는 경기가 끝나고 이렇게 말했다. "저는 눈을 감고 금메달이고 뭐고 다 끝났다고 생각했습니다. 충돌하는 소리가 들리지 않는 걸 확인하고서야 겨우 눈을 뜰 수 있었죠."

어쨌든 클라머는 물리학 따위는 무시하고 결승선으로 질주했고, 결승선을 지나고 눈을 휘날리며 몸을 기우뚱하고서야 겨우 멈춰 섰다. 결승선이 있는 근처에서 경기를 지켜보던 5만 명의 관중과의 충돌을 가까스로 피한 것이다. 그리고 클라머는 전광판을 보았다. 1분 45초 73! 금메달이었다!

경기가 끝난 후 ABC의 와이드 월드 스포츠가 그를 인터뷰했다.

"도대체 무슨 생각으로 그런 경주를 한 거죠?"

"뭘 말이죠?" 클라머가 그렇게 말하자 수많은 마이크가 그의 얼굴을 덮었다.

"당신이 이긴 것 말이죠!"

"글쎄요. 여러분도 아시다시피, 저는 사실 꽤 스키를 잘 타는 선수거든요."

카리스마 넘치는 그가 윙크를 하며 대답했다.

"아니, 어떻게 그런 무모한 질주를 할 생각을 했냐구요."

"무모하다니요. 난 그저 금메달을 따고 싶었을 뿐입니다."

"경기를 하는 동안 무슨 생각을 했나요?"

"무슨 생각을 했냐구요?"

클라머는 그 말을 이해할 수 없다는 듯이 잠시 생각에 빠진 뒤, 결승선을 가리키며 말했다.

"아무 생각도요. 저는 저기에 가려는 생각뿐이었습니다. 최대한 빨리요!"

클라머는 코스를 내려가는 올바른 경로나 좋은 기록을 내기 위한 기술 따위는 생각하지 않았다. 물론 그 순간에는 금메달 생각도 없었다. 프란츠 클라머는 그저 달리고 있었을 뿐이다. 결승선을 향해서 말이다!

그는 어떻게 그럴 수 있었을까?

그는 어떻게 관중석에 있는 모든 '일반적인' 사람들과 기자들이 걱정했던 수많은 생각을 하지 않고 스키를 탈 수 있었을까? 다리가 부러지거나 장애물에 걸릴 거라는, 아니면 세계 챔피언의 자리를 놓치거나, 어딘가에 부딪히진 않을까 하는 그런 생각들 말이다. 내가 그 당시 인스부르크에 있었다면 그러한 질문을 클라머에게 했을 것이다. 왜냐하면 그 대답이 운동선수뿐만 아니라 배우, 음악가, 기업간부, 의사, 그 외 다른 분야의 모든 종사자들에게, 압박감 속에서 뛰어난 능력을 발휘하는 데 필요한 최고 실행의 비결을 알려줄 것이기 때문이다. 정신을 산란하게 만드는 많은 것들과 결과에 대한 예측과 압박감 속에서 사람들은 어떻게 해야 할 일들의 세부 내용을 생각하지 않을 수 있을까?

나는 지난 10년간 행동심리학과의 학생이자 교수, 현재 많은 수행자들의 전문 상담자로서, 수백 명의 재능 있는 남녀들이 압박감 속에서 어떻게 정신력을 작동시키는지 살필 수 있었다. 그리고 모든 분야에서 최고라고 인정받는 사람들은 일에 임할 때 보통의 사람과는 다르게 생각한다는 것을 발견했다. 그들은 자신이 하고 있는 것 이외의 다른 것에는 관심을 갖지 않는다. 타이거 우즈나 무하마드 알리가 완벽한 스윙과 펀치를 날릴 때, 아이작 펄먼이나 알 파치노가 훌륭한 연주와 연기로 비평가들을 무색케 할 때, 그들은 자신의 기술이나 스승의 말씀, 변호사나 회계사의 충고 따위는 생각지 않는다. 일에 완벽하게 몰입하기 때문에 자기비판이나, 판단, 의심의 여유가 없다. 그들은 비합리적이고 이상하게 보일 정도로 자신감에 넘쳐 있으며, 가장 단순하게 집중하고 착수하며 자기가 잘 하는 것을 한다. 슈퍼스타들은 너무나 본능적으로 자연스럽게 일을 하기 때문에 대부분의 사람들이라면 질려버리거나 얼어버릴 정도의 극심한 압박감 속으로 마치 아무 일도 아니라는 듯 기꺼이 걸어 들어간다. 그들은 일이 일어나고 지나가도록 가만히 내버려 둔다. 그리고 결과에 대해서는 별로 신경 쓰지 않는다.

우리가 행동심리학을 이야기하는 동안, '그들은 보는 즉시 행동한다.' 그들은 그저 목표 지점을 보고 공을 찬다. 그러면 공이 골대로 굴러들어 가고, 거래가 성사되고, 공연은 전율을 남긴다. 종종 나는 이러한 결과가 예술 작품에 견줄 만한 것이라고 생각한다. 프란츠 클라머에게 그때의 경기를 재현해 달라고 부탁하는 것은 레오나르도 다빈치에게 모나리자를 한 번 더 그려 달라고 부탁하는 것이나 다름없다.

다행인 것은 여러 연구와 실험 결과, 특별한 사고방식을 누구나 계발할 수 있다는 것이 증명되었다는 점이다. 당신이 슈퍼스타의 사고방식을 습득하려면 그들이 "그때 대체 무슨 생각을 하고 있었습니까?"라고 물었을 때, "아무것도 생각하지 않았는데요."라고 대답하는 이유를 이해해야 한다.

기자나 팬들은 클라머의 대답이 거만함, 수줍음의 표현이나 미리 준비된 답변일 뿐이라고 받아들인다. 그러나 신경생물학은 클라머의 대답이 사실임을 확인시켜 준다. 인지적 수준에서 그의 머리에는 정말 아무것도 없었던 것이다.

확실히, 위대한 성취자들은 숙련되고 경험 많고 똑똑하며, 어떤 경우는 신이 내린 재능을 가지고 있기도 하다. 그러나 일을 하는 동안 그들의 두뇌가 작용하는 방식은 아인슈타인이 아니라 다람쥐와 더 비슷하다. 모든 분야에서 최고인 사람들은 다람쥐처럼, 자신의 능력을 확인하려 하지 않고 그저 배운 것을 실행한다. 그들은 자신의 능력을 의심 없이 믿는다. 이러한 고도의 행위가 이루어지는 정신상태를 '신뢰의 사고방식 Trusting Mindset'이라고 부른다. 신뢰의 사고방식에 이르는 길을 아느냐 모르느냐에 따라 위대한 실행가와 나머지 사람들이 구분된다. 총구가 자신의 머리를 겨누고 있는 상황에서도 기술을 펼칠 수 있을 만큼 자유로울 수 있는 것은 뭔가에 취한 상태와 같다. 그런 감각의 원천과 능력은 누구에게나 이미 부여되어 있다. 사실, 당신 역시 자신도 모르는 사이에 그 신뢰의 사고방식을 이미 경험했을지도 모른다.

아무렇지도 않게

2m 정도 떨어져 있는 누군가가 당신에게 열쇠 꾸러미를 던져 달라고 하면, 쉽게 던져줄 수 있을 것이다. 여섯 번 정도 연달아 부탁한다 해도 여섯 번 모두 열쇠 꾸러미를 가슴 높이로 잘 던져줄 수 있을 것이다. 나는 매년 수업시간에 학생들과 이 실험을 해봤기 때문에, 그 결과에 대해 확신할 수 있다. 매직이든 지우개든 어떤 도구를 사용해도 학생들은 매번 완벽하게 물건을 던져준다. 당신이 내 학생들과 같다면 이렇게 생각할 것이다.

'2m 떨어진 곳에 있는 사람에게 열쇠를 던져주는 것이 뭐 대수야? 아주 쉬운 일이잖아'

맞는 말이다. '열쇠 던지기'는 누구나 할 수 있는 것이다. 당신은 열쇠를 옆으로, 왼쪽이나 오른쪽으로, 혹은 뒤로도 던질 수 있을 것이다. 물건을 가까운 곳에 던지는 일은 흔히 말하듯 누워서 떡 먹기라서 우리는 그에 대해 심각하게 생각하지 않는다. 하지만 어떤 특별한 일을 실행하기 위해서는(골프를 잘 치는 일이든, 중요한 계약을 맺는 일이든, 큰 판매고를 올리는 일이든, 바이올린 협주곡으로 관객을 감동시키는 일이든, 심장을 이식하는 일이든) 그와 똑같은 정신상태가 필요하다. 즉, 모든 의심을 버리고 당신이 실행하고 있는 기술에 대해서는 전혀 생각하지 않는 것이다. 당신은 무언가를 할 때마다 그동안 배웠던 교육 내용, 훈련 과정, 경험을 기억 속에서 모두 끄집어낼 수 없다. 그렇게 하려는 것이 바로 '훈련의 사고방식 *Training Mindset*'인데, 신뢰의 사고방식에서는 모든 전문적 기술이 본능적으로 존재한다. 머리가 아닌 기술이 저절로 그 일을 하게 내버려둘 때 우리의 능력은 최상으로 발휘된다. 프로 골퍼들이 흔히 말하는 것처럼, 자신의 스윙을 믿고, 그저 샷을 날려야 한다. 순수한 신뢰의 사고방식으로.

신뢰의 사고방식을 사용해본다면 결코 실망스럽지 않을 것이다. 그 놀라운 효과를 경험해본 사람이라면 누구나 그것을 최상의 성취를 위한 성배로 여기고, 항상 그것을 활용하도록 노력한다. 불행하게도, 사람들은 스스로에 대해 비판적으로 생각하고 평가하는 데 너무 많은 시간을 소비한다. 그러나 서로 다른 상황에서 당신의 두뇌가 어떻게 작용하는지를 알게 된다면, 당신의 성취능력은 더 향상될 것이다.

최고의 성취를 좌우하는
신경생물학의 비밀

'훈련의 사고방식' 과 '신뢰의 사고방식' 은 서로 상반되는 영역에 속한다. 다음의 도표를 보자.

훈련의 사고방식	신뢰의 사고방식
적극적인 마음	마음을 비움
판단함	받아들임
분석적	본능적
과학적	예술적
지금 당장 원함	인내함
계산적	반응적
노력함	즐김
비판	침묵
의도적	즉흥적
지배적	방관적

서로 다른 수행을 이끄는 상반되는 사고의 특징들은 상이한 신경생물학에서 기인한다. 그것은 당신과 다람쥐가 전화선 위를 달리는 것만큼이나 다르다. 당신이 15m 높이의 전봇대 꼭대기에서 앞에 놓인 가느다란 전선을 바라본다면 수만 가지 생각이 떠오를 것이다. 난 절대로 성공할수 없을 거야, 너무 멀어, 너무 높아, 선이 너무 가늘고 약해, 중심을 잡을 수 없을 거야, 죽고 말 거야, 이건 미친 짓이야, 이건 '진정한 용기'와는 아무 상관이 없는 짓이야 등등. 반면에 다람쥐는 아무 생각 없이 전선을 탄다. 물론, 그것은 다람쥐가 생각을 할 수 없기 때문이다. 그들의 감각 체계는 시각, 청각, 미각, 후각, 촉각으로 구성되어 있으며, 다람쥐의 두뇌는 정보를 즉각적으로 받아들여서 숙련된 행동 패턴을 따라 움직일 뿐이다.

　인간의 두뇌도 그렇게 작용할 수는 있지만, 보통은 일을 더 복잡하게 만든다. 사람은 모든 측면을 분석하여 감각 정보와 상황을 평가한 뒤, 실행능력을 향상시키기 위해 자신을 의도적으로 훈련시킨다. 이는 모두 '훈련의 사고방식'의 특징이다. 이렇게 추론하고 평가하고 합리적으로 계산하는 능력이 인간을 다른 동물과 구분해주며, 분명 그것은 인간에게 축복이다. 압박감 속에서 일할 경우가 아니라면 말이다. 거대한 압박감 속에서 일을 해야 할 때면 누구나 '훈련의 사고방식' 따위는 제쳐두고 '신뢰의 사고방식'을 타고난 다람쥐처럼 되고 싶은 충동을 받을 것이다.

　나는 당신 안에 있는 다람쥐를 찾도록 돕고 싶다. 의사가 고무망치로 무릎을 두드리면 반사적으로 다리가 튀어 오른다. 이것을 '근각반사' 혹은 '굴근반사(네 발을 가진 척추동물에서 보편적으로 볼 수 있는 척수반사 현상-옮긴이 주)'라고 하는데, 신경생물학은 바로 이러한 것을 다루는 학문이다. 망치의 충격이 무릎의 지각신경을 자극하면 화학적 구조에 변화가 일어나, 연쇄반응으로 전기신호가 신경을 타고 척수의 요추부로 전달된다. 이 상행성 신경이 전기신호를 근육으로 보내 다리를 움직이게 하는 하행성 신경과 연결되는 것이다. 의사가 예고 없이 무릎을 친다해도, 다리는 의사가 망치를 가지고 있다는 신호를 뇌가 미처 받아들이기도 전에 움직일 것이다. 신경과학자들은 이 화학전기적 반응을 '폐회로closed loop 정보처리 과정'이라고 부른다.

전형적인 근각반사는 전선을 타고 달리는 다람쥐의 신경체계보다 훨씬 간단한 네 가지 타입의 폐회로 처리 과정을 가진다.

1. 가장 적은 뉴런(신경원)과 관계된 가장 빠르고 짧은 단일연접반사
2. 척수 사이 신경원을 통해 발생하는 중복연접반사(깨진 유리를 우연히 밟았을 때나 뜨거운 커피잔을 집어 들었을 때의 반응)
3. 뇌간의 조절 기능(심장과 폐의 조절)
4. 시상(視床)에 조직화된 의도적 패턴의 행동(다람쥐가 사용하는 처리과정과 같은 종류)

단계적으로 더 복잡한 기능일수록, 더 많은 뉴런과 신경근접합부가 관련된다. 약 천억 개에 이르는 인간의 신경세포 중, 굴근반사에 필요한 세포는 단 두 개뿐이다. 반면에 높은 수준의 폐회로 과정에는 이십만 개 정도의 신경세포가 필요하다. 또한 대뇌피질에서 의식적 사고, 판단, 추론, 계산을 하기 위해서는 수십억 개의 신경세포가 필요하다. 이러한 수준의, 훈련의 사고방식에서 일어나는 정보처리 과정을 '개회로open loop 정보처리 과정'이라고 한다. 말 그대로 해석의 가능성이 열려 있다는 뜻이다. 일단 대뇌피질이 관련되면, 들어오는 감각 자료를 외부 행동으로 전달하

는 과정에 뇌가 개입하게 되고 여러 입력 자료가 추가되어 체계가 지연되고 행동의 효율성이 떨어지며 실수가 많아진다.

다람쥐에게는 본래 대뇌피질이 없다. 그러나 동물에게도 신경세포체의 집합인 시상이나 패턴 발생기라고 불리는 신경절(말초신경계의 구성 요소로서 신경세포체의 집합 – 옮긴이 주)이 있다. 이것들이 자극에 반응하여 프로그램화된 행동을 가능하게 한다. 그것이 바로 최고 수준의 폐회로 정보처리 과정이다. 다람쥐는 내재된 본능으로 전선을 타고 달리거나 먹이를 구한다. 즉, 자신을 믿는 것이다. 신호가 들어오면 그것이 시상 속에서 정해진 패턴으로 변하고, 반응을 내보낸다. 바람이 불어 전선이 흔들리면 그 감각 자극은 다람쥐의 시상으로 보내지고, 줄 위에서 균형을 잡도록 운동 패턴을 수정한다. 대뇌피질이 없기 때문에 다람쥐는 정보의 복잡한 처리과정에 신경이 분산되지 않아서 폐회로 과정에 집중할 수 있다. 그래서 발을 헛디디거나 중심을 잃고 떨어지는 일이 없다.

인간도 일을 할 때 대뇌피질의 영향을 제거하고 폐회로 과정만을 따를 수 있다. 말하자면 감각 자극에 대해 우리가 이미 저장해둔 운동 형태대로 반응할 수 있는 것이다. 뛰어난 농구선수는 백보드를 보고 직감적으로 슛을 쏜다. 거리를 재거나 공이 수비수 키를 넘어갈 것인가, 완벽한 스냅을 위해 손목을 얼마나 꺾을 것인가, 공을 놓치면 어떤 일이 벌어질 것인가에 대한 판단은 하지 않는다. 그 순간엔 무념무상인 것이다. 신경학적으로, 감각 정보는 척주에서 시상으로 올라와 중앙 패턴 발생기(농구를 할 때 사용되는 운동기술들을 담당하는 곳)로 들어간 뒤, 조직화되어 하행 뉴런으로 전달되어서 농구선수가 훈련한 대로 팔과 손이 움직이도록 한다. 즉, 보는 순간 바로 슈팅을 하게 만드는 것이다. 농구선수에게 그것은 다람쥐와 같은 본능적인 것으로, 열쇠 꾸러미를 던지는 것과 별반 다를 것이 없다.

당신이 외부 감각이나 내부 비판자의 방해를 받지 않는다면, 의식적 사고는 개회로 과정으로 변환될 것이다. 대뇌피질이 일단 활성화되면, 기관들은 출퇴근 시간의 꽉 막힌 도로에서처럼 갑자기 많은 것을 보기 시작한다. 수백만 개의 뉴런이 각종 신경전달물질을 수백 개의 신경근접합부로 동시에 보내면 그것은 같은 패턴 발생기에 모인다. 더 상황이 나쁘면, 동시에 서로 상충되는 패턴 발생기에 모인다. 게다가 대뇌피질이 매우 활성화되면, 뇌의 패턴 발생기들은 과부하가 걸려 자주 정지하고, 효율성과 동작의 정확성이 떨어진다. 훨씬 더 많은 실수가 발생하는 것은 말할 것도 없다. 즉, 승부를 걸어야 할 때 제대로 움직이지 못하게 되는 것이다.

그러나 경험으로 알 수 있듯이, 우리는 열쇠 던지기능력을 타고났다. 열쇠 꾸러미를 던지는 일에는 다람쥐가 전선을 타는 것처럼 생각이 필요 없다. 굳이 대뇌피질을 사용하는 수고를 하지 않아도 되는 것이다. 시상에 저장되어 있는 패턴을 폐회로를 통해 그저 발생시키기만 하면 된다. 그러나 만약 사람들에게 기회를 딱 한 번씩만 주고 많은 이들 앞에서 열쇠 꾸러미를 던지게 한 뒤, 그 중 가장 정확하게 던진 사람에게 백만 달러의 상금을 준다고 한다면, 폐회로 처리 과정을 따르던 일이 개회로 처리 과정으로 전환된다. 좀더 과학적인 분석이 따르고 사람들은 연습하기 시작한다. 분명 밤에 몰래 숨어들어가 현장 실습을 하는 사람도 있을 것이다. 그들은 자신의 열쇠 던지기 기술을 보완하기 위해 '목표 지점과 내 손목의 각도가 잘 유지됐는가? 팔꿈치 위치가 최적의 위치에 있는가?' 등을 체크할 것이다. 사람들이 정확한 열쇠 던지기를 위해 몸을 만들려고 체육관에 나간다고 해도 놀랄 일이 아니다.

최소한의 뉴런을 사용하던 단순한 일이, 재미있는 게임은커녕 걱정 근심을 불러일으키는 중대과업이 된 것이다. 사람들은 너무 긴장한 나머지 열쇠 꾸러미를 던지고 나서 숨을 헐떡거릴 것이다. 더 나아가 열쇠 던지기가 제대로 된 학문으로 대학 스포츠학과 과정에 포함된다고 상상해보자. 어린이를 위한 하계 열쇠 던지기 캠프가 생기고 전국적으로 코치들이 양성되고 시간당 개인교습비가 책정될 것이다. 열쇠 던지기 요령을 담은 서적들이 팔릴 것이고 방송국은 중계 독점계약을 맺을 것이다. 나이키는 자사 로고를 열쇠에 새길 권리를 구입할 것이다. 이처럼 천재적인 흥행주와 광고주들의 활약으로, 4천만 명의 시청자가 '열쇠 던지기 월드 시리즈'를 보게 될 것이다.

이런 생각이 다소 우습고 얼토당토않은 것으로 여겨질지 모르지만, 뒤뜰과 공터에서 아이들이 만든 놀이가 수십억 달러짜리 프로 스포츠 산업으로 발전한 경우는 생각해봐야 한다. 뒷골목에서 젊은이들 사이에 유행하던 익스트림 스포츠가 정식 경기로 인기를 모으고 있는 것을 보라. 커다란 통나무를 써는 것으로 남녀가 서로 힘을 겨루는 한 스포츠 채널의 '통나무 자르기 대회'도 있다. 최근에 나는 뉴욕 시에서 해마다 열리는 핫도그 먹기 대회에서 우승을 하기 위해 훈련을 하는 사람이 있다는 글을 읽었다. 1점 차의 승부, 실력 향상을 위한 약물 복용, 즉석 비디오 판정, 두 번 승리한 사람이 15만 달러 이상을 받았다는 등의 내용이 가득했다. 그러나 위에 언급된 것들은 여전히 핫도그 먹기, 익스트림 스포츠, 나무베기이며, 바뀐 것은 사고방식일 뿐이다. '그게 뭐 대단한 일이야' 같은 본능적이고 자유분방한 '신뢰'의 태도가 '이 열쇠 던지기에 엄청난 돈이 걸려 있으니 정신 차리고 똑바로 해야 해' 하는 식의 분석적이고 비판적이고 평가적인 훈련적 접근방식으로 대체된 것이다.

스타들은 무대에 설 시간이 됐을 때, 기술적인 문제는 생각하지 않는다. 어린아이가 술래잡기를 하거나 축구공을 차는 것처럼, 그들은 자신의 기술을 자유에 맡기고 목표에만 집중한다. 그들은 또한 일에 착수하면 똑똑하고 조심스럽게, 과학적 패턴을 따르지 않는다. 경기장과 회의실에서 자신의 대뇌피질이 작용하지 못하도록 한다. 그들에게 일은 그저 '아이들의 놀이' 같은 것이며, 그것이 그들을 슈퍼스타로 만들어준다.

❝ 신뢰의 사고방식은 이미 당신 안에 있다 ❞

그 순간에 빠져 들다

실제로 신뢰의 사고방식에 빠져 있던 선수들은 무슨 일이 벌어졌는지 잘 모른다. 프란츠 클라머는 아무 생각도 하지 않았다는 대답 이외의 다른 설명은 하지 못했다. 대부분의 선수들은 얼마나 자신들의 기술이 저절로 발휘될 수 있도록 노력하며, 통제력을 발휘하지 않으려고 애쓰는지를 강조한다. "저는 아무 생각 없이 경기에 임했습니다"는 것이 그들의 흔한 대답이다. 슈퍼맨 같은 초인적인 위업을 달성한 우주 비행사, 조종사, 잘 훈련된 군인들도 비슷한 말을 한다. 그들은 일을 시작할 때 될 수 있으면 그에 대해 신경을 쓰지 않은 다음, 기술이 그 자리를 채우도록 한다. 배우와 음악가들은 보다 감성적으로 "저는 그 순간에 머물렀습니다.", "그 순간에 빠져들었죠."라고 표현한다. 일부 사람들은 유체이탈과 같은 체험을 했다고 설명하기도 한다. 연기와 연주가 너무 쉬워서 그들이 외부 관찰자의 입장에서 공중을 떠다니며 자신의 모습을 바라보는 느낌이었다는 것이다.

당신도 열쇠 던지기와 같은 가벼운 일을 할 때의 느낌을 알 것이다. 그렇다면 어린 아이가 놀이를 할 때와 같은 자유로 돌아가라.

열쇠를 던지는 행위에는 어떤 특별한 의미가 없다. 따라서 당신은 아무렇지 않게 열쇠를 던지고 매번 완벽하게 잘 해낸다. 내가 자주 활용하는 또 다른 예도 있다. 그것은 전 대학 미식축구팀 코치이자 NFL(National Football League) 슈퍼볼 챔피언인 지미 존슨 *Jimmy Johnson*이 선수들을 더 자유분방하게 경기할 수 있도록 도왔던 방식이며 나 역시 수업에 활용하고 있는 방법이다.

바닥에 두께 5cm, 폭 10cm의 긴 널빤지를 놓고 이쪽 끝에서 저쪽 끝까지 걸어가본다. 물론 이것은 어렵지 않으며 널빤지에서 떨어진 학생은 아무도 없었다. 이것을 비디오로 녹화해서 보면, 그냥 평지를 걸어가듯이 매 발걸음이 널빤지의 중앙으로 자연스럽게 옮겨지는 것을 볼 수 있다. 시선은 앞으로 걸어갈 정면을 바라보며 발은 무심코 움직인다.

그런 다음에는 널빤지를 3m 높이로 올리고 다시 이쪽 끝에서 저쪽 끝으로 걸어가 보자. 이것은 생각보다 간단하지 않다. 먼저 자세가 바뀌고 사람들의 발걸음이 조심스러워 지며 균형을 잡기 위해 양 팔을 벌리고 시선은 널빤지나 아래 바닥을 향할 것이다. 아니면 출발점에 서서 "못 하겠어요!"라고 소리칠지도 모른다.

땅이든 3m 높이의 공중이든 널빤지 위를 걷는다는 것은 동일하다. 공중에서 걸을 때도, 당신은 반대편을 보며 평소 거리를 걸을 때처럼 걸으면 된다(아니면 그 널빤지가 땅 위에 있는 것처럼 걸으면 된다). 이론적으로는 그렇다. 하지만 사실은 그렇게 간단한 문제가 아니다. 그리고 나는 이 사례가 신뢰의 사고방식에 수반되는 느낌을 완벽히 설명해 준다고 믿는다. 줄을 타는 사람은 "조심해요! 훈련할 때를 떠올리며 발걸음을 치밀하게 계산해요!"라고 외치는 사람들의 아우성 속에서도 신뢰의 사고방식을 가진다.

서커스 단원들과 우리의 차이점은 그들은 다람쥐처럼 저 높은 곳의 흔들리는 줄 위에서 아무 힘도 들이지 않고 손쉽게 발을 옮기도록 훈련했다는 것이다. 마치 오후 산책을 나가는 것처럼 아무렇지도 않게.

결승선만 보고
한껏 달려라

배우나 음악가가 공연중에 무아지경에 빠지는 것은 쉽게 볼 수 있는 일이다. 언덕을 내려가는 스키선수처럼 그들 역시 가만히 멈춰서 하고 있는 일을 평가하고 있을 시간이 없다. 그렇다면 비즈니스계는 어떨까? 비즈니스계는 합리성과 평가가 지배하고, 이익과 손실로 성패가 결정된다. 매 분기마다 재무 담당자들이 대차대조표를 점검하기 때문에 그 분야에서 '성공적인 실행가'가 되기 위해서는 자신의 진정한 동기와 적성을 잘 이해하고 거기에 스스로를 잘 적응시켜야 한다. 그렇게 하려면 상위의 대뇌 처리 과정에 의존해야 한다.

그러나 정말로 뛰어난 사업가들은 전설적인 운동선수들과 마찬가지로, 일할 때와 놀 때, 훈련할 때와 신뢰할 때를 구분한다. 비즈니스 슈퍼스타들은 어려운 상황에서도 그들의 최대능력을 발휘하기 위해 '자기 내면의 다람쥐'에 접근하는 연습을 한다.

세일즈를 생각해보자. 세일즈맨은 늘 상품에 대해 잘 설명하고 질문에 바로 대답할 준비가 되어 있어야 한다. 경험 많은 세일즈맨의 폐회로 정보처리 과정은 열쇠 던지는 사람이나 야구선수들과 똑같다. 감각 자극은 뇌에서 역할인지와 언어생성을 관장하는 부분으로 보내진다. 고객의 질문과 반응에 따라, 숙련된 세일즈맨은 일정한 패턴의 설명과 사실, 예시를 제시한다. 운동선수가 수년간 연습을 통해 체득한 운동 패턴에 의존하는 것과 마찬가지로, 프로 세일즈맨은 자신이 교육과 경험을 통해 저장한 시각·공간·청각적 패턴들이 중요한 거래 때 나타나 자기 편이 돼줄 것을 믿는다. 최고 경영자들도 마찬가지다. 일이 저절로 되도록 내버려 두는 것이다.

놀랄 만큼 큰 거래를 성사시킨 판매왕들의 경험담을 들어보면 대체로 뜻밖의 경우에 성사된 것들이 많다. 예를 든다면, 이런 경우다. 한 세일즈맨이 고객과 만나 이야기를 시작했는데, 처음에는 상대방이 계약 의사가 별로 없어 보였다. 그래서 분위기를 부드럽게 만들기 위해 세일즈맨은 지난 일요일에 열린 미식축구 경기 얘기를 꺼냈다. 실감나는 경기 이야기를 하던 도중 그들은 당시 그 경기장에서 겨우 두 줄 떨어진 곳에 앉아 있었다는 사실을 알게 된 것이다! 경험 많은 세일즈맨은 그 기회를 놓치지 않고 대화를 더 자연스럽게 흐르도록 만들어 고객과 유대감을 형성할 많은 연결고리를 찾았다. 그렇게 그들은 친구나 대학, 취미 등 다른 공통점들도 발견하게 되었고, 두 시간이 훌쩍 지난 뒤에는 거액의 계약 성사가 이뤄졌다.

두 시간의 유쾌한 대화나 거래 성사는 처음부터 계획된 것이 아니었다. 놀라운 골프 라운딩이나 무대 위의 멋진 공연과 마찬가지로 순수한 세일즈맨십에도 공식은 없다. 그럼에도 불구하고 많은 기업들이 '성공적인 판매를 위한 10가지 전략' 등이 담긴 책을 전 직원에게 나눠 주거나, 고객을 대하는 행동 지침을 수록한 100쪽이 넘는 매뉴얼을 갖고 있다. 책에 나와 있는 대로만 하면 잘 설계된 컴퓨터 프로그램처럼 완벽하게 일이 진행될 수 있다고 믿는 것처럼 말이다. 그러나 어떤 단계를 밟아 판매를 할 것인가에만 집착하면 정작 판매 성공률을 높일 수 있는 편안하고 개인적·감정적인 연결고리는 사라진다. 판매하는 물건의 수를 세고, 합계를 총수입과 순수입으로 계산해보거나, 고객보다 당신의 접근법에 더 신경을 쓸수록 큰 거래는 성사되기 어렵다. 그렇게 신경을 곤두세우고 있으면 당신의 대뇌피질에 불이 붙고, 수십억 개의 뉴런이 동시에 활동하기 때문에 실수가 일어나지 않을 수 없다. 그래서 대화중에 튀어나오는 미묘하고 중요한 단서를 잡지 못한다. 그런 식으로 프레젠테이션 준비를 하면 앞에서는 순간까지 산더미 같은 자료에 비틀거리다 질문을 받으면 우물쭈물하며 설명도 자신 있게 못한다. 그리고 프레젠테이션이 끝나면 이렇게 후회한다. "아, 그 예를 들어서 설명했어야 하는데."

판매 성과는 노력한다고 해서 반드시 올라가는 것이 아니다. 하버드 비즈니스 스쿨의 '판매와 마케팅' 과목에서 A학점을 받았다고 해서, GE의 잭 웰치에게 'A급 세일즈맨'이라고 칭찬받는 사람이 되는 것은 아니다. 사실 전자는 훈련의 사고방식의 전형적인 예이며, 후자는 신뢰의 사고방식의 결과이다.

그렇다고 해서 훌륭한 세일즈맨이 훈련을 무시한다는 말은 아니다. 오히려 그와 정반대다. 재능을 개발하기 위해서는 훈련 프로그램에 수백 시간을 쏟아 붓고 주말까지 희생해야 할지도 모른다. 그러나 당신에게는 했던 일을 평가해야 할 시간, 직접 일에 뛰어들어야 할 시간, 앞으로의 향상을 위해 해야 할 일 등이 있다. 판매액을 높여야 할 때, 회사의 총결산이 당신 손에 달려 있을 때, 그때가 신뢰의 사고방식으로 돌입해야 할 때다. 최고의 간부들은 늘 그렇게 한다. 그들은 의도적으로 아주 많은 시간을 사고의 전환에 연습에 투자해서, 필요할 때 자유자재로 사고방식을 변경할 수 있다. 물론 최고의 기업가, 외과의사, 외교관, 정치가, 기타 모든 분야의 최고들 또한 그렇게 한다.

"목표에 집중할 때 그 외의 것은 모두 잊어버립니다."

도시바의 수석 기술 감독인 히사시 야마다가 과거 궁도 챔피언인 시절에 한 말이다. 그러나 야마다는 차세대 고화질 DVD 개발을 두고 '소니-마츠시다'에 맞서는 '도시바-NEC 합동 기술팀'과 작업할 때도 그와 같은 신뢰 모드로 전환한다. 몇 년 동안 궁도대회 준비를 하면서 야마다는 '모든 것을 잊을 때' 더 좋은 성과를 얻었다는 점을 깨달았다고 한다.

사실, 비즈니스계에 종사하는 사람들이 운동선수나 줄타기 곡예사보다 오히려 더 자주, 더 빨리 신뢰 모드로 전환할 줄 알아야 한다. 스포츠 경기나 줄타기는 정해진 것이므로 시간이 오후 7시로 잡혀 있으면 6시 45분까지 준비하면 된다. 그러나 비즈니스에서 모든 일은 예고 없이 일어난다. 미처 준비가 되기도 전에 줄 한 가운데 세워지는 것이다. 그래서 본능을 신뢰 모드에 맞춰 놓은 사람만이 큰 손실을 피할 수 있다.

그렇다면 모든 분야의 위대한 실행가들은 어떻게 자유자재로 신뢰 모드로 전환하는 것일까? 물론 '천부적인 재능의 소유자'라 부를 만한 사람들이 있지만, 보통은 신뢰의 사고방식으로 일하는 시간을 서서히 늘려 감으로써 자신의 능력과 경험을 믿는 법을 배우는 경우가 많다. 그렇기 때문에 당신도 얼마든지 가능하다. 하지만 처음에는 거북한 느낌을 감수 해야 할 것이다. 훈련의 사고방식을 사용하는 데 익숙해 있다면, 당신 자신을 믿는 것이 매우 어색할 것이기 때문이다.

종종 고객들에게 신뢰의 사고방식을 설명하면, 그들은 곧바로 내게 되묻는다.

"그렇게 되려면 어떻게 해야 하나요?"

그러면 나는 아무것도 하지 말라고 대답한다. 그것도 여러 번 반복해서. 그러면 그들은 '저 사람 미친 거 아냐?' 하는 눈빛으로 나를 쳐다본다. 그것이 바로 최고의 고수들이 사용하는 방법이다. 그들은 중압감을 느낄 때 아무 생각도 하지 않는 연습을 한다. 프란츠 클라머처럼 금메달을 따기 위해서는, 시속 160km로 빙판을 질주하는 연습을 해야 한다. 어떤 뛰어난 프로그램도 당신 대신 그 일을 해줄 수 없다. 머리를 채우는 게 아니라 비우는 데 성공 여하가 달려 있다. 정신을 재무장할 자세만 되어 있다면 그렇게 할 수 있다. 그러나 각오를 단단히 해야 한다. 무한성취자의 대열에 오르려면 어쩌면 좀 불편하고 종종 이해가 안 가는 사고방식을 선택해야 할 것이다. 긴장을 푸는 것이 아닌 스스로에게 더 압박감을 주는 것이다.

chapter 02

긴장과
스트레스를 즐겨라

Butterflies Are a Good Thing

'미국인이 가장 무서워하는 것' 이란 설문조사에서, 수십 년간 1위를 차지한 대답은 연설이었다. 사람들은 다른 이들 앞에 서서 뭔가를 말하는 것을 죽기보다 두려워한다. 그런 경험을 안 해본 사람이 있을까? 스포트라이트가 비추는 무대로 걸어 들어가면, 심장이 두근거리고 입은 솜방망이처럼 무거워진다. 머리가 윙윙 울리고 땀이 나며 손과 무릎은 자신도 모르게 덜덜 떨린다. 결국 무대 위에서 한 번 잘 해냈다고 해도, 다시 그런 자리에 서야 한다면 '무대 공포증' 을 느낄 것이다. 배우 앤서니 홉킨스는 무대에 설 때마다 거의 매번 토한다. 제인 폰다는 브로드웨이 무대에 잠깐 선 뒤, 영원히 연기를 그만두겠다고 발표했다. 그녀는 매 공연 때마다 너무 긴장이 되어 공연이 있는 날 밤마다 차에 치이게 해달라고 기도했다고 한다. 상황이 이러니 심리학자들이 스트레스를 다루는 온갖 방법을 고안해낸 것도 무리는 아니다.

그렇지만 그런 방법을 써서는 안 된다! 스트레스를 해소하는 것은 힘 좋은 엔진 대신에 소음을 줄이기 위해 성능이 떨어지는 엔진을 장착하고 경주에서 이기려는 것과 비슷하다. 승리를 원한다면 그렇게 해서는 안 된다. 슈퍼스타들은 적에게 우위를 빼앗기지 않으려 집중한다. 당신도 압박감을 느끼는 순간, 긴장을 늦추려는 것에 너무 신경을 쓴 나머지 다른 이에게 우위를 내줘서는 안 된다.

위대한 성취자들은 압박감을 환영하고 즐긴다. 그것을 통제하거나 없애버리는 대신, 에너지의 원천으로 활용하는 것이다. 최고 성취자들은 어떤 분야든 위업을 달성하는 순간에는 압박감을 느낄 수밖에 없다는 것을 인식하고 있다. 사실 그러한 순간은 그들이 도전에 정면으로 맞서 의미 있는 일을 하고, 재능과 노력으로 뭔가를 이뤄내는 것을 보여줄 기회이기 때문에, 수반되는 압박감을 당연하게 받아들이고 오히려 일을 다음 단계로 진전시킬 기회를 찾는다.

압박감을 즐기는 그들의 태도는 슈퍼스타들이 심리학자를 달가워하지 않는 이유를 잘 설명해준다. 그들은 꾸준한 실행능력이 평화로운 섬을 상상하거나, 안정을 얻기 위한 긴장을 풀어주는 생각을 주입시키는 것과는 아무 상관이 없는 것을 알고 있다. 그래서 그들은 긴장이 풀리는 것을 바라지 않는다. 오히려 압박감을 성공으로 가는 출구로 생각한다. 특별한 성취자가 되기 위해서 '스트레스를 해소하라'는 말은 어불성설인 것이다. 눈을 감고 바닥에 누워서 긴장을 풀려고 노력하는 사람은 그들에게 쉽게 이길 수 있는 누군가로밖에는 보이지 않는다.

나 역시 사람들이 심한 긴장 상태에서 사람들이 일을 잘 해낼 수 있도록 돕지만 긴장을 푸는 요령 따위는 제시하지 않는다. 스트레스를 줄이는 방법은 오히려 발전의 장애물이 되는 경우가 너무 많다. 목적을 위한 수단으로 여겨지던 것이 목적으로 변하기 때문이다. 수많은 스포츠 팀들이 심리학자를 고용하고도 좋은 성적을 내지 못하는 이유가 바로 여기에 있다. 내가 하는 일은 스트레스 관리와는 전혀 다른 것이다. 내 임무는 고객의 수행능력을 향상시키는 것이며, 그 장소가 어디이든(작업실이든 콘서트장이든 판매대든 회의실이든 경기장이든) 과정은 같다.

여러 해 연구한 결과 나는 직업의 특성에 따르는 긴장과 신체적 반응을 받아들여 즐기고, 그 속으로 뛰어들지 않고는 수행능력을 증진시킬 수가 없다는 것을 발견했다.

그것이 남다른 사고방식을 소유한 행동가가 되는 가장 빠른 지름길이다.

빌의 승리에
반드시 필요한 것

빌 러셀은 미국 농구 대표팀 선수이자 전국 대학 선수권 대회 챔피언십 우승, 올림픽 금메달리스트, 1956년 프로 챔피언십 대회 우승 등 전무후무한 경력을 가진 선수다. 농구 역사상 그처럼 공격과 수비에 모두 능한 사람은 없었고, 그렇게 지적이면서도 유머러스한 사람은 더욱 드물었다. 그러나 빌 러셀에게도 한 가지 문제가 있었는데 경기 시작 전이면 너무 긴장한 나머지 화장실로 달려가 토하곤 했던 것이다. 팀에서는 그가 탈진할까봐 의사를 불렀고, 동료 선수들은 경기 전마다 점심을 굶어야 하는 그를 놀려댔다.

그러던 시즌 어느 날, 빌은 탈의실에 들어서면서 선수 생활 처음으로 속이 편한 것을 느꼈다. 그는 경기가 시작될 때까지 아무 이상이 없었고, 다른 선수들이 그를 놀란 눈으로 바라보며 물었다.

"오늘은 어쩐 일이야?"

탈의실 안에서는 빌이 토하지 않은 역사적인 사건을 기념하는 박수가 터져나왔고 빌은 선수들과 하이파이브를 한 뒤, 보스턴 가든 구장으로 향했다. 하지만 그날 그는 최악의 경기를 펼쳤다. 굼뜬 행동과 실수투성인 그의 모습은 평소의 빌 러셀이 아니었다.

시즌이 계속되는 동안 그런 일이 반복됐다. 빌은 기분 좋고 편안한 모습으로 나타나 토하지 않았지만 형편없는 경기를 치뤘다. 언론에는 연일 '빌의 슬럼프로 인해 셀틱스 또 패배', '마침내 전설이 사라지다' 와 같은 기사들이 보도됐다. 참을성 없는 팬들은 "빌의 시대는 끝났는가?" 하며 궁금해 했다. 빌 자신도 그 말이 맞는 것이 아닌가 의심이 들기 시작했다. 하지만 당시 그의 팀에는 뛰어난 선수들이 많아서 무난히 포스트 시즌에 진입할 수 있었다. 그러나 NBA 챔피언십 연속 7회 우승 뒤에 찾아온 정체기를 언론이 가만히 두고 보지 않았다.

"빌 없는 셀틱스, 다시 우승할 수 있을까?"

첫번째 경기 날이 되었다. 빌은 팬들과 언론의 눈을 피하기 위해 경기 3시간 전에 미리 경기장에 도착했다. 몇몇 열성적인 팬들 외엔 아무도 없는 경기장에는 그를 생각에 잠기게 하는 어떤 기운이 감돌았다. 신인 시절 역사를 창조한 그의 첫번째 NBA 챔피언십 경기에서처럼 흥분이 되었다. 가든으로 들어가며, 그는 팀이 처음으로 승리했던 7년 전과 같은 느낌을 받았다. 러셀은 갑자기 속이 거북해지고 불안감이 몰려왔다. 그리고 화장실로 달려가 예전처럼 먹은 것을 토했다. 얼마 후 그는 화장실 문을 부술 듯이 열어젖히고 탈의실로 뛰어 들어가 팀원들에게 소리쳤다.

"오늘은 이길 것 같아, 친구들! 우리가 이길 거라고!"

러셀은 속이 안 좋은 느낌과 승리의 연관성을 찾아낸 것이다. 경기를 잘 하기 위해서 그는 긴장을 해야 하고, 그것을 경기에 대한 열정과 승리에 대한 사랑, 일에 대한 집중력을 불태우기 위한 연료로 사용할 필요가 있었다. 그것을 깨달은 빌의 활약으로 그의 팀은 8회 연속 우승 타이틀을 거머쥐었다.

위대한 성취자들은 특별한 일을 하면서도 자신이 무슨 일을 하고 있는지 모르는 경우가 많다. 일을 인식하기 전에 무념무상의 상태에서 움직이는 것이다. 명예의 전당에 이름이 오른 많은 사람들은 그들이 특별한 사고방식의 소유자임을 모른다. 러셀도 학교의 최우수 선수들이나 다른 모든 분야의 최고들과 마찬가지로 자연스럽게 느껴지는 대로 했을 뿐이다. 그러나 '수행능력 향상'의 과학을 연구해보면 러셀이 그의 경력 대부분에서 직관적으로 행동한 것과 경기력을 향상시키기 위해 의도적으로 실행한 것을 이해할 수 있다. 우리는 현재 그와 같은 사고방식을 모든 사람에게 가르칠 수 있다.

물론 그것은 당신의 위를 거북하게 만드는 법을 가르치는 것이 아니다. 단지 생물학을 당신에게 유리하게 적용하는 법을 배워야 한다는 뜻이다. 누군가 압박감 속에서 어떻게 일을 더 잘 할 수 있는지 알고 싶다고 찾아오면, 나는 '스트레스 관리'에 대해 설명하지 않는다. 물론 스트레스 관리법을 알려주는 것으로 도움을 주는 심리학자들이 많이 있고, 그러한 상담을 필요로 하는 사람도 많다. 하지만 보다 높은 수준의 비즈니스, 의학,

연예, 스포츠에서는, 압박을 받을 때 긴장을 푸는 법을 배운다고 해서 실행능력이 향상되지 않는다. 대부분 그런 노력은 빌 러셀의 경우처럼 오히려 슬럼프를 야기한다. 빌이 나에게 찾아왔다면, 나는 그에게 긴장하는 법을 코치했을 것이다.

찬스에 강한 사람은 압박감 속에서 살아남는 법을 안다. 즉 그들은 압박감을 환영하고 즐기며, 자신에게 도움이 되는 방향으로 작용되도록 만든다. 당신은 그 방법을 알기 전에, 먼저 몇 가지 본능을 재훈련해야 하고 다음 두 가지를 이해할 필요가 있다.

1. 압박감을 느낄 때 당신의 몸에 일어나는 현상은 좋은 현상이다.
2. 압박감은 불안감과 다르다. 긴장은 걱정과 다르다.

긴장은
정상적인 것

인간의 몸에서는 무슨 일이 일어나고 있는 걸까? 대부분의 동물처럼, 인간에게는 수천 년에 걸쳐 진화해온 교감신경계와 부교감신경계가 있다. 한쪽이 심장, 폐, 동공, 근육을 자극하면, 다른 쪽이 그것을 억제하는 것이다. 교감신경계는 음식을 구하고 위험한 약탈자를 피하고 적에 대한 방어를 하는 반면, 부교감신경계는 몸에 연료를 제공하여 체온 유지를 하고 재생을 준비한다. 한쪽이 활동하면 다른 쪽은 억제를 하고, 반대의 경우도 마찬가지다.

스트레스를 받으면 뇌는 몸에 빨간불을 켠다. 교감신경계를 활성화시키고, 에너지가 부교감신경계에서 교감신경계의 활동을 최대화하는 쪽으로 재분배되는 것이다.

- 몸은 침을 생산하는 것보다 더 중요한 일에 신경을 집중함으로써 입술이 건조해져서 갈라질 때가 있다. 자유투를 던지는 데 침이 필요한 것은 아니다.

- 위에서 발생하는 부글거리는 느낌은 소화계가 닫혀 위산이 과다하게 분비되기 때문에 일어난다. 중요한 발표를 하기 직전 점심을 배불리 먹는 사람이 혹시, 당신은 아닌가?

- 위경련은 위장이 위축되기 때문에 발생한다. 신체가 담즙 생성을 중단하고 남아있는 음식물을 모두 제거하는 것이다. 빌 러셀이 바로 그런 경우에 속한다.

- 땀은 신체가 과열되는 것을 방지하기 위한 안전장치다. 뉴욕 필하모닉 오케스트라 연습장은 난방을 할 필요가 없다.

- 손, 발, 무릎 떨림 현상은 신체가 대뇌피질로부터 운동뉴런을 통해 말단부로 더 빠른 운동신호를 보내기 때문에 나타난다. 뛰고 던지고 그림을 그리고 연기하고 키보드를 두드리는 등의 동작을 더 잘하기 위한 신호다.

- 심장이 빨리 뛰는 것은 영양분과 산소를 운반하는 동맥이 더 많은 혈액을 근육과 뇌세포로 보내 고도의 수행을 가능하도록 하기 위함이다.

- 동공이 확대되는 것은 더 선명한 시각을 확보하기 위해서다.

- 주의력이 집중되는 것은 짧은 시간에 더 많은 양의 정보를 처리하기 위해서다.

이런 모든 적응 현상은 중대한 일에 당면했을 때 우리 신체가 더 효율적으로 움직이기 위한 것이다. 인간은 스트레스에 직면했을 때, 거기에 알맞게 반응하도록 되어 있다. 우리 신체는 어떤 일을 해야 하는지를 잘 알고 있다. 손과 발의 빠른 움직임, 근육에 공급되는 더 많은 산소와 연료, 좋아진 시각, 증진된 사고력은 최고가 되기 위해 꼭 필요한 것이다. 당신이 올림픽 경기에서 수백 미터를 뛰어야 할 때, 환자의 심장에 1분 안에 수백 땀의 바느질을 해야 할 때, 모차르트의 바이올린 협주곡을 연주해야 할 때, 인생 최대의 거래를 성사시켜야 할 때, 굳이 긴장을 풀어야 할 이유가 있겠는가?

긴장을 풀면 근육이 늘어지고 뇌가 수동적으로 움직이게 된다. 근육을 긴장시키지 않고는 금메달을 딸 수 없고, 교감신경계가 관장하는 부분들이 '느슨해진' 상태에서는 최대한의 능력을 발휘할 수 없다. 대부분의 사람들이 생리적 방어반응을 경험하고 그들의 행동은 불안감에 압도당한다. 그러나 각성과 불안은 전혀 다른 개념이다.

불확실성을 사랑하고
불안감을 제거하기

- 신체적으로 나타나는 반응인 생리적 방어는 인간의 신체가 수천 년에 걸쳐서 보다 효율적이며 최대한으로 작용하는 법을 터득한 것이다.
- 불안감은 신체적 반응의 인지적 해석이다.

대부분의 사람들은 불안과 스트레스가 항상 같이 일어난다고 믿는다. 그러나 그 생각은 완전히 틀린 것이다. 스트레스가 반드시 불안감을 야기하는 것은 아니다. 빌 러셀은 신체의 생리적 반응과 경기력 사이의 연관성을 발견하고 난 뒤, 경기 전에 토하는 것을 걱정하지 않았다. 윙윙거림, 입술 건조, 심장 떨림은 최고의 수행자들을 미소 짓게 만든다. 소매 속에

에이스를 감추고 있는 사람의 그런 미소 말이다. 생리적 방어 징후는 최고와 맞서기 위해 필요한 여분의 기운으로 이루어져 있기 때문에 그들은 이를 환영한다. 많은 CEO들이 자기 일에서 가장 사랑하는 부분은 그들을 가장 긴장시키는 것들이라고 한결같이 말했다. 그들은 분명, "첫번째 라운드로 향하면서 내가 긴장하지 않는 날은, 아마 골프를 그만두는 날일 겁니다."라는 타이거 우즈의 말에 동의할 것이다.

그렇다면 왜 다른 사람들은 어려운 상황에서 신체의 교감신경이 나타내는 반응을 두려운 것으로 받아들이는가? 이런 혼란스런 감정은 어린시절에 우연히 시작된다. 처음으로 대중 앞에서 연설을 하는 날, 첫 리틀 리그 경기에 나간 날, 첫 리사이틀을 연 날, 처음으로 연극 무대에 선 날, 반친구들 앞에서 시를 낭독하던 날, 아이의 몸은 모든 전형적인 심리방어 징후를 보일 것이며 동시에 아이는 '왜 이런 일이 일어나는 거지?' 하며 궁금해 할 것이다. 그런 다음 일을 잘 해내지 못할 것이다. 다리 사이로 공을 빠뜨리고, 대사를 빼먹고, 다음 소절을 잊어버리고, 머릿속이 하얘져서 책의 내용을 기억하지 못한다. 다음번에 그 아이가 다시 대중 앞에서 뭔가를 하게 되었을 때, 아이의 몸은 다시 압박감을 느끼고 이런 생각을 할 것이다.

'지난번에 친구들에게 놀림을 당했을 때도 이런 느낌이었어.'

자기도 모르는 사이에, 형편없는 실행의 원인을 긴장할 때 나타나는 신체의 자연스런 반응으로 착각하는 것이다. 아이는 문제의 근원이 최대한의 능력을 발휘하도록 도우려는 신체의 노력에 있었다고 스스로에게 주입시킨다. 문제는 그 아이에게 실제로 '최대한'의 능력이 없었다는 것이다. 단지 아이는 아직 충분히 훈련되지 않았기 때문에 잘못한 것일 뿐이다. 선생님은 아마도 연설을 어떻게 해야 하는지 가르치지 않았을 것이고, 아이는 악기 다루는 연습을 충분히 하지 못했을 것이다.

그렇게 해서 압박감과 신체적 반응의 악순환이 시작된다. 학교를 졸업한 후 직장 생활을 하면서, 대중 앞에서 뭔가를 하도록 요청받고 각성 징후가 나타날 때는 언제나 머릿속을 부정적인 생각으로 가득 채운다. 아마추어 골프선수들이 수십 년간의 경력에도 불구하고 여전히 첫번째 샷을 하기 전에 두려워하고, 50세 된 중역이 프레젠테이션을 할 때나 이사회 회의 전에 공포에 떠는 이유이다. 서툴렀던 경험이 신체의 자연스런 메커니즘과 동일시되었기 때문이다. 결국 그는 스스로에게 이렇게 말하게 된다.

'긴장을 푸는 법을 배워야 해.'

스트레스와 불안감에 대한 잘못된 동일화는 너무나 뿌리 깊게 스며들어, 많은 사람들은 압박감 속에서 일했던 경험을 털어놓을 때 근심에 찬 독백을 한다. 나는 큰 발전을 이룩한 순간이나 좋은 경험들에 대해 듣고 싶었던 것인데, 그들은 숨 막힘과 의심을 이야기하고, 그런 끔찍한 느낌을 떠오르게 하는 일은 모두 피해가려 한다. '압박감' 이나 '스트레스' 가 부정적인 의미를 더 많이 함축하게 된 것도 놀랄 만한 일이 아니다. 스트레스는 원인이 불분명한 모든 질병의 원인이 된다. 왜 머리가 세거나 빠질까? 당연히 스트레스 때문이다. 원인을 알 수 없는 통증이나 두통은? 그것도 물론 스트레스 때문이다. 그러나 스트레스는 모든 것의 근본 원인이 아니다.

행동심리학에서 이는 '자기위협' 이라 불린다. 당신은 자신의 몸이 뭔가 잘못된 일을 하고 있다는 생각과 지시로 머릿속을 가득 채우고 스스로에게 일을 잘 해내지 못할 거라고 말한다. 또한 "심장이 튀어나올 것 같아. 속이 완전히 뒤집혔어." 등의 과장된 언어를 사용하기도 한다. 그리고 이렇게 말할 때도 많을 것이다.

"긴장을 좀 덜 했더라면, 더 잘할 수 있었을 텐데."

당신은 스스로 만들어낸 비합리적인 공포심으로 자신감을 꺾는다. 데니스 로드맨과 존 로커 같은 선수들은 적수를 위협함으로써 수백만 달러를 번다. 그런데 대부분의 사람들은 아무 이유 없이 스스로를 위협하고 있다.

긴장의 최절정에서
해방되는 법

2000년 봄, 제이미 켄트라는 학생이 나에게 상담을 청해 왔다. 그는 프로 데뷔를 준비하는 재능 있는 트럼펫 연주자였다. 제이미의 재능을 높이 평가한 담당교수의 도움으로 그는 뉴욕 필하모닉에서부터 텍사스 브라스까지 유명한 오케스트라의 오디션을 받을 수 있는 기회를 얻었다.

그러나 그는 수많은 오디션에서 좋은 결과를 얻지 못했다. 그의 미래가 최선의 연주에 달려 있던 바로 그 순간에, 제이미는 평균 이하의 연주 실력을 보였다. 그가 나를 찾아왔을 때, 우리는 즉시 압박감에 대한 이야기를 나누었다. 제이미는 클래식 음악계의 입문과 관련된 잔인한 현실에 대해 잔뜩 털어놓았다. 게다가 오케스트라에서 자리가 나는 경우는 드물고 경쟁률은 높다고 했다. 특히 대부분의 오케스트라에서 배정되는 인원이

적은 트럼펫 분야는 더 했다. 그는 무대에 올라가기 전에 얼마나 긴장되는지와 자신과 똑같이 긴장한 채로 순서를 기다리고 있는 수십 명의 다른 트럼펫 연주자들과 함께 대기실에 있는 것이 얼마나 어려운지 이야기했다. 그는 프로 미식축구 팀의 선발 테스트에서나 기대할 수 있는 치열한 신경전에 대한 이야기를 했다. 경쟁자들은 서로를 불안하게 만들기 위해 '리허설 룸에서 유령이 연주하는 소리가 들렸다' 느니, '한 오디션에서 떨어진 뮤지션의 이름은 전국의 모든 오케스트라의 블랙리스트에 오른다' 느니 하는 이야기들을 늘어놓는다는 것이었다. 그들은 조건이 더 좋은 경쟁자들에 대한 이야기로 불안감을 증폭시키기도 했다.

"그 사람이 듀크 엘링턴과 아는 사이라면서요?", "오케스트라 쪽에서 그 사람한테 일등석 비행기표까지 사주면서 초청했대요." 제이미의 말에 따르면 그렇다. 뮤지션들의 두뇌 게임은 자기 차례가 될 때만 잠시 멈췄다. 제이미는 너무나 떨려서 마음을 진정시키려고 노력했는데, 심호흡을 한 번 할 때마다 오히려 성공 확률이 줄어드는 것 같았다.

그가 어떻게 오디션의 압박감에 대처했는지 이야기를 나누다보니, 제이미가 자기위협을 하고 있는 것을 발견할 수 있었다. 그는 점점 연습에 빠졌으며 걱정만 늘어갔다. 그리고 결국 압박감을 없앨 방법을 찾으려 했다. 오디션장에서 차례를 기다리는 다른 트럼펫 주자들 사이에 일어나는 심리전을 피하기 위해, 마지막 순간까지 연습실에 들어가지 않았다. 오디션 시간을 연기하기도 했다. 심지어는 아직 준비가 안 됐다며 정말 들어가고 싶었던 교향악단의 오디션을 몇 번 취소하기도 했다. 제이미는 많은 분야의 프로들이 압박감에 부딪힐 때 빠져드는 회피에 빠졌다. 마케팅 담당자가 상품 홍보를 앞두고 걱정을 늘어놓으며 빠져나갈 핑계거리를 만들고, 간부들이 주주들 앞에서 발표해야 할 프레젠테이션을 코앞에 두고 술을 마시며, 변호사가 다음날에 있을 최종 변론의 불필요한 사항에 매달리면서 밤을 새우는 것처럼 말이다. 각각의 경우에 각성 상태가 부정적으로 비치기 때문에, 그들은 과로를 해서 피하거나 묻어버리려는 것이다. 그러나 그런 안도감은 일시적이다. 일이 재개되고 마지막 준비시간이 부족하게 되면, 할 일에 대한 불안감만 늘어날 뿐이다.

제이미를 다시 정상으로 돌아오게 하기 위해, 나는 압박감을 증대시켜 세일즈맨과 변호사, 중역들을 성공으로 이끌었던 방법을 그에게 알려 주었다. 긴장을 장애물이 아닌 좋은 친구로 보고, 증폭되는 감정을 이용할 수 있는 방법을 배우기 위해 생리적 방어 반응을 받아들이는 방법을 말이다.

압박감 연습

자신이 자기위협의 희생자인지 아닌지 어떻게 판별할 수 있을까? 나는 이를 위해 사람들에게 행동선택 리스트를 작성해보라고 권유한다. 대체로 머릿속이 윙윙거려 괴로워하는 사람들은 그들의 신경을 어수선하게 할지 모르는 상황을 모두 피하려 한다. 제이미 켄트는 오디션을 보는 것이 싫어서 집에서 연습하는 게 더 낫다며 기회조차 거부했다. 같은 이유로, 변호사는 큰 소송을 거절하거나 재판연기 신청을 하고, 세일즈맨은 고객을 설득하기 어려울 거라 생각하고 포기해버려 다른 동료가 고객에게 전화를 하도록 내버려두며, 기자는 어려운 인터뷰에 앞서 필요한 자료 조사를 하지 않고, 회사 간부는 프레젠테이션을 부하 직원에게 넘기거나 연설을 거절한다. 얼마나 많은 사람들이 자신에게 맡겨질 일들을 부담스러워하고 인터뷰의 스트레스를 받아들이지 못해 만년 말단을 벗어나지 못하고 있는가? 긴장의 두려움이 삶과 일에서 당신이 하고자 했던 것들을 지배하고 있다고 생각한다면, 당신은 자기위협의 덫에 빠진 것이다.

이렇게 자기위협을 하는 사람은 각성과 불안의 연결고리를 끊어야 한다. 신체가 긴장된 상태에 있을 때는 먼저 그 불안감이 각성을 잘못 해석한 것임을 깨닫고 옳은 해석을 해야 한다. 물론 그 둘을 구분하는 방법은 어렵다. 내가 이 책을 쓰고 있을 때, 전문 연설가로 활동해온 한 친구는 어느 날 연단에 서서 떨렸던 적이 있다고 말했다. 처음에는 시차 때문인가 생각했지만 다음 연설에선 더 많이 떨었고 그 때문에 연설을 훌륭히 마치지 못했다. 그런데 다음 주에는 세계 주요 기업의 CEO들이 모이는 연례 회의에서 최고의 사례금을 받고 기조연설을 하기로 되어 있었다. 하지만 그녀는 연설중에 어지러웠던 기억을 떨쳐버릴 수가 없었다. 날이 갈수록 더 불안해하는 그녀에게, 나는 얼마나 많은 사람들이 스트레스로 인한 신체적 징후를 불안 심리와 동일시하는지에 대해 알려주었다.

내 말을 듣고 "바로 그거예요! 그게 문제였어요."라고 소리친 그녀는 몇 주 후, 전화를 걸어 와 그 어느 때보다 더 멋진 연설을 할 수 있었다고 전했다.

자신이 하고 있는 일을 잘 알고 능숙하게 해왔다면, '긴장'은 오히려 일의 능률을 높여줄 수 있다. 당신이 한 분야에서 유능해지기 위한 기술을 배우고 완성시키는 데 수많은 시간을 보냈다면, 이제는 그 각성 상태가 좋은 것이라는 생각을 받아들이는 연습을 해야 한다. 당신은 긴장이 되는 상황으로 기꺼이 들어가 그 압박감이 훌륭한 자산이자 좋은 친구가 될 수 있도록 받아들이는 연습을 해야 한다. 압박감은 발전의 기회이자 신호가 될 수 있다. 그러므로 올림픽 표어 '더 높게, 더 빠르게, 더 강하게' 처럼, 당신은 '긴장' 과 '성취' 사이의 의식적인 연결성을 만들어 그것을 이해하는 연습을 해야 한다.

제이미 켄트는 연주를 하면서 청중을 감동시키고 그들을 음악에 빠져들게 하는 데서 궁극적인 만족감을 얻었다. 스스로 '몰입' 되지 않으면, 연주자는 청중을 휘어잡을 수가 없다. 예전에 그는 그저 악보의 음계를 따라서 연주할 뿐이었다. 그러나 피가 끓어오르자, 유명한 재즈 뮤지션 조 샘플 *Joe Sample* 이 했던 말을 공감할 수 있었다.

"가식 없는 감정이 저절로 흐르도록 했을 때 다른 사람을 감동시키는 법을 알 수 있게 되었다."

제이미가 대기시간을 각성을 불러일으키는 데 쓸 줄 알게 되자, 극도의 스트레스를 주던 공간이 놀이터로 변했다. 다른 트럼펫 연주자들이 서로 불안감을 조성하고 있을 때, 제이미는 자기 내면의 음악적 감동에 집중했고 그로 인해 생긴 영감으로 청중이 기다리는 홀에서 멋진 연주를 할 수 있었다. 그는 압박감을 즐기는 법을 배우게 되었다.

아이들은 동네 시합에서도 이런 팽팽한 긴장감을 즐긴다. 월드 시리즈 마지막 경기 9회말 투아웃 상황에서 세번째 주자가 마운드에 나왔을 때, 백만 달러의 상금과 마스터스 대회 우승을 걸고 1.5m 퍼팅을 할 때 숨죽이는 순간을 생각해보자! 동네 야구에도 뭔가 걸려 있지 않으면 별로 재미가 없다. 어른들은 아이들이 일찍부터 압박감을 즐길 수 있도록 격려하고, 스트레스와 불안감이 다른 것임을 가르쳐야 한다. 어린 아이들은 어른보다 훨씬 더 빨리 배울 수 있다. 여섯 살짜리가 새로운 언어를 자연스럽게 습득하는 것처럼.

어른들도 스트레스를 대하는 자신의 태도를 더 성숙하게 만들고, 압박감을 실행 향상의 도구로 받아들여야 한다. 그것이 결국, 경기장에 가서 우리가 몇 달러씩 거는 이유가 아닌가. 좀더 재미있게 만들기 위해, 압박감을 증대시키기 위해서 말이다. 일과 관련해 낮은 수준에서 점점 높은 수준으로 압박감을 높이는 연습을 해보면 어떨까? 사람들 앞에서 프레젠테이션이나 연설을 해야 한다면, 친구나 가족 앞에서 먼저 연습해보라. 물론 친구나 가족 앞에서도 심장이 벌렁거릴 것이다. 다음에는, 대학 친구들을 모아놓고 연습해보라. 나는 변호사가 도서관에 앉아 변론 준비를 한다는 말을 들을 때면 늘 놀란다. 어떤 연설이든 연습을 하려면 청중이라고 할 만한 사람들 앞에서 여러 번 해야 한다.

우주 비행사는 그들이 우주에서 수행하게 될 임무를 반복하며 시뮬레이터에서 수개월을 보낸다. 실제 상황에서 느긋할 수 있기 위해서가 아니라, 불가피하게 발생할 수밖에 없는 일에 대한 심리적 반응을 훈련하기 위해서다. 경기의 긴장감을 잃지 않기 위해서 세계적으로 유명한 골프선수들은 연습 라운딩에도 많은 돈을 건다. 선거유세 진행요원들은 후보자에게 가상 기자회견 연습을 시킨다. 대통령이 측근과 다른 참모들로 이루어진 청중 앞에서 기자회견과 의회 연설을 연습한다면, 당신도 비슷한 훈련을 해야 하지 않겠는가?

일단 당신이 이러한 압박감을 즐길 수 있게 된다면 단계적으로 강도를 올려 연습 과정에 몇 가지 방해 요인을 포함시켜라. 청중에게 최대한 까다로운 질문을 해줄 것을 요청하라. 나사NASA의 시뮬레이터에서 '순조로운 운항' 이란 거의 없다. 타이거 우즈의 아버지인 얼 우즈는 어린 타이거 우즈의 라운드가 진행되는 동안 각종 방해 작전을 펼쳤다고 한다. 아들이 스윙을 할 때 그는 갑자기 소리를 지르거나 시야를 막고 골프공을 던지는 등, 게임을 방해할 수 있는 것이라면 뭐든지 했다. 그런 장난은 타이거를 끔찍하게 괴롭혔고 종종 스윙이나 샷에도 영향을 미쳤다고 했다. 그러던 어느 날 그가 전처럼 아들을 방해하려고 했을 때, 타이거는 미소를 짓고는 아무렇지 않은 듯 공을 쳐서 멀리 날렸다. 얼 우즈는 방해 작전을 끝낼 때가 된 것을 알았다. 타이거 우즈는 경기 중 상대 선수나 팬, 언론이 아무리 방해를 해도, 아버지에 비하면 아무것도 아니라고 말하며 신경쓰지 않는다.

연습하고 연습하고 또 연습하라. 나는 15년 동안 자기위협에 빠지거나 며칠 후면 괜찮아질 거라며 압박감을 피하려 했던 많은 사람들을 봐왔다. 지금은 일에 아주 능숙하지만 예전부터 그랬던 것은 아니다. 나쁜 습관을 없애는 데는 시간이 걸린다. 사실, 오래된 습관을 버리고 새로운 것을 배우는 데 무엇이 필요한가에 대한 연구에서는 '수천 번의 연습' 이 결론이었다. 항상 유념해야 한다. 최고 성취자들이 염려하는 유일한 순간은 심장이 두근거리지 않을 때뿐이라는 것을. 당신이 스트레스를 유익한 것으로 인식하지 않으면 독보적인 성취자의 대열에 오를 수 없을 것이다.

제이미 켄트는 그렇게 해서 변화했다. 텍사스 심포니의 트럼펫 연주자가 되었으며 상도 받았다. 여러 오케스트라와 협연하기도 하며 백악관에서 연주도 한다. 나는 얼마 전에 그로부터 연주를 기다리고 있는 청중이 꽉 찬 콘서트홀의 무대에 서는 것이 얼마나 즐거운 것인지를 쓴 멋진 카드를 받았다. 그러니 연습을 시작하라. 압박감을 사랑하는 법을 배우는 것은 무한성취의 삶을 사는 위대한 사고의 소유자가 되는 핵심이다. 다음 장에서는, '독보적인 사고'가 무엇을 의미하는지 자세히 알아보도록 하자.

chapter 03

요기의 지혜

The Wisdom of Yogi

나는 당신에게 요기 베라 *Yogi Berra*의 사고방식을 진심으로 권하고 싶다. 물론, 최고 간부들의 실력 향상을 위해 도움이 될 만한 멘토를 구한다면, 요기 베라가 그 첫번째 순위는 아닐 것이다. 정신과 행동의 관계를 생각할 때, 대부분의 사람들은 교육 받은 정신, 즉 삶과 일이라는 체스 게임에서 남보다 늘 한발 앞서는 빠르고 정확한 계산적 사고를 떠올릴 것이다. 그런 점에서 요기는 알맞은 모델이 아니다. 그의 정규 교육은 중학교로 끝이 났으며 그의 독서 경험은 만화책이 전부일 것이다.

2차 세계대전 이후 교육을 제대로 받지 못한 세대의 야구선수 중에서도 요기는 으뜸가는 게으름뱅이였다. 그는 단순하고 어린아이 같았으며 어쩌다 야구만 무척 잘하게 된 야구계의 어리석은 학자였다. 간혹 그의 꼬인 논리와 어법은 그를 국가적인 코미디 아이콘으로 만들었는데, 그는 이런 식으로 말한다. "이미 봤던 모든 게 또 되풀이 되는군.", "내가 말한 모든 것은 말하지 않은 것이다.", "작은 것이 큰 것이지.", "세상이 완벽하다면⋯, 그건 불가능해." 등등.

그러나 요기라는 이름으로 알려진 로렌스 피터 베라 *Lawrence Peter Berra*는 명예의 전당에 이름이 오른 야구선수이고, 그 명예는 그의 수많은 엉뚱한 말로도 훼손될 수 없는 것이다. 평범한 체구지만 속도와 민첩성을 가진 포수로서, 그는 뉴욕 양키즈에서 17시즌 동안 300개의 홈런 기록을 세웠고, 월드 시리즈에 14번이나 출전했다. 또 양키즈가 10번의 월드 챔피언십을 획득할 수 있도록 한 최고의 공헌자이기도 했다. 요기는 중학교를 마친 후 학교를 떠났고 뉴욕타임스 대신에 만화책을 읽었고, 2시부터 4시까지 낮잠을 잤으며 세상을 거꾸로 가는 사람처럼 보였지만, 야구 천재였다. 나는 요기의 성공이 그의 독특한 언어세계 안에 담겨 있다고 생각한다.

이 경기의 90% 중 반은 정신이다

내가 압박감을 이기고 위대한 성취를 한 사람의 전형적인 예로 요기를 언급하는 이유 중 하나는 그가 '자신만의 세계에서 산다'는 명성을 가지고 있었기 때문이다. 그 세계는 조금 이상하고 비정상적이었으며, 이것이 내가 말하고자 하는 요점이다. 자신이 평범하기를 바라는 사람이 있을까? 당신은 자기 분야에서 다른 사람보다 우위에 서고 싶어 이 책을 선택했다. 이론적으로, 특별한 성취자는 일반적인 수준을 뛰어 넘는다. 그들은 규격에 안 맞는 사람들이다. 그들의 업적은 사고방식에서 나온 것이다. 비정상적인 요구와 목적은 비정상적인 사고방식을 요구한다. 특별하고 독창적이며 혁신적인 사람이 되기 위해, 당신은 특별하고 예외적으로 생각할 필요가 있다.

내가 이런 이야기를 다른 사람들에게 하면, 그들은 알겠다고는 하지만 그것을 실행하지는 않는다. 이례적인 성공의 주인공들이 그에 맞는 이례적인 성향을 가지고 있다는 것은 너무나 분명한 사실이라 재론의 여지가 없다. 그러나 대부분의 사람들에게, '이례적' 이라는 말은 '재능을 타고 난', 혹은 '똑똑한' 정도의 의미로 해석되고, 대다수 사람들은 도달할 수 없는 것이라고 생각한다. '특별한 사고' 라는 말에서 내가 의미하는 바는 정신을 사용하는 방식이며, 다음 여러 장에 걸쳐 상세하게 다루게 될 것이다.

'남다르게 사고하는 사람' 의 가장 적합한 정의는 세계와 그 안에 속한 자신을 다른 사람들과 다르게 바라보는 사람이라고 할 수 있다. 보통 사람들은 그런 사람을 보고 고개를 젓지만, 반대로 그들은 보통 사람을 보고 이상하거나 약간 돌았다고 생각한다. 모든 분야의 위대한 성취자들은 다른 사람이 자신에 대해 어떻게 생각하는지에 대해서는 전혀 신경 쓰지 않는다. 스스로에 대한 그들의 생각은 외부로부터의 피드백에 달려 있지 않다. 그들은 자신이 만든 세계에서 스스로를 판단할 뿐이다. 그들은 세상이 관습적이며 타성에 젖은 환경에 둘러싸여 있고, 고위층과 그들을 지지하는 언론매체는 한쪽으로 편중되어 있다는 것을 알고 있다. 관습이란 '전통적인 가치관' 이다. 그렇지만 과연 모든 사람이 믿는 것을 가장 훌륭한 것이라고 할 수 있나? 역사적으로 볼 때, 세상을 바꾼 사람들은 대부분 자신이 옳거나, 천재라는 것이 증명될 때까지는 늘 미치광이 취급을 받았다. 예를 들어, 당시의 과학 상식과 어긋난다는 이유로 공격받던 이론이 어느새 시간이 지나고 나면 기존의 패러다임을 깨는 역사적 사실로 받아들여진다. 이런 일이 계속 되풀이돼왔다. 코페르니쿠스, 갈릴레오, 뉴턴 등이 그 예다. 다른 분야에서도 '관습적 지혜'와 '새로운 사건' 사이에 똑같은 긴장이 존재했다. 신용카드는 말할 것도 없고 지폐나 화폐가 발명되었을 때 역시 온갖 논쟁이 분분했다.

기업들은 주변에 평범하지 않은 사상가들이 많으면 위협을 느꼈다. 기업은 스스로를 하나의 대가족이나 팀으로 보았기 때문에, 그런 이들을 골칫거리로 생각했다. 하지만 세계를 상대로 경쟁해야 하는 시대에, 그들은 오히려 경쟁력을 획득할 기회를 갖는다.

"재능만 있다면, 이제는 어디서 어떻게 그 재능을 펼칠지 자유롭게 선택할 수 있습니다."

아메리칸 익스프레스의 CEO인 케네스 체놀트*Kenneth Chenault*의 말이다.

"국내와 세계에서의 전쟁은 아이디어와 비전통적 사고의 전쟁이 될 것입니다. 우리는 전 세계 시장을 상대해야 합니다."

인습의 늪에서 어떻게 빠져나올지, 어떻게 세계와 그들이 속한 곳을 다르게 볼 것인지를 가르쳐줄 수 있는 상담자로 세계 곳곳에 있는 요기들을 모집해야 할 것이다. 당신이 큰 꿈을 가지고 있는 사람이라면, 요기와 같은 지혜를 채택하는 것이 현명할 것이다.

당신이 그런 특별한 사고를 할 수 있도록 타고나지 않았다고 해도 걱정할 것은 없다. 사고는 좋은 것이든 나쁜 것이든 다른 모든 습관과 마찬가지로 습관이며, 특별한 사고도 당신이 선택할 수 있는 것이다. 중요한 점은 스스로에 대한 자신의 판단을 지키는 법을 배우는 것이다. 당신 자신의 세계에 살며, 다른 사람들이나 특정 상황에 의해 제시된 현실이 아닌 '당신의' 현실이 성취능력을 지배하도록 해야 한다.

나만의 세계를 만들어
다른 사람을 끌어들이기

남다르게 사고하는 사람들은 세상을 자신의 렌즈를 통해서 본다. 그들은 렌즈가 도움이 되지 않는다고 생각하면 다른 렌즈를 개발한다. 어린시절, 요기가 꿈꾸던 유일한 희망은 메이저 리그 선수가 되는 것이었다. 그는 중학교를 마치자마자 학교를 그만두고 석탄 채굴장에서 일해야 했다.

하지만 다른 사람이 열심히 일하고 있을 때 3시만 되면 야구를 하러 사라지는 요기를 관리자가 그냥 봐줄 리 만무했고, 그는 해고되었다. 당시에 요기는 가족의 살림을 도와야 했기 때문에, 다시 펩시콜라 운반 일을 구했다. 그러나 아침에 거울을 볼 때마다, 배달꾼이 아닌 프로 야구선수인 자신의 모습이 비쳤다. 그렇기 때문에 일은 건성일 수밖에 없었다. 그래서 그는 또 다시 해고되었다. 그리고 가장 보수가 좋은 신발 공장에서 일했으나 요기는 야구 생각을 떨칠 수 없었기 때문에 일을 계속할 수 없었다. 정통 이탈리아 가문 출신의 가족들은 그가 돈도 안 나오는 야구에 왜 그토록 열정을 바치는지 의아해했다. 그러나 요기는 세상에서 자신의 위치에 대한 매우 선명하고 확실한 생각을 가지고 있었다. 메이저 리그에서 뛸 꿈에 너무 몰두한 나머지, 9개의 포지션을 모두 익힐 정도였다.

16세 때 그는 고향 팀인 세인트루이스 카디널스에 지원했는데 당시 구단주는 야구의 귀재를 발견해내는 탁월한 눈이 있다고 평가받는 사람이었으나, 요기에게 결코 메이저 리그 선수가 될 수 없을 거라고 말했다. 그만큼 그는 주목받는 큰 재목이 아니었으며, 천부적 재능도 없었던 것이다. 요기는 실망했지만 좌절하지는 않았다.

"저는 충분히 성공할 수 있다고 생각했습니다."

그는 구단주의 말을 믿지 않았다. 대신 야구선수로서의 자신의 가능성을 믿었다. 그리고 1년 뒤, 뉴욕 양키스와 계약을 맺으며 그와 만났다. 십대의 어린 나이였지만 요기는 이미 높은 성취를 위한 중요한 교훈을 터득했다. 그는 자신의 재능을 자신만의 '렌즈'를 통해 보았고, 뉴욕양키스로 하여금 같은 렌즈로 보도록 만들어 카디널스가 보지 못했던 전도유망한 젊은 야구선수를 알아보게 만들었다.

나는 모든 분야에서 최고의 성취자들은 같은 종류의 렌즈로 자기 자신과 일에 대해 생각하는 경향이 있는 것을 발견했다. 그들은 친구와 가족들이 비정상이라고 생각하는, 세상과 그 속에 있는 자신의 자리를 특별하게 보는 자신만의 방식을 가지고 있는 사람들이다. 그들은 유명한 기업가나 심장 전문의, 슈퍼 세일즈맨이나 스포츠 천재가 되든 안 되든, 확실한 재능이 보이기 훨씬 이전부터 자신이 뛰어난 능력을 발휘할 것임을 믿으려 했다. 일찍부터, 그들은 성공하려는 야망에 넘쳐서 어떤 것도 그것을 방해하지 못하게 한다. 다른 사람의 의견이든 그들의 조롱어린 웃음이든, 실패에 대한 가능성이나 실패 그 자체까지도.

마이클 델이 15세가 되었을 때, 그의 부모는 저축한 돈으로 컴퓨터를 사도 좋다고 허락했다. 컴퓨터가 집에 도착하자마자 그는 곧장 컴퓨터를 분해했다. 당연히 그것을 본 부모님은 화를 냈다.

"부모님은 제가 그걸 망가뜨리려 한다고 생각하셨어요."

델은 그때를 회상하며 말했다.

"저는 그저 컴퓨터가 어떤 원리로 작동하는지 알고 싶었을 뿐인데 말이죠."

이후 몇 년 동안, 어린 델은 동네 컴퓨터 상점에 자주 들렀고 산업박람회에 가느라 며칠씩 학교를 빼먹기도 했다. 그리고 컴퓨터 상점들이 3천 달러 정도에 팔고 있는 IBM PC의 부품 가격은 실제로 6~7백 달러밖에 안 한다는 사실을 알게 되었다. 그는 친구들을 위해 맞춤 컴퓨터를 조립해주기 시작했고, 자신이 컴퓨터 상점들과 경쟁을 해서 수입을 올릴 수 있다는 결론을 얻었다.

델이 컴퓨터 사업에 뛰어들었던 때, 그는 고등학교도 졸업하지 않은 상태였다. 텍사스 대학에 합격하여 기숙사로 갈 때, 그는 차 뒷좌석에 컴퓨터 여러 대를 싣고 갔다. 수업이 끝나고, 델은 기숙사 방으로 달려가 부품 몇 가지를 업그레이드해서, 그것을 다른 학생들이나 교수들에게 팔았다. 그 소문이 돌아 곧 오스틴의 의사, 변호사, 사업가들이 업그레이드를 해달라며 자기 컴퓨터를 델의 기숙사 방에 놓고 가게 되었다. 그는 텍사스 주에 판매 허가를 신청하고 곧바로 퍼스널 컴퓨터에 대한 텍사스 주 정부의 계약을 따기 위해 가격을 낮게 책정해 판매했다. 이윽고 델은 업그레이드와 컴퓨터 판매 일로 너무 바빠 학교에 갈 시간이 없어졌다.

그러던 어느 날 학교 관계자에게 아들의 낮아지는 점수와 수업 불참의 통보를 받은 부모님은 곧바로 델에게 달려왔고, 델은 작업중이던 컴퓨터를 모조리 룸메이트의 욕실 샤워커튼 뒤로 쑤셔 넣었다.

"당장 이 컴퓨터 쪼가리 만지는 일을 그만두고 학업에 열중해라."

그의 아버지가 호통을 쳤다.

"네가 해야 할 일들을 제대로 알고 있기는 한 거냐? 도대체 뭐가 되려고 그러는 거냐?"

델은 대답했다.

"저는 IBM과 싸울 거예요."

아버지는 델의 생각을 별로 달가워하지 않았다.

그러나 당시 마이클 델은 진지했다. 그는 컴퓨터에 대한 자신의 열망이 단순한 취미나 지나가는 바람이 아니라는 것을 알았다. 그는 엄청난 사업 기회를 보았다. 컴퓨터를 모든 크고 작은 사업에 이용될 수 있게 만들고 많은 학생과 일반인들에게 사용하게 만든다면, 컴퓨터가 금세기 최고의 도구가 될 것임을 깨달았다. 그의 나이 18세 때, 델은 아버지의 질문에 대한 답을 정확히 알았던 것이다. 그는 자기 인생을 IBM보다 더 좋은 컴퓨터를 만들어 소비자에게 직접 팔아, '컴퓨터 업계에서 최고' 가 되는 일에 바치기로 했다. 그는 자신의 꿈을 다른 사람에게 말하지 않기로 결심했다. 분명히 다른 사람들은 그를 미친 것으로 생각할 게 뻔했기 때문이다.

"그러나 저에게는 기회가 확실히 보였습니다."

그의 말대로 델 컴퓨터 사는 5년 뒤, 주식 공개상장에서 3,500만 달러를 모집해 주가를 8,500만 달러로 끌어올렸다. 1999년에 아르바이트로 천 달러를 버는 것으로 시작한 델 컴퓨터가 10년 뒤, 하루에 3,500만 달러 이상의 매출을 올리는 미국 최대의 퍼스널 컴퓨터 판매사가 된 것이다. IBM을 앞선 것은 물론이며 오늘날 델은 HP를 제치고 퍼스널 컴퓨터 시장을 장악했으며, 2003년에는 평면 TV, MP3 플레이어, 포켓 PC 등 전자

제품 사업 부문에서 온라인 판매만으로 소니와 HP를 따라잡을 것이라고 발표했다.

이제 40세가 된 마이클 델은 요기처럼 특별한 사고를 할 수 있는 능력을 타고나, 나머지 사람들이 그들의 눈을 통해 세상을 보게 만든 운 좋은 사람이다. 당신도 그렇게 생각하는 법을 배울 수 있으며 운 좋은 사람이 될 수 있다. '이상한 사람'으로 보이는 것을 주저하지만 않는다면 말이다. 스스로 생각해도 델은 이상한 아이였다.

"중학교 3학년 때, 저는 고등학교 학위증을 우편으로 주문했습니다."

그는 시험 한 번으로 고등학교 학위를 받을 수 있다는 광고를 보았다. 어리고 성미 급했던 델에게는 시험 한 번으로 몇 학년을 한꺼번에 뛰어넘는다는 것이 정말 좋은 생각이었다.

비슷한 나이에 영국에서 자란 리처드 브랜슨은 글도 읽을 줄 모르고 학교 성적도 형편없었다. 스스로 자신을 '모험 자본가'라 칭한 그는 버진 뮤직 *Virgin Music*과 버진 애틀랜틱 항공 *Virgin Atlantic Airways*의 설립자이다. 표준화된 정규 시험이나 IQ 테스트에서 그의 점수는 낮았지만, 브랜슨은 그런 것을 신경 쓰지 않았다. 부모 또한 그의 기업가적 면모를 알아차리고 물심양면으로 도와준 독립적이고 별난 사람들이었다.

"제가 이렇게 막무가내인 것은 부모님의 영향이 큽니다. 부모님은 우리가 세상을 바꿀 수 있다고 생각할 수 있도록 저를 가르치셨습니다."

어릴 적부터 그는 부모님을 믿고, 그들의 렌즈를 받아들였다. 그는 고등학교 때 학업 성적은 좋지 못했으나, 전국적으로 꽤 성공적이었던 〈스튜던트 매거진〉이라는 학생 잡지를 창간했다. 졸업식 때 교장 선생님은 고별사로 이런 말을 했다.

"축하하네, 브랜슨. 나는 자네가 범죄자나 백만장자 둘 중에 하나는 확실히 될 거라고 예상했네."

브랜슨은 시장 조사를 통해 알게 된, 음반의 주 구매층인 십대 독자들을 겨냥해 로큰롤 음반을 통신판매 하는 데 자신의 잡지를 이용했다. 그것이 계기가 되어 〈스튜던트 매거진〉이 재정적으로 어려움을 겪게 되었을 때, 다행히도 음악 팬들로부터 돈이 물밀듯이 들어왔다. 이렇듯 그는 첫 사업에서 실패했고 음악에 대해서는 문외한이었지만, 그게 뭐 어쨌단 말인가? 브랜슨은 음반사업에 뛰어들기로 결심하고 회사 이름을 무엇으로 할지 고민했다.

그러던 어느 날 "버진이 어떨까요?"라고 한 젊은 직원이 제안을 했다. "우리는 이 사업에 완전히 초짜잖아요."

영국에서 대규모 우체국 파업이 일어나 통신판매 음악 산업이 위협받았을 때, 브랜슨과 직원들은 매장 운영에 대해 전혀 몰랐지만 음반 매장을 재빨리 열어 부도를 막았다. 1971년 영국의 음반 매장들은 두 개의 거대 기업이 장악하고 있었고, 매장에는 칙칙한 갈색과 파란색의 유니폼을 입은 판매원들이 일하고 있었다. 브랜슨은 뭔가 색다른 구매 환경을 만들어야겠다고 생각했다. 그는 매장을 청소년이 좋아하는 로큰롤의 열기가 넘치며 편안한 느낌을 주는 곳으로 만들기로 결심했다. 그런 전략들이 버진을 런던의 유명 레코드 매장으로 자리잡게 했다.

음반 사업에 빠져들수록 더 많은 기회들이 보였다. 그는 레코딩 스튜디오들의 시설이 형편없고 예약이 넘쳐서, 어떤 그룹은 아침식사시간에 녹음을 하는 경우도 있다는 말을 들었다. 브랜슨은 뮤지션들에게 더 편안하고 창조적인 분위기를 제공해줄 런던 외곽에 있는 오래된 저택을 발견하고, 은행에서 대출받은 것과 친척의 도움으로 일을 벌였다. 레코딩 사업을 시작한 것이다. 1972년 말, 버진의 매장은 14개로 늘었고, 일부는 런던에 나머지는 영국 주요 도시에 하나씩 생겼다. 1년 뒤 회사는 마이크 올드필드 Mike Oldfield가 연주한 앨범을 포함하여 네 개의 음반을 냈고, 마이크 올드필드의 음반은 영국 최고의 음반이 되었으며 1,300만 장의 판매 기록을 세웠다. 당시 브랜슨의 나이는 23세였고, 자신의 나이나 경력을 생각해볼 여유도 없이 애틀랜틱 레코드 Atlantic Records와 미국 배포 계약을 맺었다. 이런 과정을 거쳐 버진은 세계 거대 음악기업 중 하나가 되어 갔다. 브랜슨은 자신을 비판하던 사람들까지 그가 만든 렌즈를 통해서 음악 사업을 보도록 만들었다.

브랜슨은 거기서 만족하지 않고 책을 출판하고 영화를 제작했으며, 1984년에는 보잉 사에서 점보제트기를 빌려 동업자들과 함께 버진 애틀랜틱 항공을 창립했다. 그가 250명의 기자를 초대해 뉴욕까지 시승식을 했을 때 대부분의 기자들은 비행기 한 대로 항공사를 만든 그에 대한 조롱의 기사를 썼다. 그러나 19년 뒤에는 브랜슨의 미소 짓는 얼굴이 〈포춘〉의 표지를 장식하게 되었다. 기사 내용은 이런 것이었다.

"리처드 브랜슨은 세계에서 가장 뛰어난 사업가나 성공한 사람, 혹은 가장 부유한 사람이 아니다. 그는 그저 유쾌한 사람이다."

판에 박히지 않은 그의 기업가 정신은 남다른 사업전략을 구사함으로써 10억 달러의 재산을 이뤄낼 수 있었다. 브랜슨은 역경을 딛고 버진 브랜드를 계속해서 확장해 나가고 있다. 버진 메가스토어, 버진 철도, 투자 사인 버진 다이렉트, 버진 모바일, 심지어는 버진 콜라까지. 그는 지금 전세계에 200개 이상의 회사를 소유하고 있다.

브랜슨은 변화를 수용하고 '재미'가 없으면 사업계획을 세우지 않았으며, 평범하지 않은 사람을 장려하는 회사 분위기를 만들었다고 한다. 그는 엉뚱하며 때로는 사업과 세상을 보는 눈이 어리석어 보이는 사람들을 가까이 했을 뿐만 아니라, 계열사의 전 직원들에게 그들만의 '현실'을 따르라고 격려했다. 그는 매달 5,000명의 직원 개개인에게 자필로 편지를 써서 격려하며 직원들이 낸 아이디어에 수백만 달러를 아낌없이 지원한다. 또한 항공회사 직원들이 버진 브라이즈 *Virgin Brides*에 대한 아이디어를 낼 수 있도록 돕기 위해 직원들 앞에서 직접 웨딩드레스를 입기도 했다. 회사 이름과 관련 있다는 엉뚱한 생각에서 말이다.

브랜슨에게 평범한 것은 아무것도 없다. 델과 브랜슨같이 무모하고 공상적인 태도의 사업가와 이상하거나 거만하다고 평가되는 선수들에게 공통점이 얼마나 많은지 주목해보라. 그를 좋아하는 팬들에게 한 번의 응대도 쉽게 해주지 않았던 야구선수 테드 윌리엄스 *Ted williams*와 요기를 비교해보라. 또 마이클 조던을 도와 시카고 불스가 연속으로 NBA 챔피언 자리를 차지하게 만들었던 노랑머리에 피어싱과 문신을 한 데니스 로드맨 *Dennis Rodman*은 어떤가. 우즈가 1996년에 스탠포드 대학을 졸업하자마자 나이키, 타이틀리스트와 6,000만 달러에 프로선수 계약을 맺었을 때, 많은 플레이어들은 적개심을 드러냈다. 그만한 돈을 받을 만한 가치가 있는지 검증되지도 않은 스무 살 풋내기와 계약을 맺은 것에 불만을 가진 것이다. 게다가 우즈가 토너먼트에서 우승하고 나서 "실력을 제대로 발휘하지 못했다"고 말하자 원성은 더 높아졌다. 그러나 우즈는 프로에 입문한 지 두 달 만에 라스베가스 대회에서 승리하고 프로 첫 해에 12타 차이로 마스터스 대회의 잭 니클라우스의 토너먼트 기록을 깸으로써 비판의 말을 잠재워버렸다. 다른 골프선수들과 마찬가지로 언론 또한 타이거의 잠재력을 의심했지만, 그는 이렇게 빨리 승리할 것을 예상했었냐는 질문에, 아무렇지 않게 "네, 그렇습니다."라고 대답했다.

대다수의 사고방식과 동떨어진 생각을 하는 사람은 누구나 '거만하다', '이단아다', '급진파다', '이상하다', 심지어는 '미쳤다'라는 말을 듣게 마련이다. 하지만 세상이 해결되어야 할 난해한 문제들로 넘쳐난다는 사실에는 모두가 공감할 것이다. 모두가 평범한 것에만 매달리고 늘 하던 방식대로만 일을 처리한다면 어떻게 그런 문제들을 해결할 수 있을 것인가? 델이나 브랜슨, 요기와 같은 사람들은 보통 사람들이 가진 렌즈를 통해 세상을 보도록 강요받았을 것이다. 그러나 그들은 평범하게 생각하고, 사회의 인습에 얽매이는 것을 거부했다. 브랜슨은 "사과바구니를 뒤집어 엎으려고 노력하는 데서, 전 세계의 지루한 회의실 분위기를 바꾸는 데서 즐거움을 느꼈다"고 했다.

우리는 모두 '자유의지'에 찬사를 보내면서도, 인습과 대중의 의견, 시류에 묶여서 산다. 그것이 내가 다른 사람의 비판에 아랑곳하지 않고 자신의 세계에서 살아가는 축복받은 '막무가내인 사람들'을 높이 평가하는 이유이다. 우리는 이러한 엉뚱한 사람들이 있기 때문에 편안히 앉아서 인간의 독창성과 재능에 감탄할 수 있다는 사실을 알아야 한다. 당신이 진정 다른 사람들과 구별되기를 바란다면, 괴상하게 여겨지는 것쯤은 감수해야 한다. 당신은 특별하고 이상하게 생각해야 한다. 아주 많이!

당신은 자유의지를 믿는가?

많은 사람들이 눈이나 머리카락 색깔처럼 자신의 사고방식 또한 유전적으로 결정되는 것이라고 믿는다.

"미안합니다. 하지만 저는 그렇게 생각하도록 타고 났는걸요."

당신이 늘 지나치게 분석적이라면, 다른 사람들이 바라보는 관점으로 자신의 행동을 판단한다면, 자기 한계를 넘을 수 있다는 자신감이 없다면, 그것이 당신의 두뇌가 작용하는 방식이라고 스스로에게 말해왔다면, 바로 그러한 사고방식이 성공적인 성취자가 되는 데 주요 장애요인이었음이 확실하다.

다행히도 사고방식은 바꿀 수 있다. 사고는 눈동자의 색깔처럼 미리 정해진 것이 아니며 심리학자들이 말하듯 '특징과 상태'로 이루어져 있다. 그렇기 때문에 일시적이고, 유동적이며, 통제가 가능하고, 바뀔 수 있으며, 프로그램도 가능하다. 그렇기 때문에 "그 애는 태어날 때부터 그랬어."라는 말은 과학적이지 않을 뿐더러 터무니없는 이야기다. 그런 말들은 더 훌륭하게 사고하지 못하는 것에 대한 변명일 뿐이다. 성공하는 사람과 실패하는 사람은 미리 정해져 있다는 것과 우리가 할 수 있는 일은 최상의 DNA 배열을 이뤄내는 것일 뿐이라는 생각은 전혀 사실이 아니며 과학적 근거도 없다. 성공이 부모의 교육 방식이나 다른 훈련에 달려 있다는 말도 마찬가지다. 신이 주신 재능과 적절한 훈련은 성공을 돕는 귀중한 요소 중 하나일 뿐이다. 마이클 델과 요기 베라는 천성적으로 특별하게 사고하는 사람이었지만 그들은 자신의 사고방식을 개발하려 노력했다. 리처드 브랜슨은 운 좋게도 모든 사고방식을 받아들이는 가정에서 태어났지만, 자신의 생각을 선택하고 실행하면서 그를 실패자로 여기는 사람들을 무시하는 연습을 해야 했다. 나는 수행능력의 개발법을 사람들에게 알려 주며 생활하고 있지만, 나 자신도 매일 어떤 렌즈로 세상을 볼 것인가를 결정하는 데 분주하다. 재능이나 훈련은 높은 수준의 성취에 도움이 되지만, 그것만으로는 불충분하다.

성공은 타고난 재능이나 노력만으로 결정되는 것이 아니다. 누구나 사고방식을 바꿀 수는 있지만, 거기에는 거부감과 망설임이 따른다. 우리는 스스로 '정신이 작용하는 방식'이나 '우리가 받은 교육'과 '어른스럽게 생각할 의무'에 얽매여 있다고 믿는다. 그러나 그것은 스스로 만들어낸 조작일 뿐이다. 당신이 그 선택을 의식적으로 했든 안 했든, 당신은 여전히 어떻게 생각할지에 대한 선택을 한 것이며 거기에 스스로를 맞춰간 것이다. 우리가 어떤 행동을 반복적으로 연습할 때 사실 우리는 새롭고 보다 강한 시냅스 연결을 구축한다. 신경은 신경전달물질로 알려진 화학성분을 시냅스에서 뉴런 사이의 공간으로 분출함으로써 정보를 전달한다. 기초적인 용어로, 신경세포가 활성화 될수록 넘치는 신호를 따라잡기 위해 더 많은 신경전달물질이 분비된다. 이 과정을 '헤비안 학습*Hebbian Learning*'이라고 한다. 그리고 이런 과정은 반대 방향으로도 일어난다. 신경회로가 정지했을 때 신경전달물질의 양은 줄어들고 통로가 없어지며 수용 부위는 죽는다.

따라서 사고 패턴은 반복의 결과물이라고 할 수 있다. 만약 당신이 사고방식을 바꾸기를 원한다면, 그 신경근접합부를 약화시키고 새로운 것을 강화하면 된다. 그러므로 현실을 볼 새로운 렌즈를 선택해서 그것을 사용하라. 군대와 나사는 의도적으로 인간의 신체와 정신을 훈련시키지만 일반 사람들은 그런 식으로 훈련하지 않는다. 우리는 사고 패턴을 정하고 압박감 속에서 그것을 반복적으로 연습하지 않는다. 그렇기 때문에, 상황이 어려워질 때 그에 적절한 대응을 하지 못한다. 또한 우리는 평상시 장비만을 가지고 모든 삶과 일을 진행시키려 한다. 중요한 면접이나 큰 거래를 맺을 때와 같은 특별한 사고가 필요한 경우에 우리는 그저 정신이 그 상황에 맞게 분발해주기를 바란다. 그렇기 때문에 불확실성과 준비 부족은 불안감과 실패에 대한 두려움만 가중시킨다.

　모든 분야의 최고들은 그들의 사고를 운에 맡기지 않는다. 당신 또한 운에 맡겨서는 안 된다.

조종석에 앉아라

　　　　　대부분의 사람들 머릿속에서는 하루에 수천 가지의 생각이 떠오르고 그 생각들은 끊임없이 생기고 변하며 없어진다. 또한 많은 사람들이 이런 내부의 대화를 인간에게 필요한 일인 것처럼 자연스럽게 받아들인다. 우리는 이런 내부의 재잘거림에 너무나 익숙해져서 그런 일이 일어나는지도 모르고 지낸다. 그러나 그것은 단순한 뇌의 활동이 아니다. 대뇌피질이 이성적이고 분석적인 일을 하고 있는 것이다. 우리에게 법과 사회의 가치를 존중하라고 경고하는 것은 우리의 초자아다.

　상위 두뇌 체계와 가치 체계는 다른 사람의 삶에 영향을 미치는 중요한 결정이나 판단에 대한 전략을 짤 때 큰 역할을 한다. 그러나 당신이 압박감 속에서 일을 할 때, 뇌의 최상위 부분은 더 이상 당신의 친구가 아니다.

이러한 과학적 사실을 깨닫는 것이 사고의 통제력을 획득하는 첫번째 단계이다. 사장이 매 순간 당신의 일을 분석하는 리포터인 양 어깨 너머로 하는 일을 계속 지켜보고, 영업을 다닐 때마다 동행한다고 상상해보라. 당신이 점심을 먹으러 갈 때도 사장이 따라나서서 실황 방송을 하는 것처럼 모든 것을 생중계한다. 당신이 퇴근할 때도 그는 옆에 있다. 하루를 마감하고 침대로 들어갈 때는, 그가 이불을 덮어준다. 정말 끔찍하고 말도 안 되는 상상이다. 그러나 정보와 예측의 소리들이 당신의 대뇌피질 주변을 떠돌도록 허용하는 것은, 사장이 당신 귀에 대고 끊임없이 무언가를 속삭이게 내버려두는 것과 같다. 다시 요기 베라의 말을 빌어보자.

"나는 생각과 공을 맞추는 것을 동시에 할 수 없습니다."

대부분의 사람들은 사건이 사고를 제어하도록 허락한다.

어느 날 당신은 고객에게 세 번의 구매 요청을 했지만 세 번 다 거절당한다. 사장이 결제서류를 집어던지고, 퇴근길에는 차가 막혀서 꼼짝 못한다. 그날은 완전히 끔찍하고 비참하고, 엉망진창인 날일 것이다. 그렇지만 당신의 기분까지 반드시 끔찍하고 비참하고, 엉망진창일 필요는 없다. 당신은 고객이 어떻게 반응할지, 사장이 무슨 생각을 할지, 도로 상황이 어떨지 알 수 없지만, 그날의 일을 어떻게 받아들이느냐는 오로지 당신에게 달렸다. 기운이 빠져 집에 돌아왔지만 태양은 여전히 빛나고 꽃이 활짝 피어 있다면, 정원에 나가 꽃을 손질하거나 조깅을 하거나 골프를 치러 나갈 수도 있는 것이다.

모든 일이 순조롭게 풀렸던 며칠 동안에 당신이 느꼈던 삶의 기쁨을 항상 간직할 수는 없을까? 사람들은 나에게 종종 도움을 청하러 와서 자신이 적극적인 자세를 가지지 못한 것을 한탄한다. 또 그들은 활달한 동료나 낙관적인 성격을 가진 것으로 유명한 사람들의 얘기도 한다. 톰 행크스나 오프라 윈프리 같은 유명인 말이다. 심리학자들은 그것을 성공한 사람이나 역할모델이 보통의 사람과는 다른 심리상태일 거라고 생각하는 '거짓 신 증후군*False God Syndrome*' 이라고 부른다. 우리가 생각하는 대로 그들이 정말 특별하고 문제없는 삶을 산다면 얼마나 멋지겠는가? 그러나 사람들이 부러워하는 다른 유명인들도 보통 사람과 마찬가지로 어려운 문제를 겪는다. 그들에게도 사업이나 가족문제가 있다. 톰에게도 대학에 보낼 아이들이 있으며 오프라에게는 그녀의 기대만큼 행복하거나 유능하지 않은 직원들이 있다. 누구나 까다로운 동료나 상사와의 문제를 해결해야 한다. 모든 사람의 삶에는 많은 일이 일어나고 있으며, 톰 행크스나 오프라 윈프리가 항상 기분이 좋아 보인다면, 그러한 마음가짐을 선택했기 때문일 것이다. 그들은 카메라에 불이 들어오면 모든 골칫거리들을 날려버리고 지금 앞에 놓인 일에 집중한다. 그것이 '좋은 톰' 이나 '유쾌한 오프라' 를 만드는 것이다.

당신도 그들처럼 될 수 있다. 그것은 당신이 머릿속에 떠오르는 모든 생각들에게 끌려가느냐, 원하는 방식으로 그 생각을 처리하느냐에 달려 있다. 그리고 다른 사람이 당신에 대해 생각하는 바를 받아들일 것인가 자신의 생각을 받아들일 것인가에 달려 있다. 또한 좌절감이나 우울한 생각이 당신을 지배하게 할 것인가 당신이 생각을 조종할 것인가에 달려 있다. 자유의지를 부여받은 인간은 어떻게 생각할지를 선택할 수 있다. 미래는 당신이 오늘과 내일, 앞으로 내릴 수많은 결정에 달려 있다.

나는 이러한 결정의 차이를 수상스키선수를 이끌고가는 모터보트에 비유한다. 보트가 오른쪽 혹은 왼쪽으로 돌면, 스키선수는 보트에 이끌려

갈 수밖에 없다. 보트가 곧장 나아가면, 스키선수도 직진할 수밖에 없는 것이다. 스키선수가 수행자라면, 그 수행을 통제하는 것은 보트 조종사다. 운이 나쁜 날 감정이 당신의 사고방식을 지배하도록 놔둔다면, 당신의 머리를 수상스키에 올려놓고 가만히 있는 것과 같다고 할 수 있다. 행복이나 즐거움을 포함한 당신의 감정과 사고는 혼자 사는 세상이 아니기 때문에 주위에서 일어나는 일에 따라 달라진다.

대부분의 사람들은 그들의 일과 세상을 보는 렌즈를 주위 환경이 정하도록 내버려둔다. 그렇게 한다면 과연 그 사람들이 승리할 수 있을까? 계약을 따낼 수 있을까? 사람들이 좋은 시선으로 바라봐줄까? 모든 일이 계획대로 될까? 환경이 당신을 지배하도록 내버려두고 두뇌는 그저 이를 따르기만 한다면 당신은 균형을 잡지 못하고 흔들릴 것이다.

가장 뛰어나고 꾸준한 성취자들은 그들의 머리를 자신을 이끄는 보트 위에 올려놓는다. 또한 그들은 그러한 정신적 통제가 하루아침에 이루어지지 않는다는 것을 안다. 보트가 방향을 바꾼다고, 스키선수가 곧장 따라가는 것이 아니다. 줄 끝에 매달린 스키선수가 보트와 방향이 같아질 때까지는 잠시 지체되는 시간이 있다. 그러나 보트가 오랫동안 곧장 나아가면, 스키선수도 계속 똑바로 나아갈 것이다. 이렇게 유추해본다면 당신이 꾸준하게 생각하면 수행도 그에 따를 것이라는 걸 알 수 있다. 당신은 자신의 사고를 운에 맡기고, 일이 잘 되기를 바라면서 당신의 감정과 느낌이 운에 따라 좌우되기를 바라는가.

전문가를 경계하라

요즘은 소위 '전문가'라는 사람들이 활개 치는 세상이다. TV를 켜면 어디서나 전문가가 등장한다. 영화 한 편 안 만든 영화 전문가, 유명인이 되고 싶은 연예 전문가, 시속 150km로 빠르게 날아오는 공을 한 번도 직접 본 적이 없는 메이저 리그 전문가, 공직에 출마해 본 적이 없는 정치 전문가, 전쟁의 포화를 겪어본 적이 없는 전쟁 전문가까지. 어떻게 더 좋은 성취자가 될 수 있는가에 대한 딱 한 가지 요령만 말해야 한다면, 전문가의 말을 무시하라고 말하고 싶다.

전문가도 당신이 진정으로 성취하고 싶은 일이 무엇인지, 얼마나 간절히 그것을 원하는지에 대해서 모른다. 그들은 표준화된 테스트 결과를 볼 뿐이다. 이력서, 자세와 표정, 더 나쁘게는 심리테스트 등을 한 뒤, 당신에 대해 전부 안다고 결론 내린다. 그들은 당신이 앞으로 얼마나 성공할지를 예측할 수 있다고 생각한다. 하지만 그들의 생각대로라면 리처드 브랜슨의 IQ 점수를 본 뒤에도 그의 소득이나 사람과 사귀는 능력을 예상했어야 옳다.

최고의 성취자들은 전문가들마저 자신의 방식으로 세상을 보도록 만든다. 요기는 다저스 단장이었던 브랜치 리키가 그에게는 가능성이 없다고 단언했음에도 불구하고, 자신이 메이저 리그에서 성공할 수 있다고 확신했다. 델 컴퓨터가 22명의 기자들이 참석한 기자회견장에서 직접 판매 방식으로 영국시장에 뛰어들겠다고 발표했을 때, 21명의 기자가 실패를 예측했다. 그러나 델 컴퓨터의 직판 방식은 영국에서 성공을 거두었고 독일, 심지어는 중국에서도 성공했다. 중국은 모든 기업들이 영어 프로그램이 설치된 컴퓨터를 팔 수 없을 거라고 이구동성으로 말렸던 나라였다.

당신을 가장 잘 아는 유일한 전문가는 바로 당신뿐이다. 진정한 '전문가'는 문제를 해결하는 데 도움이 되고, 당신이 가고자 하는 방향으로 나아갈 때 도움을 주고 격려해줘야 한다. 즉, 위대한 생각을 가로막는 장애물에 맞서서 독창적인 사고를 유지하도록 도와야 하는 것이다. 사실, 진짜 전문가는 지원 시스템이 돼 주는 사람이다. 우리에게 필요한 것은 문제를 풀고 적절한 해결책을 제시해주면서 한계를 정하지 않는 개인교사와 같은 지원이다. 이러한 지원 역할을 하는 전문가들은 자신과 다른 사람들과의 경험을 통해 배운 것을 당신에게 가르쳐준다. 그들은 당신에게 가능성이 있는지 없는지를 판단하지 않는다.

사람들이 "제가 해낼 수 있을 거라고 생각하세요?"라고 질문할 때마다 나는 항상 이렇게 대답한다.

"제가 어떻게 알겠습니까? 당신이 더 잘 알겠죠."

재능을 개발하는 데 가장 중요한 일은 당신의 가능성을 스스로 판단하는 것이다. 그 가능성은 과거와는 상관이 없는 미래에 관한 것이며, 내 임무는 당신이 미래로 갈 수 있는 보다 빠른 길을 알아내도록 돕는 것이다.

사회는 끊임없이 우리를 분석하고 평가하며, 우리의 잠재력을 제대로 알지도 못하면서 쉽게 결론을 내린다. 물론, 모든 사회 기관은 선택을 하지 않을 수 없다. 나 또한 매년 학교를 졸업하는 수많은 인재들 중 누구를 채용에 추천할 것인가를 두고 항상 고민한다. 어떤 방법으로 선발할 것인가? 어떤 종류의 기준을 적용할 것인가?

최고의 후보자를 찾기 위해, NFL은 심리 테스트를 사용했다. 800문항의 질문을 통해 그들은 별나지 않고, 과격하지 않고, 말썽꾸러기가 아닌 팀 플레이어를 구별해냈다. 만약 요기가 그런 테스트를 받았다면 어떤 결

과가 나왔을지 궁금하다. 조 나마스 *Joe Namath*나 무하마드 알리도 마찬
가지다. 뛰어난 선수 중에는 알리와 같은 사교적인 타입도 있고, 우즈 같
은 강인하고 과묵한 타입도 있다. 만약 팀이 무하마드 알리 타입을 원한
다면, 타이거 우즈를 떨어뜨려야 하지 않겠는가? 스포츠계는 잠재력보다
는 신체 사이즈, 속도, 민첩성 등의 객관적이고 측정 가능한 방식으로 선
수를 선발하고 비즈니스계는 성적, 학위, 추천으로 직원을 선발한다. 그
러나 크고 빠른 선수가 아니었으며 고등학교 때까지 별로 눈에 띄지 않았
지만 훌륭한 선수가 된 마이클 조던이나 줄리어스 어빙 *Julius Erving* 같은
늦깎이 영재들도 있다. 또한 비즈니스 스쿨 출신의 영리한 학생들 중에도
전임자를 능가할 만한 '천재들'이 많은데, 젊은 리처드 브랜슨을 고용할
회사가 있을까?

성공을 측정하는 가시적인 것은 심리적인 것만큼 중요하지 않다. 그런
심리적 측면을 평가하기 위해서는 그들이 압박감 속에서 어떻게 일하는
지와 어떤 성과를 내는지를 매우 주의 깊게 살펴봐야 한다.

당신은 자신이 속한 곳과 세상에 대해 흥미롭고 밝은 관점을 가지고
있는가? 비전의 성공에 몰두하고 있는가? 다른 사람들이 당신을 잘난 척
하고 정신 나갔다고까지 생각할 정도로 자신의 가능성에 대해 확신하는
가? 무한성취를 위해서는 그것이 필수다. 그러므로 스스로에게 물어보
라. 나는 자기만의 세계를 만들고 있는가? 나는 내 자신과 주변의 일들을
어떻게 바라보는가? 나만의 렌즈는 어떤 것인가? 나는 그 렌즈를 얼마나
믿는가?

chapter 04

최후의 금기를 받아들여라 _
최대한 '비현실적'이 되라

Embracing the Last Taboo _ Being as 'Unrealistic' as You Can

> 크리스토퍼 콜럼버스가 지구가 둥글다고 했을 때
> 에디슨이 소리를 녹음한다고 했을 때 사람들은 모두 비웃었다.
> "사람들은 모두 비웃었다"
> – 아이라 거쉰 Ira Gershwin

내가 학생들이나 사람들에게 꿈이 뭐냐고 물으면, 그들은 망설이다 얼굴을 붉히며 이렇게 말한다. "글쎄요, 제가 정말로 그것을 할 수 있을지 모르겠어요.", "아마 저를 미쳤다고 생각하실 걸요." 그들이 속내를 털어놓기로 결심했을 때에도, 이 말을 덧붙인다. "알았어요. 하지만 웃지는 마세요." 사람들은 요즘 그들의 성생활이나 개인적인 가정사를 날씨 얘기 하듯 거리낌 없이 얘기하지만, 진정으로 그들의 영혼을 움직이는 것에 대해서는 얘기하기를 꺼린다. 그들은 에베레스트를 등반하고 싶다거나 시니어 투어 골프 경기를 하고 싶다거나 보스턴 팝스를 지휘하고 싶다고 말하기를 두려워한다. 그들은 영화대본을 쓰거나 세계 일주를 하면서 살고 싶다고 말하기를 부끄러워한다. 언제부턴가 당신의 꿈을 밝히는 것은 쉽지 않은 것 중의 하나가 되었다. 하지만 기억하자.

❝ 큰 꿈을 꾸지 않으면 크게 될 수 없다 ❞

꿈에 대해 이야기하는 것은 마지막 금기가 되었다

최근에, 본 윌윈이라는 한 학생이 나에게 조언을 구하러 찾아온 적이 있다. 그는 국내 최고의 대학 높이뛰기선수 중 한 명이며, A학점 이상의 성적을 받는 학생인 동시에 성가대에서 노래도 한다. 버진 아일랜드에서 태어난 본은 어릴 적부터 여러 가지 꿈이 있었다. 미국 최고 대학에 들어가는 것, 높이뛰기 세계 신기록을 세우는 것, 올림픽 대표선수가 되는 것, 수십만 명의 사람을 감동시킬 음악을 만드는 것, 그래미상을 받는 것 등이 그것이다. 가족과 친구, 선생님들은 그런 큰 꿈이 그에게 실망을 안겨줄까봐 어릴 적부터 본을 진정시키고 그의 꿈을 작게 만들려고 했다. 운동선수가 성화가 불타오르는 올림픽 경기 개막식 때 랩송을 부르다니, 말도 안 되는 일이 아닌가.

그러나 본은 사람들의 말을 듣지 않았다. 그는 텍사스로 이주해, 높이뛰기 챔피언십에서 주 최고 기록을 세우며 당당하게 우승했다. 또 미국 상위 15개 대학 중 하나인 라이스 대학에 합격했다. 그리고 올림픽에 출전하기 위한 준비를 시작했다. 사람들은 고등학교와 대학 육상경기는 다르다고 경고하기 시작했다. 그들은 미국의 뛰어난 높이뛰기선수들 중에서 겨우 몇 명만이 올림픽 출전권을 얻는다고 알려주며 메달을 딸 확률에 대해서도 말했다. 물론 본도 그러한 예측과 확률을 생각할 수 있었다. 그리고 그들의 말을 듣는 것이 나을 수도 있었다.

그러나 본은 이번에도 말을 듣지 않았다. 결국 대학 3학년이 되던 해그의 높이뛰기 실력은 국가적인 관심사가 되었고 2004년 올림픽에서는 가능성을 인정받았다. 코치들은 기술 향상을 위해 그가 더 많은 시간을 연습하기를 원했다. 그러나 학과 교수들은 대회 때문에 수업을 빠지는 것을 탐탁지 않게 생각했다. 게다가 본은 자신의 앨범을 내려는 희망으로 기숙사 방을 스튜디오로 개조해 밤을 새며 작곡까지 했다. 누구나 본이 좀더 현실적이 되어야 하며 시간을 보다 합리적으로 관리해야 한다고 생각했다. 본은 나에게 책임감 있게 행동해야 한다고 충고한 사람의 수가 셀 수조차 없을 정도라고 말했다.

분명 그런 조언들은 본이 잘되기를 바라는 진심어린 염려에서 나왔을 수도 있지만, 나는 그것이 충고를 하는 사람들의 두려움에서 비롯된 것이라고 생각한다. 자신이 실패하기를 바라지 않기 때문에 다른 사람이 실패하는 것도 원치 않는 것이다. 게다가, 당신에게 시도해보라고 한 것이 결과가 좋지 않다면, 그들의 잘못이 될 수도 있지 않겠는가? 그들은 당신의 좌절이나 실망에 대한 책임을 지고 싶지 않은 것이다. 물론 그들이 당신의 마음을 아프지 않게 할 수 있는 통찰력이나 지식을 가지고 있다면, 그것은 좋은 충고가 될 것이다. 본에게 수업에 참여하는 것과 세계 정상의 높이뛰기선수가 되기 위해 훈련하는 것, 2백만 장의 판매고를 기록할 첫 앨범을 만들기 위해 밤을 새며 작곡을 하는 것은 하나같이 모두 중요하다. 본은 자신을 주눅 들게 하고 기분 나쁘게 하는 말들을 억지로 피하지 않는다. 그는 비난을 두려워하지 않는다. 어떤 일을 하든 항상 문제와 실패할지 모른다는 불안감은 있기 마련이다. 그러나 그것들은 꿈을 향해 용솟음치는 그의 열망을 조금도 누를 수 없다.

본이 음반 제작사에 보낼 데모 테이프의 커버에 쓸 내용을 의논하러 나에게 온 것은 전혀 놀라운 일이 아니었다. 친구와 가족들은 보나마나 그에게 '현실적이 되라'는 충고만 할 것이기 때문이다. 본이 나를 찾아온 이유는 내가 학생들에게 훨씬 더 꿈을 가지라고 격려하는 교수로 알려졌기 때문이라고 한다. 나는 학생들의 꿈에 대해 실현 가능성을 생각하거나 걱정하지 않는다. 지난 20년 동안의 심리학 연구로 한 사람의 꿈은 아무리 허황되고 바보같이 보인다 해도 성공의 결정적인 계기가 된다는 것이 입증되었기 때문이다. 정상적인 사람은 동방을 찾을 것이라는 희망으로 유럽에서 서쪽을 향해 끊임없이 항해하지 않으며(콜럼버스), 플로리다 늪지에 놀이공원을 짓지도 않는다(월트 디즈니). 평범한 사람들은 과학자들이 인간의 최대속도라고 말한 것보다 더 빨리 달릴 수 있다거나(1954년에 로저 배니스터 *Roger Bannister* 는 1.7km를 4분 안에 주파해냈다), 한쪽 팔만 가지고는 메이저 리그에서 공을 던질 수 있다고(장애인인 짐 애봇 *Jim Abbott* 은 1898년부터 1999년까지 10년 동안 메이저 리그 선수로 활약했다) 믿지 않는다. 평범한 사람들은 소설을 쓰기 위해 변호사 일을 접지 않으며(존 그리샴 *John Grisham*), 전성기에 화려한 배우 경력을 접고 자동차 경주를 시작하거나 수익 전부를 난치병에 시달리는 어린이를 돕는 데 기부하는 팝콘/샐러드 회사를 설립하지 않는다(폴 뉴먼 *Paul Newman*). 과학과 의학, 컴퓨터, 마케팅, 더 나아가 세계를 개혁하는 꿈을 꾸며 잠드는 사람은 분명 정상이 아니다.

비범한 사람들은 비웃음, 농담, 희죽거림을 기꺼이 이겨내고 자신의 행복을 추구했다. 본은 끊임없이 사람들의 걱정과 꿈이 결코 이루어질 수 없을 거라는 말을 들을 것이다. 그러나 그는 늘 기쁨에 넘칠 것이고 머지않아 MTV에서 보게 될 것이다.

꿈의 재정의

여기서 내가 이야기하는 꿈은 한여름 밤의 꿈이 아니며 어떤 물체나 사물도 아니다. 또한 목표도 아니다.

폴 뉴먼은 뉴욕 레스토랑에서 자신만의 샐러드드레싱을 고집하는 것으로 악명 높았다. 1970년대 후반 미국에서 샐러드드레싱이라고 통용되던 것의 대부분은, 인공착색료와 방부제, 설탕이 들어 있었다. 뉴먼은 자신이 직접 만든 드레싱이 너무 마음에 들어 어느 해 크리스마스에는 작가이자 친구인 하츠너의 등을 억지로 떠밀어 코네티컷에 있는 자신의 축축한 지하실에서 그의 드레싱을 포도주병에 옮겨 담도록 했다. 크리스마스 이브에 동네를 돌며 캐롤을 부르며 이웃들에게 샐러드드레싱을 선물로 나눠주기 위해서였다. 폴은 사람들에게 나눠준 뒤 남은 샐러드드레싱을 보고 그것을 고급 식품점에 팔아 그 돈으로 낚시를 가면 좋겠다는 생각을 했다.

그러나 음식업체와 음료업자들은 이를 반가워하지 않았다. 과거의 사례를 볼 때 '유명인 상품'은 개시 비용도 많이 들고 손해를 보기 쉬웠기 때문이다. 한 회사는 30~40만 달러로 사업을 시작해볼 용의가 있다고 했지만 뉴먼과 하츠너는 차라리 뉴먼의 종자돈 4만 달러에 하츠너의 도움으로 자신들끼리 사업을 시작하기로 결심했다.

"처음부터 우리는 전통에서 벗어났던 것이죠."

샐러드드레싱 신참들은 샐러드 사업을 시작하던 시절을 기록한 책《공익을 위한 두려움 없는 개척정신*Shameless Exploitation in Pursuit of the Common Good*》에서 다음과 같이 회고했다.

"전문가들이 어떤 일은 항상 특정한 방식으로만 이루어진다고 말할 때, 우리는 우리만의 방식을 고수했으며, 때로는 그것이 정답이기도 했습니다."

자신이 만든 샐러드드레싱을 시장에 내놓고자 하는 뉴먼이 더 많은 반대에 부딪히던 중 그의 샐러드드레싱을 선보였던 그의 영화 촬영장, 뉴먼이 또 다른 열정을 불태웠던 자동차 경주장, 그가 핵동결 운동을 위해 연설했던 공항으로부터 전화가 쇄도하기 시작했다.

"뉴먼의 드레싱 병에 뉴먼스 오운 *Newman's Own* 이라는 이름의 라벨을 붙여, 안 된다고 말하던 사람들의 코를 납작하게 만들어주자는 의견이었죠."

뉴먼은 남다른 사고방식을 가진 타고난 사람 중의 한 사람이었고, 오랫동안 배우 생활을 하면서 얻은 자유로움으로 정상에 도달할 수 있다는 확신을 가질 수 있었다.

"사물을 균형이나 완성된 것으로부터 흔들어서 봐야 한다는 것이 그의 이론이었습니다. 그것이 사람들로부터 '마흔일곱이나 돼서 자동차 경주를 하려고 하다니 정신 나간 거 아냐'라는 말을 들으면서도 그가 경주를 시작한 이유였죠. 그런 과감함 때문에 그는 위험한 배역을 많이 맡았고, 이전에 가보지 않았던 길에 도전하는 겁니다."

하츠너의 말이다.

샐러드 사업은 폴에게 삶과 일에서 비현실주의자가 되었을 때 얻을 수 있는 것을 확인해주었다. 뉴먼스 오운은 이제 슈퍼마켓에 진열되어 있다. 같은 브랜드의 팝콘, 아이스 티, 파스타 소스와 함께. 현재 뉴먼스 오운은 연간 매출이 1억 달러 이상이며 순수익이 120만 달러인, 미국 식품업계 역사상 최고의 성공사례가 되었다. 뉴먼스 오운에서 나온 모든 수익

금은 자선단체에 기부되고, 난치병을 앓고 있는 어린이를 위한 재단을 세우는 데 사용되어 왔다. 물론, 중역들 중에는 수익을 비축하거나 투자하는 데 쓸 것을 충고하는 사람도 있지만 처음부터 뉴먼은 모든 것을 공익에 환원하고, 사물을 바라보는 데는 다른 방식이 있다는 것을 보여주는 데 쓰여 지기를 바랐다.

꿈의 구장은
삶의 의미

꿈은 아이디어나 본능, 혹은 "그거 알아? 나는 말이지…."와 같은 말로 당신 내면에 다가오는 어떤 개념으로부터 시작된다. 그것은 메이저 리그에서 뛰고 싶다는 요기의 열망처럼 오랫동안 품어왔던 소망이나, 폴 뉴먼의 샐러드드레싱처럼 머릿속에서 사라지지 않고 맴도는 새로운 아이디어일 수 있다. 사람들은 어린시절에 야구선수나 소방관, 우주비행사, 의사가 되고 싶다는 꿈을 꾸다가 20년이 지난 어느 날 책상 앞에 앉아 왜 자신의 삶이 이토록 형편없는 것으로 변했는지를 궁금해 하는 경우가 많다. 그들의 꿈은 사라지고, 다른 사람의 꿈으로 대체되거나, '상식'이나 '현실' 또는 다른 사람의 의견 때문에 깨졌을 것이다. 그것을 이루기 위해 모든 노력을 다하기도 전에…. 꿈에 대한 나의 정의에서 가장 중요한 것은 바로 이것이다.

❝ 꿈은 사라지지 않는 느낌이다 ❞

어떤 것이든 상관없다. 당신 마음이 헤매는 것은 언제나 똑같은 '꿈의 구장'이 나타나기 때문이며, 꿈은 당신이 아침에 잠에서 깰 때 보는 환영이며, 당신이 잠들기 전에 상상하는 마지막이 꿈이다. 그렇기 때문에 당신이 생각을 할 때마다 머릿속의 아이디어가 더 생생해지고 상세한 내용으로 채워진다. 올림픽에서 금메달을 따고 싶은 소망이 시상대에 올라 목에 메달을 걸고 있는 모습으로 변하고, 애국가가 울려 퍼지는 동안 온몸에 소름이 돋는 것까지 느낄 수 있으며 눈에는 눈물이 고인다. 꿈은 당신에게 자극과 활기를 주고, 당신을 불꽃같이 넘치는 뜨거운 열정으로 일렁이게 한다. 당신은 꿈을 좇아야 하기 때문에 침대에서 꾸물거릴 시간이 없다. 내가 말하고 있는 꿈이란 당신의 삶에 의미를 주는 것이다. 그것이 당신을 움직이게 한다.

어떤 분야이든 높은 성과를 올리기 위해서는 그런 전력투구의 정신이 필요하다. 위대한 실행가들은 진흙 길을 헤쳐가갈 수 있도록 도와주는 자기만의 '환상'을 가지고 있다.

꿈 vs. 목표

목표는 결과다. 당신이 꿈을 좇을 때 목표는 그것에 도달하기 위해 당신이 밟아나가는 과정이며, 노력에 대한 일시적인 보상이다. 그러나 최고의 성취자들은 꿈을 좇는 데 푹 빠져 있어 그 길에 정류장이 있는 것을 알아차리지 못한다. 목표의 문제점은 주의를 흐리게 한다는 점이다. 목표는 자질구레하고 별 의미가 없는 일이 대부분인 세세한 것들에 당신을 옭아맨다. 당신의 목표가 정신을 지배하고 거기에 도달하기 위한 전략에 자신을 몰아넣는 것이다. 그렇게 되면 성공은 기술이나 지식, 창의력, 비전, 문제해결능력보다는 전략의 변화에 따라 결정된다. 그러나 그렇게 미리 정한 길을 따라 가기만 한다면 발견(개인적 관심뿐만 아니라 과학적인 주요 발견들)을 하기 힘들다.

영화가 사람들을 너무나 쉽게 그 세계로 빠져들게 하는 한 가지 이유는 일상생활의 사소한 일들을 건너 뛰고 극적인 사건만을 다루기 때문이다. 꿈이 이처럼 극적인 사건에 집중할 수 있도록 도와주는 반면에 목표 설정은 당신의 삶을 사소한 것에 더 집중하게 만드는 것이다.

전형적인 목표의 예들은 승진이나 봉급 인상, 고급 새 차 구입, 5kg 체중감량, 일찍 퇴근해서 딸의 학예회에 참석하기 같은 것들이다. 목표는 A지점(예전의 포드 자동차 갖기)에서 B지점(광채 나는 BMW 갖기)으로 가는 과정으로, 목표 설정은 유용한 단기 도구가 될 수는 있지만, 당신의 정신을 외부 결과에만 고정시켜 B지점 이상에는 도달하지 못하게 만든다. 그런 단기 계획은 당신을 너무 수학적으로 사고하게 만든다. 시간표를 짜고, 발전 정도를 체크하고, 항상 다음 단계를 생각하게 만드는 '훈련의 사고방식'에 익숙해지는 것이다. 반면에 꿈은 당신이 삶을 살아가는 방식이며, 뭔가를 추구하면서 매일 느끼는 일상의 전율이다. 거기에 존재하는 유일한 제약은 당신의 상상력이 어디까지 미칠 수 있느냐 하는 것뿐이다. 꿈을 좇는 것은 활짝 열린 과정이다. 그것은 당신으로 하여금 성공으로 가는 넓은 길과 힘을 허락해주고, 모험을 발견하고 새로운 문을 열게 해준다. 완전한 '신뢰의 사고방식'이다.

당신과 마찬가지로, 나는 평생 동안 "목표를 가져야 한다", "앞으로의 5년 계획을 세워라"고 말하는 선생님이나 코치, 부모님의 말을 들어왔다.

하지만 그런 말에 귀 기울여서는 안 된다. 나는 목표가 그들이 하는 일을 지배하도록 내버려두었던 수많은 똑똑하고 야심 찬 젊은이들과 이야기를 나눠보았다. 그들은 대체로 이런 식의 목표를 세우고 있었다. 경제학을 전공하고 큰 투자회사에서 3년간 일한 뒤, 컨설팅회사를 차려 10년간 회사를 키운 뒤 팔아서 그 자본을 인지도 있는 더 큰 컨설팅회사를 차리는 데 사용하고, 큰 돈을 벌어 45세에 은퇴한다. 이러한 일반적인 꿈에 대한 사람들의 반응은 "그 사람 성공하겠는 걸!"이다. 그러나 나는 그 학생이 미래에 기력이 소진되거나, 불행과 공허에 시달리게 될 것이라는 생각을 한다.

성공이 옳은 목표를 세우고 그것을 달성하기 위해 열심히 노력하는 데 있다는 것은 환상이다. 최고에 이르는 길은 평탄하고 곧게 뻗어 있는 것이 아니다. 그리고 가장 감동 깊은 이야기들은 예상치 못한 일의 전환과 사건, 모든 가능성이 열려 있는 사람들의 발견에서 나온 성공 스토리들이다. 칼리 피오리나는 사업을 하기 전에 스탠포드 대학에서 철학과 중세학을 전공했었다. 그런 그녀가 다시 학교로 돌아가 MBA를 전공하기로 결심했을 때에도, 그녀에게는 〈포춘〉지 선정 20대 기업에 드는 여성 CEO가 되려는 계획이 없었다. 컴퓨터 회사를 만들겠다는 생각은 말할 것도 없고.

바버라 코코란Barbara Corcoran이 웨이트리스 일을 그만두고 맨해튼으로 가서 창구 직원이 되었을 때, 그녀는 자신이 나중에 500개 이상의 중개소를 거느리고 연 매출액 22억 달러를 기록하는 미국 최고의 부동산 회사 중 하나인 코코란 그룹을 설립하게 될 줄은 꿈에도 몰랐다.

프린스턴 대학의 지질학과 교수인 제타 켈러Gerta Keller는 공룡의 멸종 원인이 과학적으로 알려진 것보다 훨씬 더 복잡하다는 의견을 제시함으로써 지질학계를 술렁거리게 했다. 학계의 이단아인 그녀는 1950년대 스위스에서 낙농업에 종사한 아버지의 12남매 중 한 명으로 태어나, 14세 때 학교를 그만두고 재봉사, 웨이트리스를 전전하다 영국을 거쳐 호주로 건너갔으며 그곳에서 한 은행 강도의 총에 맞기까지 했다. 하지만 가까스로 목숨을 건진 그녀는 미국으로 건너가 고등학교 자격 검정시험을 통과하고, 빚을 내서 대학을 마치고 스탠포드에서 박사학위를 땄다. 그런 놀라운 인생 역정은 일일이 계획했던 것이 아니었던 것이다.

잭 캠프*Jack Camp*는 옥시덴털 칼리지 최고 쿼터백이었고 후에 버팔로 빌스의 스타가 되었다. 당시 그는 자신이 세금 전문가이자 국회의원이 되리라는 생각은 전혀 하지 못했고, 1988년 대통령 선거 때 밥 돌의 러닝메이트가 될 계획도 전혀 없었다. 콜린 파월*Colin Powell*이 군인이 되기로 결심했을 때 처음부터 4성장군을 계획한 것이 아니었으며, 레이건 대통령과 조지 H. W. 부시 대통령의 자문을 맡게 되거나 NATO의 최고사령관이 될 것이라는 생각 또한 없었다. 군대를 퇴역할 때는 강력한 적수 사담 후세인을 제거하기 위해 이라크를 침공하려는 목표를 둔 차기 국무장관이 되려는 계획을 세우고 있지 않았다. 그가 만약 직위 중 어느 것 하나라도 자기 목표로 설정했다면, 다양한 기회들로 열린 길을 보지 못했을 것이다. 성공의 진정한 핵심이 되는 기회들을 말이다.

당신의 꿈만이
가슴을 뛰게 한다

꿈이 지구상의 모든 사람을 흥분시킬 필요는 없다. 한 사람의 꿈은 다른 사람에게는 악몽일 수 있다. 어떤 사람은 대통령이 되는 꿈을 꾸지만, 반대로 세상의 온갖 문제를 어깨에 짊어지고 이쪽저쪽으로 부터 늘 비난에 시달리는 대통령은 끔찍한 것이라 생각하는 사람도 있다.

내 임무는 사람들이 부모 혹은 영향력 있는 다른 어떤 사람의 꿈이 아닌 그들 자신의 꿈을 찾아 그것을 잘 유지하고 활력을 찾도록 돕는 것이다. 어떤 사람들에게는 본 월윈과 폴 뉴먼처럼, 삶을 재미있게 만들기 위해 꿈이 한 가지 이상 필요하기도 하다.

최고의 꿈은
비현실적인 꿈이다

보수적인 사회에서, 큰 꿈을 가진 사람들은 보통 사람들에게 이상하거나 비이성적이고 거만한 사람들로 비쳐진다. 토머스 에디슨이나 월트 디즈니, 빌 게이츠는 "당신은 자신을 어떤 사람이라고 생각하나요?"라는 질문을 얼마나 많이 받았을 것인가.

성공한 사람을 시기하는 것은 미국인의 얘기만이 아니다. 영국에는 '키 큰 양귀비 *tall poppies*'라는 말이 있는데, 이는 다른 것들보다 혼자서 키가 쑥 자라면 재빨리 잘라버린다는 데서 나온 말이다. 비슷한 것으로 아일랜드에는 '시기병 *begrudgery*'이 있다. 남이 조금이라도 성공하면, 온 동네 사람들이 그 사람을 짓밟으려 하는 것이다. 프랑스, 독일, 이탈리아 등 대부분의 나라에서도 마찬가지로, 다른 방식을 가진 사람들에 대한 압력은 강하다.

하지만 비범한 사람들은 그런 비판을 무시하고 역사를 이루는 그들의 길을 계속 간다. 나는 사람들이 더 나은 성취자가 될 수 있도록 돕고 있기 때문에 그들의 꿈이 항상 궁금하다. 하지만 어떤 꿈이 현실적인지 그렇지 않은지를 판단하는 데 시간을 낭비하지 않는다. 또한 꿈을 평가하는 것은 내 일이 아니다. 당신의 삶에 진정 의미가 있다면 어떤 꿈도 불가능한 것은 없다. 이루어질 확률이 매우 희박한 꿈이라도 당신이 삶에서 겪는 사소한 실망을 극복하도록 돕고, 일을 해나갈 수 있는 힘을 주고, 삶이 끝나는 날까지 아주 충만한 삶에 대한 만족감을 주며, 희열을 안겨줄 수 있다. 현실적이 된다는 것은 열심히 노력하지 않는 것에 대한 핑계 거리를 제공하는 것뿐이다. 이런 것이 불행의 원천이 되기도 한다.

나는 종종 학생들에게 불가능한 꿈을 상상해 보라고 권한다. "새처럼 하늘을 날고 싶다."나 "프로 여자 하키선수가 되고 싶다."는 것 등은 흔한 대답이다. 그러면 나는 라이트 형제 *Wright Brothers*나 1995년 미국 하키 리그의 첫 여성 선수가 된 골키퍼 마농 리옴 *Manon Rehaum*을 생각해 보라고 한다. 세계 대부분의 사람들이 러시아 정치 체제의 변화를 상상할 수 없었던 가까운 과거를 되돌아보라. 한 나라의 정치 체제를 바꾸는 것은 불가능한 것 같지만, 정말로 믿었을 때 역사는 그것이 가능함을 입증해 주었다.

제2의 밀레니엄 시대에
큰 꿈을 가지는 것

미국은 언제나 꿈꾸는 자들의 나라였다. 미국을 발견하고 건국한 사람들은 왕이나 특정 종교가 아닌 자유가 지배하는 새로운 나라를 꿈꾸었다. 많은 사람들은 미국이 영국 식민지 변호사들과 지식인들에 의해 건설되었다는 점을 잊곤 한다. 미국은 영국으로부터 독립한 새로운 민주주의 공화국이라는 생각으로 시작되었다. 물론 영국 의회는 말할 것도 없고 다른 식민지 개척자들도 대부분 이런 생각이 완전히 바보 같고 미친 것이라고 했다. 그러나 애덤스, 제퍼슨, 프랭클린은 그들의 꿈을 미국의 꿈으로 바꾸었다.

꿈이 몇 세대 만에 세계적인 권력으로 발전할 수 있게 한 가난한 이주민과 정착민, 미국을 20세기 중반까지 세계 패권국가로 만든 수백만의 이주민들에게는, 부모 세대보다 더 큰 꿈을 꾸는 것이 그리 어려운 일이 아니었다. 밥 로텔라 교수는 19세기 이탈리아 남부의 가난한 마을에 살던 그의 할아버지가 어린시절 여자친구에게 그들이 앞으로 행복하게 오래오래 살 수 있는 방법을 반드시 찾아내겠다고 약속했었다는 얘기를 즐겨한다. 밥의 할아버지는 선박 일을 구한 뒤 미국으로 항해해서, 시골 마을인 버몬트 주로 이주한 뒤 대리석 채석장 일을 시작했다. 그리고 3년이 지난 뒤 여자친구도 버몬트로 왔고, 그들은 결혼해서 집을 지었다. 그러나 밥의 할아버지는 채석장에서 끔찍한 사고를 당해 목숨을 잃었고, 밥의 할머니 혼자서는 여덟 명의 아이와 함께 뉴잉글랜드의 혹독한 겨울과 대공황을 헤쳐나가야 했으며 밥의 아버지는 가족 부양을 돕기 위해 아홉 살의 나이에 이발소에 취직해야 했다. 그러나 아이들은 모두 건강하고 바르게 자랐다. 밥의 아버지는 다섯 명의 아들을 길렀으며, 모두 박사학위를 땄다.

미국에는 이와 같은 이야기가 집집마다 셀 수도 없이 많고, 그것은 모두 중산층이 되고자 했던 사람들의 이야기다. 그러나 오늘날 대부분의 사람들은 중산층이다. 그렇다면 뉴밀레니엄 시대에 '평균적'이라는 말은 무엇을 의미하는가? 오늘날, 미국 중산층의 '평균'은 2.45명의 자녀가 있고 널찍한 차고가 딸린 주택을 소유한 사람이다. 그러나 평균에는 이런 것들도 속한다. 끊임없이 회사 스트레스에 시달리고, 신용카드 빚에 허덕이고, 이혼하거나 파경의 위기에 처하고, 자녀들과 소원한 관계가 되고, 평균 체중을 항상 초과하고, 심장마비의 위험 속에 사는 것.

평균적 삶을 원하는가? 그렇지 않고 만약 당신이 더 나은 삶기를 원한다면, 더 나은 꿈을 꾸어야 할 것이다.

자, 당신의 꿈은
무엇인가?

운동선수, 음악가, 외과의사, 기업간부들이 나에게 도움을 요청하러 처음 왔을 때 얘기하는 것은 그들이 얼마나 자기 일을 사랑하는가이다. 나는 그들의 말이 끝나면 이렇게 묻는다.

"그럼 저와 무슨 상담을 하고 싶으신 거죠?"

그러면 내 질문을 기다렸다는 듯이 그들은 주변 사람들이나 상황이 자신이 성취하고 싶은 것을 얼마나 방해하는지 한동안 불평한다. 그러면 나는 이렇게 말한다.

"글쎄요, 당신은 자기 일을 사랑하는 사람처럼 보이지 않는데요."

그 말에 사람들은 잠시 당황하고 다른 말을 하려고 하지만 나는 그들이 반박하기 전에 이렇게 묻는다.

"당신이 정말로 하고 싶은 일이 무엇입니까. 당신이 무슨 일이든 할 수 있다면, 뭘 하고 싶습니까?"

이에 대한 대답이 당신의 꿈이다. 당신은 꿈을 위해 반드시 직업을 바꿀 필요는 없다. 내과의사라면 어린아이에게 아프지 않을 거라고 말해주었을 때 아이가 짓는 미소를 보며 기분이 좋아질 것이고, 음악가라면 청중으로 꽉 찬 콘서트홀이 힘을 줄 것이다. 인력관리 전문가라면 유능한 엔지니어와 계약하며 악수를 할 때, 회사의 중역이라면 높은 판매고를 올린 베테랑 직원의 등을 두드려줄 때 행복을 느낄 것이다.

사람들은 꿈에 대한 시각을 회복하고 그것을 추구하는 것이 우선순위임을 기억할 필요가 있다. 직업에 대한 문제를 이야기하며 시간을 보내는 사람이 있다면 그는 꿈에 대한 감각을 잃은 것과 같다.

아무런 할 일이 없을 때, 당신의 마음은 어디를 헤매고 있는가? 기회는 당신의 꿈이 있는 곳에 있다. 결국 그것은 당신의 삶이기 때문에 스스로 자서전을 쓰고 영화 제작에 착수해야 한다. 무엇을 넣고 무엇을 뺄 것이며, 인생과 관련된 연설에서 무슨 말을 할 것인지는 모두 당신에게 달렸다. 물론 그 길을 가는 동안 조언이나 친구와 가족들의 지원이 필요할 것이다. 그러나 누군가 당신의 꿈에 대해 비판적인 경고를 하거나 '비현실적'이라고 말한다면, 그 사람을 곧바로 당신의 초청장 목록에서 제외해 버려라. 진정한 꿈이 무엇인지 알고 싶어 하는 사람들을 위해 나는 이런 과제를 제안한다.

- 당신이 아는 사람이나 얘기로 들은 사람 중에서 꿈을 열렬히 추구하는 사람을 10명만 생각해보라. 그 사람의 꿈을 바탕으로 당신의 꿈을 재정립 해보자. 꿈 때문에 당신은 너무나 흥분되고, 아침에 잠에서 깰 때도 그 생각에 절로 미소가 지어질 것이다.

- 그러나 그 꿈은 당신이 실현 가능하지 않다고 생각하는 것이어야 한다. 즉, 당신이 지루하고 터무니없고 위험하고 불가능하며 비현실적이거나 이상하기 짝이 없다고 생각하는 것일수록 좋다.

목록을 만들어 정렬하고 그 사람들과 그들을 흥분시키는 것에 대해 생각해보면, 진정한 꿈이 무엇으로 이루어지는가에 대해 많은 것을 배우게 될 것이다. 결코 사라지지 않을 것처럼 당신의 머릿속을 계속 맴도는 생각이 무엇인가? 커서 무엇이 되고 싶었는가? 다시 말해 당신이 어린시절과 여러 기술을 습득하기 전에 되고 싶었던 것은 무엇인가?

기억하라. 내가 이야기하는 꿈이란 사라지지 않고 당신을 흥분시키고 자극하며 삶에 의미를 주는 느낌이다. 당신의 꿈이 너무 무모하고 불가능한 것이라는 생각이 들어도 걱정할 것 없다. 머릿속에서 만이라도 그것이 가능하다면, 충분히 좋은 꿈이라 말할 수 있다. 이제 당신이 해야 할 일은 미래에 대한 비전에 자신을 몰입시키고 전속력으로 그것을 향해 달리는 일이다.

chapter 05

열심히 일하는 것만이
해답은 아니다

Hard Work Is Not the Answer

사무실에 가장 먼저 출근해서 가장 늦게까지 남아 있고, 잠시도 쉬지 않고 부지런히 일하며, 항상 새로운 프로젝트를 맡고 싶어하고, 끊임없이 기술과 자기향상을 위해 노력하며, 쓰지 않은 휴가가 수개월씩 잔뜩 쌓여있는 사람들이 있다. 이런 사람은 개인과 가족의 시간까지 조직에 희생할 만큼 아주 헌신적이며, 일에 열심이다. 그들은 일에 장시간 매달리고 '110%'를 바친다.

현대 사회는 이런 사람들을 매우 좋아하고, 그들에게 헌신이라는 단어를 사용해 칭찬한다. 사운이 급격히 추락하고 있는 경우, 보스는 회의를 소집하여 직원들을 자극하기로 마음먹는다. "우리는 주주를 만족시킬 만한 성과를 내지 못하고 있어요. 좀더 열심히 할 필요가 있다는 겁니다." 그는 경고하면서 한 직원을 가리킬 것이다. "여러분 모두 조와 같은 사람이 될 필요가 있습니다. 그는 언제나 열심히 일하고, 팀을 위해 자신의 모든 것을 바칩니다." 코치들은 훌륭한 재능은 없을지 모르지만 어느 누구보다 열심히 훈련에 임하는 선수를 매우 좋아한다. 코치가 선호하는 선수, 교사가 총애하는 학생, 완벽한 고용인, 이상적인 시민, 그런 성취자들은 희생과 근면만이 최고라는 현대 사회의 가치관을 구체화하는 화신이 되었다.

하지만 언제나 '한 가지 일을 더' 하려는 경향이 있는 사람은 불리한 사람이 될 수 있다. 다른 사람보다 더 열심히 일하는 것에 지나칠 정도로 많은 가치를 두는 사람들은 자신의 진짜 야망과 자신감, 가족들은 물론이고 자기 자신에게까지 피해를 입힐 수 있다. 그들은 많은 일을 하지만 일을 열심히 하는 것과 잘하는 것에는 큰 차이가 있다. 단지 헌신의 이름으로 희생하는 것은 자신의 행복뿐만 아니라 잠재능력까지 미뤄두는 것이다. 대부분의 사람들은 '일에 자신의 모든 것을 바치는' 사람을 좋아하고 '일을 쉬운 것으로 만드는' 타고난 재능의 성취자에게는 비판적이다. 하지만 나는 후자인 타고난 성취자를 채용하는 것을 선호한다.

그렇다고 나를 정직한 노동에 반대하는 사람으로 오해하지는 않기를 바란다. 인내는 당신의 꿈을 실현시키는 데 한 역할을 담당한다. 그러나 나는 엘리트 성취자들을 연구하면서, 그들이 헌신을 근면과 성실 이상의 것으로 생각한다는 것을 알게 되었다. 그들에게 진정한 헌신은 자신감과 마찬가지로 특별한 사고, 즉 개인적인 비전의 에너지를 공급받는데 필요한 싱글 마인드다. 진정으로 헌신적인 사람은 자신을 잡아매는 무언가를 지니고 있다. 그는 자신의 비전을 추구할 때 필요한 것과 얻게 되는 명예 등을 고민하면서 실행을 망설이지 않는다.

만약 당신이 단지 임금 인상이나 상사에게 잘 보이기 위해서, 부모를 기쁘게 하거나 매력적인 동료와 데이트를 하기 위해 일을 한다면, 진정으로 일에 헌신하고 있는 것이 아니며, 자신감도 없을 것이다. 당신이 글쓰기를 연습한다고 해서 퓰리처상을 받는 시인이 되지는 않는 것처럼 일을 열심히 한다고 해서 뛰어난 성과를 얻는 것은 아니다. 당신이 성공하기 위해 모든 프로젝트와 위원회에 참석하는 동안 가족과 자신의 건강을 무시하고 있음에도 불구하고 왜 출세하지 못하는 것인가? 모든 곳에서 모든 일을 하는 것만이 특별히 뛰어난 것은 아님을 명심하자.

'110%' 해법의 신화

'프로테스탄트 노동윤리'는 미국을 세계에서 가장 부유하고 강력한 국가로 변화시키는 데 크게 일조했다. 그로 인해 재정적인 성공이 천국에 버금가는 보상을 가져다준다는 신념이 자리 잡았으며 아메리카의 초기 정착민들은 자신들이 비옥한 대지만큼이나 기회가 무한한 곳에 있다는 사실에 감격했다. 유럽의 가난하고 굶주린 사람들은 아무리 많은 노력을 해도 그러한 삶에서 벗어날 수 없었다. 그러나 이백 년에 걸쳐, 아메리카로 이주한 수백만의 유럽 이민자들은 열심히 일하면 누구나 중산층 이상이 될 수 있다는 사실을 증명했다. 이처럼 진취성과 성실함이 미덕으로 간주되던 당시 벤자민 프랭클린*Benjamin Franklin*은 '하늘은 스스로 돕는 자를 돕는다'와 같은 유명한 말을 자신의 책에 남기기도 했다. 그것은 프랭클린이 아버지에게서 배운 교훈이었다. 영국 출신의 청교도 이민자였던 그의 아버지는 보스턴의 양초 업자로 성공했다. 프랭클린은 아버지의 묘비에 '근면이 그의 소명이다'라고 새겨 넣었다.

성실한 노동은 독실한 신앙에 버금간다는 생각은 국가적인 신화를 이뤘다. 경계 지방의 개척, 철도 공사, 세계 최고의 경제 강국과 백만장자를 이루어낸 것이다. 1990년대에는 사무실에서 살다시피 했던 20대의 소프트웨어 광들이 억만장자가 되고, 기업의 CEO가 세계적인 유명 인사가 되었다. 하루 24시간을 일하는 것이 미덕이자 성공을 향한 가장 확실한 길이 되었을 뿐만 아니라 매력적인 것이 되었다.

1990년대 말 닷컴 기업들의 거품이 사라지면서 미국 경제의 급속한 하락을 경험한 후, 노동윤리는 21세기로 비약했다. 쉽게 번 돈은 쉽게 사라졌다. 즉, 성공하기 위해 매시간 부지런히 일하던 국가 건설의 초기로 되돌아갈 시기였다. 경영진은 여전히 2주 이상의 휴가가 게으른 유럽인을 위한 것이라고 주장한다(프랑스의 평균 휴가 기간은 4주이고, 노르웨이는 8주다). 인적 자원 분석가들은 미국의 높은 GNP를 인용하여 그들의 논리를 증명하고 사람들을 사무실에 붙잡아둔다. 그 결과 서로 휴가를 가지 않은 것을 자랑처럼 말하고 다니는 일이 생기기도 한다. 이런 문화적 관념이 아주 강한 나머지 열심히 일하기만 하면 실패를 용인해주는 결과를 낳기도 한다. 즉, 다른 사람보다 더 큰 노력을 쏟고 있는 한 괜찮다는 것이다.

이는 바람직한 일이 아니다. 정직한 노동이 항상 모든 문제나 실패의 해결책이 되는 것은 아니다. 프로테스탄트 노동윤리는 한 국가를 확립하는 데 매우 큰 역할을 했지만, 진정한 의미의 헌신을 재정의해야 한다. 칭찬은 중독성이 될 수 있고, 누구나 진가를 인정받고 싶어 한다. 하지만 그것이 의도적이든 그렇지 않든 속임수가 될 수 있다. 자신의 분야에서 대가가 되는 것은 기술을 연마하는 로봇 이상의 노력이 필요하다. 그것은 장인의 솜씨이며, 단지 노력만으로는 환원되지 않는 것이다.

대학 시절 여름 학기에 조각 수업을 받던 일이 생각난다. 나는 당시 야구를 하고 있었고 줄어든 강의 부담을 이용하여 열심히 훈련할 생각이었다. 그리고 남은 시간을 조각 수업에 쏟아 부었고 열심히 노력하면 A학점을 받을 것이라고 확신했다. 하지만 8월이 지나고 성적을 받은 나는 B+라는 학점을 보고 충격을 받아서 교수를 찾아갔다. 교수에게 나는 다른 학생보다 훨씬 오랜 시간을 작업실에서 보냈고 A학점을 받을 만하다고 주장했다. 내가 야구를 한다는 것을 알고 있던 교수는 미소를 지으며 물었다. "자네가 상대 선수보다 배팅 연습을 더 많이 했다고 해서 경기에서 이길 가능성이 높아지던가?" 조각 수업은 처음으로 내가 근면함에 대한 헌신을 보상받지 못한 일이었지만, 그의 논리는 흠 잡을 데가 없었다. 또한 그의 말은 덜 일하고 더 노는 것이 진짜 창조를 위한 기회가 될 수 있다는 것을 의미하고 있었다. 내가 시계를 쳐다보며 초과된 시간을 따지는 동안 다른 학생들은 작품을 만드는 방법을 생각하고 있었다.

열심히 일하는 것의 한계를 이해하는 또 다른 방법은 당신이 안으로 당겨야만 문이 열리는 방 안에 있다고 상상해보는 것이다. 아무리 열심히 문을 밀어도, 그것은 조금도 움직이지 않는다. 문을 미는 데 너무 많은 노력을 쏟느라 또 다른 방법이 있을 수 있다는 생각이 떠오르지 않는다. 하지만 행동을 잠시만 멈추고 생각을 시작한다면, 문을 당겨 열 수 있다는 것을 깨달을 것이다. 때로 우리는 지나치게 열심히 일하느라 문제에 대한 쉬운 해결책을 보지 못한다. 성공에는 이미 아주 많은 장애물이 있다. 왜 당신 자신의 '헌신' 마저 장애물로 변질시키는가?

의욕과잉의
기대이하 성취자

몇 년 전, 나는 한 젊은 변호사의 전화를 받았는데 그는 뉴욕 주 변호사 자격시험에 합격하는 데 내 도움이 필요하다고 말했다. 사실 최근 로스쿨을 일등으로 졸업하고 유명 법률회사에서 스카웃 제안을 받은 그에게 변호사 자격시험은 큰 도전으로 보이지 않았다. 존은 지난 반년 동안 하루 8시간 이상 자격시험을 준비하며 보냈다. 이른 아침부터 오후까지 로스쿨에서 배웠던 것과 주 시험을 위해 알아야 할 것을 공부했다. 때문에 저녁을 먹으러 집에 가서도 아기를 제대로 볼 수 없었다. 그리고 다시 도서관에 돌아가서는 밤이 될 때까지 공부를 했다. 존은 변호사 자격시험 공부를 전시간제 직업으로 변모시켰다. 그렇게 자신의 머리를 뉴욕 주 법률로 가득 채운 뒤에 존은 이틀에 걸쳐 12시간 15분간 치러질 시험장으로 자신 있게 향했다.

그렇지만 4개월 후 합격자 명단이 발표되었을 때 존의 이름은 없었다. 그는 시험에서 떨어졌고 당연히 당혹스러워했다. 그는 어떤 일에서도 실패해본 적이 없었다. 게다가 불행히도 그가 들어가기로 되어 있던 법률회사는 입사 제안을 철회했다. 전력을 기울인 존의 노력은 보상받지 못했고, 순탄하게 앞으로만 나아가던 그의 경력이 갑자기 후퇴하는 것 같았다. 그때가 10월이었고, 그는 직업을 구해야 했으며 학자금 융자도 갚아야 했다. 1년을 허비하지 않으려면, 그는 2월에 있을 다음 시험에 대비해 공부를 해야 했다.

존은 합격에 아주 필사적이 되어 낯선 이의 전문적 의견까지 기꺼이 구하려 했다. 그는 전화로 나에게 말했다. "확실하지는 않지만 누군가 당신이 나를 도와줄 수 있을 거라고 하더군요." 그는 간혹 중압감에 숨이 막혔다고 자신의 증상을 설명했다. 나는 그에게 시험과 공부 방법에 대해 들은 뒤 중압감에 대처하는 방식은 그의 문제가 아니라는 것을 곧 알게 되었다. 존은 로스쿨의 격심한 경쟁 속에서 살아남았다. 이는 틀림없이 그의 지적능력뿐만 아니라, 대학 럭비선수를 한 경험 덕분이기도 했다. 그리고 그는 실제로 법학을 즐겼고 성공적인 법률가 경력을 쌓는 데 완전히 전념한 듯했다.

그러나 존은 전형적인 '과잉헌신'이었다. 그의 문제는 충분히 공부하지 않은 것이 아니라, 지나치게 많이 공부한 것이었다. 도서관에서 뉴욕 주 법을 외우며 보낸 시간들은 시험을 더 크고 힘든 것으로 만들었다. 누구보다 부지런했지만 효율적이지 못한 학습을 수개월 한 후, 존은 스스로 지쳤을 뿐만 아니라 자신감도 고갈돼버렸다. 당신이 어떤 일에 시간을 들이고 희생을 하면 할수록, 두뇌는 친구와 가족과 여가를 포기한 합당한 이유가 있으며 당신이 거대한 장애에 직면해 있다고 결론 내려버린다. 그렇지 않으면, 왜 여느 때와 다른 많은 노력을 펼치고 있겠는가? 게다가 신체는 비상상태에 돌입한다. 영양소는 장기 기억에 최선인 지속적인 에너지 대신 짧은 폭발을 위해 연소된다. 근육이 대사 작용으로 분해되고, 지방은 연소되기보다 축적되어 피로를 증가시킨다. 탈수증이 증가하고, 수면 사이클이 뒤틀어져 안정된 집중을 방해한다.

우리의 몸은 넘어야 할 장애물에 도전하기 위한 준비를 갖추면서, 잘못된 시스템으로 전환한다. 예를 들어, 경계태세를 갖추면서 췌장은 두뇌에서 포도당을 빼앗아 신체의 다른 부분을 패닉 상태로 몰아넣는다. 포도당이 부족하면, 두뇌는 무기력해지고 분명하게 생각할 수 없다. 결국 그러한 것이 우리의 감정에 영향을 미치고, 정보를 기억하며 일관된 사고방식을 유지하는 것을 힘들게 만든다. 정신적으로나 신체적으로 볼 때 그것은 적색경보다. 문제 해결과 비판적 분석, 법적 서술, 선명한 판단을 해야 하는 장시간 마라톤에 도전하기 위해 알맞은 방식은 분명 아닌 것이다.

존은 과로와 불안의 악순환에 빠졌고, 불완전한 헌신에 더 깊이 빠져버렸다. 일을 더 많이 할수록, 잘할 수 있다는 태도는 심리생리학적 손실을 일으키고, 생산과 진보의 면에서도 타격을 받는다. 그것을 심리학자들이 '의욕과잉의 기대이하 성취자'라고 칭하는 것이다. 이런 사람은 재능과 능력이 있으며 많은 노력을 하지만 자신의 잠재력을 충분히 발휘하지 못한다.

근면이 미덕인 문화에서, 의욕과잉의 기대이하 성취자는 압도적인 매력을 지닌다. 당신이 어떤 요구나 제안을 했을 때 꾸준히 애를 쓰고, 당신을 위해 열심히 일한다. 내가 코치나 기업 관리자들에게 헌신에 대해 이야기를 할 때, 실내의 긴장감을 느끼는 것도 당연한 일이다. 코치들은 대부분 호르몬이 넘치는 청년들을 최고의 운동선수가 되는 데 필요한 개인 훈련에 집중하게 만들며 그들이 경력을 쌓을 수 있도록 돕는다. 대부분의 관리자들은 활력 없는 직원들이 노력을 최대화하고 휴식을 최소화하도록 밀어붙이는 일로 하루를 보낸다. 사실, 코치와 관리자 대부분이 의욕과잉의 기대이하 성취자였고, 적당한 재능으로 열심히 노력했기 때문에 성공했지만 탁월함은 부족했다. 그러나 모든 일은 그들을 훌륭한 '경기 연구자'로 만들었고, 완벽한 경력 완성에만 힘을 쏟게 만들었다. 그렇기 때문에 자연히 재능은 있지만 성공하기 위해 열심히 훈련한 적이 없는 선수를 호되게 꾸짖는다. 코치들은 말한다. "내가 네 반만큼만 재능이 있었으면, 최고의 선수가 되었을 거다." 그것은 믿기 어려운 허풍이다. 재능과 직관이 있는 선수들은 코치와는 다르게 생각하기 때문이다. 코치와 관리자들은 장애물이 크면 클수록 더욱더 분발해야 하고, 단거리 연습에서 이기거나 시간을 단축하게 되면 성공할 것이라고 생각한다. 하지만 훌륭한 선수는 장애물이 대단한 것이라고 생각하지 않는다. 그들은 숨 막히게 애쓰는 일벌레를 보면서 말한다. "내가 저렇게 살지 않아서 다행일 뿐이야."

의욕과잉의 기대이하 성취자에 대한 내 설명이 당신이 아는 누군가와 비슷하게 들리는가? 혹시 당신이 의욕과잉의 기대이하 성취자는 아닌가? 다음 항목을 체크해보기 바란다.

당신이 의욕과잉일지도 모른다

- 당신이 직장에서 너무 많은 시간을 보낸 나머지, 집에 귀가하면 아이가 아내에게 "엄마, 저 아저씨 누구야?"라고 묻는다.
- 당신은 상사의 꿈을 이루기 위해 자신의 꿈은 미뤄두고 있다. 그리고 이에 대한 질문을 받으면, 이렇게 말한다. "누구나 아래부터 경험해서 성공을 얻어야 해요."
- 당신은 온종일 일을 하지만 그로 인해 즐거움이나 충족감을 느끼지 않으며 이런 말로 자신을 합리화한다. "이건 성공의 대가야."
- 당신은 노력만 하면 어떤 장애도 피할 수 있다는 관념에 집착한다.
- 당신은 실적을 올리기 위해 하루 종일 일하지만, 정체 상태를 벗어

날 수 없다. 그 모든 일 덕분에 당신은 이혼 당하거나 심장마비 환자가 될 뿐이다.

- 상사나 동료가 당신에게 다음주에 있을 프레젠테이션을 늦게까지 남아 준비하라고 요청한다. 당신은 마지못해 그 일을 하면서, 그것이 헌신적인 업무 태도라고 생각한다.

- 당신은 9시 전에 출근한 적이 없는 사람이 승진을 하면 불공평하다고 끊임없이 불만을 터뜨린다. 스포츠를 관람할 때는 거칠게 플레이하지 않는 선수에게 야유를 퍼붓는다. "어떻게 수백만 달러를 받아 챙기고 저따위로 할 수 있어?"

- 당신은 항상 실제 중요한 일보다 그렇지 않은 일의 연습이나 준비를 더 잘해낸다. 중요한 일일수록 더욱 못한다.

- 평소에는 맡은 일을 잘해내지만, 상사나 인사담당자 혹은 좋은 인상을 주고 싶은 누군가가 당신을 어깨 너머로 주시하면 잘하지 못한다.

- 당신은 자신이 능력이 있다는 것을 '알고' 있지만, 그 능력을 충분히 발휘할 수 있을 것 같지 않다고 느낀다.

교정하기

존은 더 이상 열심히 공부할 수 없을 것이라고 체념했다. 하지만 내가 그에게 자격시험을 위해 무엇을 어떻게 준비했었느냐고 물었을 때, 그는 자신이 쉴 새 없이 공부하고 정말 많은 자료를 암기했다는 것을 강조했다. 존은 내 질문을 오해했다. 나는 그가 무엇으로 머리를 채웠는지가 아닌 어떻게 채웠는가를 알고 싶었던 것이다. 시험장에 들어갈 때,

시험지를 펼치기 전에 책상 앞에 앉아 있을 때 그의 태도는 어땠을까? 나는 그가 시험을 공부해야 할 구체적인 자료와 별개인 것으로 생각했는지를 알고 싶었다. "무슨 뜻이죠?" 그는 항의했다. "시험은 구체적인 자료예요." 나는 시험에 대한 태도와 시험장에 들어설 때 마음가짐이(얼마나 기분 좋고 기운이 나며 자신감에 차있는지에 따라) 암기하고 있는 정보만큼 중요한 역할을 할 수 있다고 설명했다. 그는 자격시험을 준비하는 기간 내내 시험에 임하는 마음가짐이나 생각에는 많은 시간을 부여하지 않았다는 것을 인정했다.

이 책의 독자들도 대부분 시험을 치러봤을 것이다. 사람들에게 시험장은 고도의 불안을 일으키는 장소로 남아 있으며 그 중에도 나쁜 기억은 앞으로 도전을 준비하는 데 장기적인 영향을 끼친다(얼마나 많은 사람들이 아직도 시험에 지각하거나, 시험장을 잘못 찾아가거나, 아무 옷도 걸치지 않고 나타나는 불안한 꿈을 꾸는지 아는가?). 시험을 치르는 것은 고객이나 상사에게 보고할 프레젠테이션을 준비하는 것과 다르지 않다. 기업은 직원들에게 업무나 제품과 관련된 일정량의 정보를 숙지할 것을 요구한다. 또한 고용이 많지 않고 인원감축이 실행되는 분위기에는, 상사에 의한 분기별 평가와 동료의 비평이 합격 성적보다 더 중요해진다. 대단한 경력은 중요한 시험들로 이루어진 긴 행렬이며, 당신이 어떻게 준비하느냐에 따라 '지배력 있는 성취자'로서 명성을 얻느냐, 그저 평범한 무리 가운데 하나가 되느냐가 결정될 수 있다.

나는 존에게 시험에 대한 그의 전체적 사고를 변화시켜야 한다고 말했다. 다음 시험 준비를 위한 내 조언은 공부시간을 더 늘리지 말고 줄이라는 것이었다. 그는 더 많은 자료를 검토해야 하지만 동시에 자신의 태도를 훈련해야 했다. 나는 그에게 준비 기간을 두 가지 단계로 재구성할 것을 권했다.

1. 그는 시험에 대한 인식을 연습할 필요가 있다. 그는 이미 시험과 관계된 공부를 했고 그것을 증명할 준비가 되어 있다.
2. 그는 시험을 위한 지식을 연마할 수 있을 만큼의 에너지, 태도, 접근법에 대한 학습을 개발하고 시험 스케줄을 연습할 필요가 있다.

나는 존이 짧은 시간 동안 공부하는 일과에 익숙해지도록 했다. 그의 이전 학습 방식은 짧은 휴식이나 가족과 함께하는 시간도 없이 하루 종일 열심히 공부하는 것이었다. 내가 그에게 권한 시험 준비 스케줄은, 두 시간 가량 책을 본 후에 체육관에서 운동을 하며 잠시 휴식을 취하고, 책상으로 돌아가 연습 시험을 치르는 것이었다. 그런 후에 그는 나머지 시간을 가족과 함께 자유롭게 보냈다. 저녁에는 법률 공부로 되돌아가되, 또 다른 연습 시험만 보고 자료를 머리에 집어넣지 않도록 했다.

하루 8~12시간을 학습에 쏟는 데 익숙한 존에게, 새로운 일정은 마치 그가 많은 시간을 허비하는 것처럼 느껴지도록 했다. 그러나 연습 시험을 통해 확실히 아는 내용과 향상이 필요한 부분을 알게 된다면, 이미 알고 있는 자료를 공부하는 시간 낭비는 하지 않을 것이다. 일단 학습법을 바꾸고 나면, 약간의 운동과 제대로 된 식사, 가족이나 친구와 함께하는 시간을 얻음으로써 책상 앞에 다시 앉았을 때 더욱 집중해서 능률적으로 공부할 수 있다는 사실을 알게 될 것이다. 휴식과 연습 시험으로 결합된 효율성은 더 좋은 기억력으로 전환된다.

존이 새로운 일정에 적응하고 그로인해 편안해지는 데는 몇 주가 걸렸고, 이는 결국 두 시간 단위의 학습이 되었다. 처음, 학습에 두 배로 많은 시간이 걸리는 시험 준비는 퇴보적인 일과로 여겨졌지만, 나는 존에게 몇 가지를 확신시켰다. 그는 시험을 준비할 시간이 6개월 이상 남아 있었고, 이미 로스쿨 3년에 1년의 시험 준비 기간까지 더해 4년이 넘는 시간을 오로지 이 시험을 위해 준비했다. 존은 확실히 많은 법률 지식을 알고 있었다. 게다가 그가 모르는 것은 매일 치르는 연습 시험에 나왔다. 존은 자신의 노동 윤리를 의문시하는 것을 멈춰야 했고, 자신을 괴롭히는 것도 확실히 중단해야 했다. 이제 그의 주된 초점은 시험에 대한 태도에 맞춰져야 했다. 적절한 헌신으로 그는 반드시 자신의 법률 수준만큼 자신감을 키워야 했다.

특히, 존은 시험을 자신이 얼마나 많은 법률을 알고 있는가를 알 수 있는 방법으로 즐겨야 했다. 나는 그에게 연습 시험에 들어가기 전에 몇 분 동안 시험지를 책상에 덮어두고 그가 시험중에 어떤 마음을 가질지 고민하는 시간을 스스로 가지라고 충고했다. 그가 훈련해야 하는 것은 자신감이었다. 온전한 신뢰 모드로 전환되는 자신의 준비와 지식에 대한 전적인 믿음이었다. 존은 그가 답할 수 없는 문제가 확실히 있을 것이라는 점을 스스로 상기해야 했다. 하지만 걱정할 것이 무엇인가? 그가 확실하게 알고 답할 수 있는 것이 더 많을 것이다. 나는 또 그에게 시험을 보는 다른 학생들을 상상하고 지난번 시험에서 수험생들이 얼마나 스트레스를 받고 긴장했었는지를 회상해보라고 했다. 그리고 사람들이 얼마나 압박감 속에서 어리석어지는지 생각해보라고 말했다. 또한 존이 그의 태도가 다른 수험생보다 확실히 우세한 것임을 이해하고 익히기를 바랐다.

첫번째 시험을 준비했던 한 해 동안, 그는 단 세 차례의 연습 시험을 보았다. 그리고 6개월이 남았을 때부터는 매일 연습 시험을 치렀다. 두번째 시험이 가까워졌을 무렵, 시험을 치는 것은 그에게 이빨을 닦는 것처럼 일상적인 일과가 되었다. 주입식으로 공부하며 모든 시간을 보내는 대신, 그는 실제로 압박 속에 학업을 수행했고, 이는 그의 새로운 사고방식을 습관으로 변화시키는 최선의 방법이었다.

내가 그에게 전할 마지막 비결은 시험장에 아무 책도 가져가지 말라는 것이었다. 시험 몇 분전에 몇 가지를 더 보려고 애쓰는 것은 소용이 없을 뿐만 아니라(일년 반 동안 했던 공부가 5분 더 한다고 많이 나아질 가능성은 없다), 불안을 증가시키고 신뢰를 감소시킨다. 그럴 시간이 있다면 시험을 준비하는 다른 사람들을 둘러보라고 조언했다. 그들은 책장을 급하게 넘기고, 실내를 왔다갔다하고, 연필을 잘근잘근 깨물고 있다. 나는 그에게 그들의 표정과 신경질적인 얼굴을 찬찬히 훑어본 다음 자신에게 물어보라고 했다. '내가 저렇게 안절부절 못하고 있다면 좋을까?' 물론 아니다. 그런 사람은 재미를 전혀 느끼지 못할뿐만 아니라 시험에 떨어지는 것을 곰곰이 되씹어 생각한다. 나는 존이 시험에 합격하는 것을 생각하기를 원했다. 또한 그가 수험생들이 시험장에서 하는 이상한 행동을 보고 기분 좋게 웃음 짓기를 원했다. 들리는 얘기에 의하면 어떤 응시자는 복도를 이리저리 뛰어다니며 헛소리를 늘어놓으며 어떤 응시자는 기저귀를 착용한다고 한다. 그런 엉뚱한 일을 알고 있는 것은 존이 시험을 잘 치르기 위해 필요한 자신감 있는 사고를 할 수 있도록 도왔다. 그리고 시험을 치른 후 존은 나에게 시험을 아주 잘 본 것 같다고 말했다. "내 점수가 몇 점이든 간에, 정말 좋은 시간을 가졌기 때문에 만족합니다. 그리고 시험장에 대해서는 당신의 말이 옳았어요. 시험 전에 사람들은 너무 긴장한 나머지 온갖 별난 행동을 하더군요. 한 남자는 시험장 뒤에서 태극권까지 했거든요." 존은 시험장을 둘러보며 큰 소리로 웃었고, 그것이 주위 사람들을 훨씬 더 신경질적으로 만들었지만 그는 쾌활한 기분이 되었다고 했다. 나는 그에게 답을 모르는 문제는 없었냐고 물었다. "모르는 문제가 없을 수가 있나요. 하지만 그것은 별 문제가 되지 않았어요. 그런 문제는 당연히 있을 거라 예상했으니까요." 그는 자신이 아는 내용에 대해서는 확신이 있었고 좋은 결과를 얻을 자신이 있었다. 나는 그의 말을 듣고 아주 잘했다고 말할 수 있어 기뻤다.

결국 존은 뉴욕 주 변호사 자격시험 합격만이 아닌, 최고 점수라는 결과를 얻었다. 또한 뉴욕의 유명 법률회사들로부터 많은 제안을 받았지만 과감히 거절했다. 그는 대형 법률회사가 젊은 변호사에게 얼마나 일을 심하게 시키는지 알고 있었고, 존과 그의 아내는 둘째 아이를 가질 계획이어서 가족과 함께 시간을 보내야 했다. 게다가, 그는 자격시험을 성공적으로 치른다고 해서 훌륭한 변호사가 되는 것이 아니라는 점을 알게 됐다. 동시에 열정과 싱글 마인드, 진정한 헌신에 요구되는 전략을 잘 생각해내는 사고를 지니게 되었다. 존은 좋은 법률회사의 제안을 받아들였고, 그가 쉬지 않고 열심히 일을 하는 것은 자기희생이 아닌 욕구에서 비롯되는 것이었다.

한때 훈련적 사고방식에 빠진 전형적인 의욕과잉의 기대이하 성취자였던 존은 일을 덜하고도 신뢰의 사고방식을 가질 수 있는 법을 배웠다. 그것은 그의 인생을 변화시켰고 이제 무한 성취자의 헌신을 생활 속에서 발휘한다.

chapter 06

달걀은 한 바구니에
모두 넣어라

Definitely Put All Your Eggs in One Basket

현재 오하이오 교육대학 학장인 사회학자 대럴 시덴탑 *Darrel Siedentop*은 1970년대 초, 스포츠와 관련한 인간 발달에 대한 연구를 수행하고 있었다. 그는 한가한 시간이면 정원 가꾸기를 열심히 했으며 잘 손질된 잔디가 깔린 넓은 뒷마당과 아름다운 꽃밭을 자신의 자랑이자 기쁨으로 삼았다. 그러던 어느 날 오후, 퇴근하고 정원을 살피려던 그는 눈앞의 광경을 보고 깜짝 놀라고 말았다. 누군가 그의 꽃밭을 온통 짓밟아 놓은 것이다. 너무 화가 난 나머지 다음날 범행 현장을 감시하던 중, 마당에서 어떤 목소리를 들었고 범인을 알아낼 수 있었다. 이웃집 꼬마들이 그의 마당을 풋볼 경기장으로 이용하면서 부드러운 꽃밭에 터치다운을 하러 뛰어들었던 것이다.

대럴은 화가 몹시 치밀었지만 교양 있는 학자로서 우선 참기로 했다.

대신 그는 집에서 나와 아이들을 불렀다. 그리고 아이들에게 으름장을 놓거나 벌을 주는 대신, 꽃밭을 자신만큼 많이 좋아해줘서 기쁘다고 말했다. 또 방과 후에 아이들이 자신의 정원에서 계속 놀 것을 제안하며, 아이들을 격려하는 의미로 꽃밭에서 경기를 한 대가로 1달러씩을 주겠다고 제안했다. 아이들은 그 행운을 믿을 수가 없었다. 근사한 마당에서 풋볼을 계속할 수 있을 뿐만 아니라, 프로선수처럼 돈을 받아가며 경기를 하게 되다니 말이다! 다음날 방과 후에, 아이들은 마당으로 놀러 왔고 약속한 대로 그는 아이들에게 1달러씩 나눠줬다. 하지만 매일 나타나 용돈을 챙기던 아이들은 2주가 지나자 더 이상 그의 집을 찾지 않았다.

대럴은 자신의 정원을 지켰을 뿐만 아니라, 1972년에 쓰여진 《스포츠와 체육 교육의 행동 통제와 발달》의 동기부여가 된 데이터도 얻을 수 있었다. 그의 '우연한' 연구에 얽힌 이 이야기는 오늘날 세계 심리학·사회학 교실에서 내재적인 동기부여와 외재적인 동기부여의 차이를 설명하기 위한 주요 소재가 되었다. 그의 글에 따르면, 이웃집 꼬마들이 꽃밭을 경기장 일부로 이용한 이유는 단지 그것이 재미있었기 때문이었다. 아이들은 풋볼 경기를 좋아했고, 그의 아름다운 초록 정원은 아이들의 마음을 끌었으며 꽃밭에 뛰어들어 점수를 내는 것은 마치 로즈 볼(Rose Bowl ; 미국 최고 전통의 대학 미식 축구 대회 - 옮긴이 주)의 화려한 앤드 존에 뛰어드는 것처럼 느껴졌던 것이다. 그러나 그가 아이들에게 돈을 지불하기 시작했을 때, 아이들의 동기는 변화하기 시작했다. 이제 그들은 풋볼 경기의 즐거움이 아닌, 돈을 벌기 위해 마당에서 놀았다. 그들의 동기부여는 내재적인 것("얘들아 놀자.")에서 외재적인 것("저 이상한 아저씨가 우리에게 또 돈을 줄 거야.")으로 변동되었다. 대럴은 결론을 내렸다. 자기 자신이 의도한 헌신은 외부적인 보상에 따라 정해지는 헌신보다 더 강하고 지속적이다. 단지 소리와 리듬이 좋기 때문에 바이올린을 연주하는 것과 어머니가 당신의 바이올린 연주를 좋아하기 때문에 연주하는 경우는 분명 다르다. 물론 어머니는 "넌 음악적인 재능이 있잖니."라고 말할 수 있다. 그리고 당신에게는 실제로 대단한 재능이 있을지도 모른다. 하지만 당신은 결코 훌륭한 연주가가 되지 못할 것이다. 오랜 속담처럼 '당신의 마음이 그 안에 없기' 때문이다.

나는 언제나 의대 학생과 젊은 레지던트들에게 존재하는 외재적 헌신의 문제를 보았다. 그들은 병원에서 엄청난 시간을 공부하고 일하면서, 주어지는 모든 일을 해내지만(36시간 내내 X선 필름들을 응시하는 것에서부터 내장을 닦아내는 전혀 즐겁지 않은 일까지), 그것을 매우 잘하지는 못한다. 그 이유는, 그들의 마음이 실행하는 일 안에 없기 때문이다. 그들은 부모나 가족이 의사가 될 자신에게 감격하기 때문에, 진로 상담가가 의사를 권유했기 때문에, 의사가 얻는 명성과 수입에 매력을 느꼈기 때문에 의학공부를 선택했다. 그렇기 때문에 불가피하게 그들의 열의는 쉽게 바닥난다.

대부분의 사람들은 이런 극단적인 경우를 인지할 수 있다. 그러나 내가 사람들에게 당신에게도 과잉 또는 외재적인 동기가 있을지 모른다고 말했을 때는 많은 사람들이 이의를 제기한다. 내가 강연에서 헌신은 당신의 꿈, 가족과 함께하는 시간을 희생하는 것 이상의 어떤 것을 필요로 한다고 말하면, 반드시 누군가는 벌떡 일어나 의문을 제기하며 이렇게 주장할 것이다. 하지만 매일 사무실에 있게 하는 스파르타식 이상이 없으면, 어떤 사람은 게으름을 피우고 안이한 태도를 갖고, 결근을 하기 시작할 것이라고 말이다. 나는 설명한다. "아닙니다. 일단 당신이 죄책감을 없애고 게으름을 버린다면, 지금 하고 있는 일이 활력을 만들어내지 못한다는 것을 깨달은 것이기 때문입니다." 그렇다면 당신에게 활력을 줄 수 있는 일을 찾아라. 그러면 당신은 일을 즐길 수 있을 뿐만 아니라, 일도 자연히 처리할 수 있을 것이다.

물론, 헌신은 성공에 필수적이지만 그것은 동시에 올바른 것이어야 한다. 당신이 실현하기를 바라는 드높고 창의적인 생생한 꿈을 가지고 있다면, 헌신을 바라보는 방식도 달라야 한다. 그것은 인생의 모든 면에서 밤낮으로 최고의 속도를 내라는 뜻이 아니다. 대단한 일을 일어나게 하는 것은 다중작업이나 단순한 노력이 아니다. 당신은 먼저 자신을 발전시킬 수 있는 가장 원하는 분야를 선택해야 한다. 모든 일에 헌신하는 것은 어떤 일에도 헌신하지 않는 것과 같다. 모든 분야의 최고 성취자들에게서 내가 발견한 헌신은 일에 대한 싱글 마인드 열정, 생각하는 방식과 일하는 방식의 우수함과 그에 대한 확신이다. 진심에서 우러난 헌신은 아침에 당신을 세상으로 이끌어내고 하루 종일 가벼운 발걸음으로 다니도록 하는 것이다.

내가 한 친구에게 진정한 헌신에 대해 설명했을 때, 그는 버틀러 예이츠 *Butler Yeats*가 1차 세계대전 중에 쓴 "아일랜드 조종사 죽음을 예경하다"라는 시의 한 구절을 가리켰다.

기쁨의 외로운 충동
구름 속의 이 소동으로 몰았다

'기쁨의 외로운 충동'은 진심에서 우러난 헌신의 중심에 있다. 전통적으로 통용되는 '불건전한 헌신' 과 진실하고 성취를 향상시키는 '건전한 헌신' 의 차이를 알 수 있도록 도움을 주기 위해, 다음과 같은 표를 작성했다.

건전한 헌신	불건전한 헌신	헌신의 부족
열정적이다	스파르타식 이상을 지닌다	임시 선수다
탁월함을 갈구한다	완벽함을 갈구한다	장애물의 희생자가 된다
획득한다	희생한다	대충대충 해버린다
이길 수 있는 방법을 찾는다	대가를 치른다	좌절에 포기한다
더 뛰는 것을 좋아한다	더 뛰는 것을 강요한다	내적 욕구가 부족하다
성공에 초점을 맞춘다	항상 실수에 초점을 맞춘다	대단한 일만 한다
꿈을 추구한다	만족을 미룬다	게으르다
자신을 위해 그것을 한다	항상 일한다	헌신을 원하지 않는다
헌신을 느낀다	신경과민이다	마지못해 시능을 한다
열심이다	시간 내에 달성한다	그것을 매일 유지하지 못한다
자유를 표현한다	책임을 진다	부정적으로 생각한다
낙관적이다	자신의 기초를 다진다	변명을 한다
승리를 즐긴다	비관적이다	속이다
최선을 다한다	실패를 막는다	남을 탓한다
일하는 것처럼 느끼지 않는다	일은 할 수 있지만, 성취는 느끼지 않는다	상황에 따라 변덕을 부린다

표를 통해 알았으면 하는 것은 열심히 일하는 목적이 어디에 있는가를 알기 위해서다. 탁월한 성취자는 정말로 아무리 많은 일을 해도 만족하지 않는다. 모차르트는 서른다섯의 나이로 죽어가며 이와 같은 유명한 말을 남겼다. "나는 내 재능을 펼쳐 보이기도 전에 사라져가는구나."

진정한
헌신의 열정

"달걀을 한 바구니에 모두 담지 말라"고 사람들이 경고할 때, 예외적인 생각을 가진 사람들은 그 말을 웃어넘겨 버린다. 달걀을 한 바구니에 모두 담는 것이 그들의 성공비결이기 때문이다. 그래서 대부분의 사람들에게 그들의 행동은 강박적이거나 편집광적이거나 완전히 미친 것처럼 보일 수 있다. 사실, 그들이 정말 미쳐서 헌신하는 것이라고 생각하는 이들도 있다. 그것이 바로 훌륭한 성취자가 얼마나 다르게 생각하는지를 나타내는 것이다. 그들은 인생에서 원하는 것을 결정하고 그 선택을 위해 싱글 마인드 면에서 일하고 헌신한다. 우리는 대개 자신의 예술적 열정을 추구하기 위해 가난과 대중의 멸시를 견디는 예술가들에게서 그런 모습을 확인할 수 있다. 그것은 내가 설명하는 헌신에 대한 유용한 모델이다. 왜냐하면 많은 예술가들이 부유해졌다고는 하지만 돈이나 명성을 위해 예술을 선택한 훌륭한 예술가는 들어본 적이 없기 때문이다. 모든 분야에서 최고인 그들이 일을 하는 이유는,

❝ 단지 다른 일을 하는 자신의 모습을 상상할 수 없으며
다른 일을 하는 것은 상상도 하고 싶지 않기 때문이다 ❞

그들은 거래나 작곡하기, 도자기나 농기구 판매하기, 시계나 자동차 수리하기를 무척 좋아한다. 배심원이나 교실 앞에 서기, 심장 이식하기, 테니스 경기하기, 앉아서 글쓰기 등이 주는 전율이 그들의 몸을 생생히 살아있게 하는 것이다. 진심으로 헌신하는 사람은 자기 일에 푹 빠진 나머지

지, 어떤 시의 한 구절처럼 '아무도 그가 쓴 것을 읽지 않을 것'이라도 그 일을 할 것이다.

2003년 마르티나 나브라틸로바Martina Navratilova는 윔블던으로 돌아왔다. 25년 전 테니스계를 들썩이며 나타나 자신의 9개 윔블던 단식 우승 컵 중 첫번째를 품에 안았던 체코슬로바키아의 젊은 선수가 바로 그녀였다. 마르티나와 그녀의 복식 파트너는 세계 랭킹 6위였으며 윔블던에서 다시 우승할 좋은 기회를 가지고 있었다. 그러나 모든 사람들은 46세가 되어가는 마르티나가 왜 아직도 피곤한 여행을 하고 경기 때문에 받는 스트레스를 기꺼이 감수하는지에 대한 이유를 알고 싶어 했다. 마르티나가 말했다. "나는 단지 경기가 좋을 뿐이에요." 그녀는 윔블던에서 스무번째 우승에 도전해 남녀혼합복식에서 승리하고 신기록을 세웠다. 빌 코스비가 그의 획기적인 대히트작 '코스비 쇼'의 배급 판매로 2억 5천만 달러를 벌어들인 후에도 TV 쇼에서 연기를 할 때 사람들이 의아해하자 그는 고개를 저으며 말했다. "코미디는 내가 해야 할 일이에요."

코스비는 뉴욕에서 새로운 시리즈를 녹화하는 동안, 금요일에 라스베가스로 날아가 수년간 해왔던 스탠드 업 코미디를 공연하고, 바로 뉴욕행 비행기를 타고 월요일 일찍 세트장으로 되돌아왔다. 그것은 변덕도 장난도 내기도 아니었다. 코스비는 의학연구와 대학에 1,000만 달러를 기부할 만큼 부유했지만, 그저 사람들을 웃게 만드는 것이 좋았기 때문에 공연을 계속했다.

보상보다는 과정에 대한 순수한 열정은 운동 경기나 코미디 공연에 국한되지 않는다. 그것은 모든 과학과 예술의 기초에 있다. 아이작 뉴턴은 캠브리지 대학의 연구실에 홀로 앉아 물리학 법칙과 그것을 증명할 수학을 기술하고 있었다. 당시 그는 실제 우주 현상을 밝히는 연구를 진행했는데, 태양과 달의 움직임, 지구의 축과 회전 과정, 조수의 밀물과 썰물 등이 모두 뉴턴의 새로운 이론에 맞춰 재분석되었다. 그리고 그 결과는 2천년 동안 인간의 사고를 지배했던 아리스토텔레스의 우주론을 뒤엎는 비범한 천재의 새로운 이론이었다! 당시 스물네 살이었던 뉴턴은 신이 어떻게 실제로 세상을 움직였는지 설명하고 싶은 자신의 강한 욕구를 만족시키기 위해 물리학에 혁명을 일으켰다. 그는 결국 개인 노트를 '수학원리' 라는 걸작으로 변모시켰던 것이다.

이와 같이 진정한 헌신은 '수학원리' 를 산출할 수도 있고 허튼 소리도 낳을 수 있다. 헌신은 포인트가 아니다. 여정은 가장 위대한 성취자가 사랑하는 것이다. 그리고 그들은 대부분 사람들이 미치광이나 무책임이라고 간주하는 강렬함을 지니고 그 여정을 따라 간다.

진정한
헌신의 강도

당신이 아는 가장 위대한 성취자나 항상 감탄하고 부러워하는 사람이 있다면 떠올려 장담하는데, 당신이 떠올린 그들은 헌신에 온 힘을 쏟고 에너지로 가득 차서 그를 말리려면 총이 필요할 정도라고 친구와 가족들은 불평처럼 말할 것이다. 태보의 창안자 빌리 블랭크스를 예로 들어보자. 무술과 킥복싱, 춤동작이 결합된 대중적인 운동 프로그램인 태보는 심장박동을 빠르게 하는 독특하고 격한 운동이다. 이러한 태보의 인기는 빌리의 원기 왕성하고 헌신적인 성격과도 많은 관련이 있다. 그가 출연하는 광고나 비디오를 본 사람이라면 누구나 빌리의 매력에 대해 말할 것이다. "태보를 해서 내가 저 사람처럼 힘을 얻고 기분이 좋아질 수 있다면, 당장 운동을 시작하겠어요." 전형적인 반응이다.

하지만 빌리는 순탄치만은 않았던 개인사를 가지고 있었다. 어린시절, 그는 난독증과 관절 이상으로 학교에서 놀림거리가 되었다. 하지만 15명의 형제 중 넷째였던 빌리는 결단력 면에서 다른 친구들보다 앞섰다. 태권도에 열중하면서 둔부 이상을 극복하는 데 집중했고, 그를 통해 운동의 필요성을 깨달았다. 그리고 14세부터는 다른 모든 일은 접고 무술 연마에만 집중했다. 그는 1989년까지 세계 가라테 선수권대회에서 7번 우승했으며, 미국 올림픽 가라테 팀의 주장이 되었고, 국제 경기에서 36개의 금메달을 따냈다.

빌리는 자신을 손가락질하며 놀리고 아무 일도 못할 거라고 생각했던 모든 사람들에게 확실한 승리의 미소를 지어보였다. 지난 1년 사이에 태보는 매직 존슨, 파멜라 앤더슨, 오프라 윈프리와 같은 유명인들이 선택하는 운동이 되었다. 또한 그는 건강 컨설턴트로 일해달라는 요청을 수없이 받았고, 영화에 출연하기도 했다. 그러나 그는 여전히 지역 태보 센터에서 강의를 한다. 직접 운동하는 것을 좋아하고, 다른 사람들이 건강할 수 있도록 돕는 것을 좋아하기 때문이다. 빌리에게 수많은 사람들이 왜 태보에 열광하고 자신의 팬이 되었는지 아느냐고 질문하자 그는 대답했다.

"모두가 동기를 얻고 싶어 하기 때문이죠."

그의 말이 맞다. 하지만 그의 고객들은 대부분 집에서 운동을 하면서 전화 통화를 하거나 CNN을 보면서 그가 만든 비디오테이프를 집어든다.

그들은 블랭크스의 가장 중요한 교훈을 간과하고 있다. 성공하기 위해서는, 특히 사회 초년기에는 당신을 다른 사람들과 구별 지을 수 있는 일, 당신이 본능적으로 좋아하는 일을 움켜잡고 최선을 다해야 한다. '당신의 달걀을 모두 한 바구니에 담아야 한다'

자기 실행을 위한
헌신은 무죄?

실행에 따르는 헌신을 '눈가리개 쓰기'라고 칭하는 이들도 있지만 나는 이를 목적에 대한 싱글 마인드라고 칭한다. 그것은 예외적인 생각을 하는 사람들의 특징을 나타내는 사고방식이다. 사람들은 자신의 경력을 끌어올리거나 꿈을 실현할 때 요구되는 것에 집중하면, 가족이나 공동체, 회사에 소홀해질 것을 걱정한다. 자신이 열의가 식은 외과 레지던트나 병을 앓는 무역업자로 변하는 것을 두려워한다. 그러나 기억할 것은 위는 진정한 헌신이 아니라는 것이다. 나는 바람직한 헌신을 지닌 사람들이 매우 충만한 삶을 살아가는 것을 알고 있다.

정말로 화려한 경력을 쌓으면서 가족도 충실히 챙기는, 두 가지 꿈을 동시에 실현할 수 있을까? 물론이다. 당신은 직장 안팎에서 이중의 성공을 거두는 사람을 부러워하며 그들이 어떻게 모든 일을 절묘하게 다루는지 궁금했을 것이다. 나는 당신도 이런 결합된 행복을 단 하루만이라도 경험할 수 있기를 바란다.

당신은 가족들과 함께 아침 식사를 하며 모두 힘찬 하루를 보내자고 한다. 아이들을 학교에 데려다주면서 서로 하이파이브를 하고 "힘내자."라고 말한다. 큰 고객을 잃은 후에는 아내가 전화로 이렇게 위로한다. "내가 당신 뒤에 있잖아요. 더 큰 고객을 얻게 될 거에요." 당신은 사무실에서 거래를 마치고, 팀원들에게 웃음을 주기 위해 책상 위에 올라가 웃기는 춤을 춘다.

이것은 모든 것을 완벽하게 해내거나 조직에서 기술 연마나 균형을 맞추기 위해 어떤 영역에 대한 관심을 줄이는 이야기가 아니다. 당신의 다양한 관심사들을 한데 묶고 그것을 같은 바구니에 담는 방법을 찾는 것이다. 당신이 일에 큰 흥미를 느낀다면 굳이 그것을 사무실에 남겨둘 필요는 없다. 일을 집으로 가져와서 그것이 가족생활 속에 자연스럽게 스며들도록 하라. 당신이 잔디를 깎거나 아이들의 리틀야구팀을 코치하는 것보다 일을 더 좋아하는 것은 죄가 아니다. 사람들이 저지르는 대부분의 실수는 일을 추진할 에너지를 일일이 나누려고 하는 것이다. 우리가 인격이나 삶의 한 부분을 다른 것으로부터 분리하려고 노력할수록, 점점 더 비효율적이 될 것이며 상담을 필요로 할 것이다. 내가 함께 일했던 가장 현명한 직업인은 가족과 개인적인 일을 사무실로 끌어들였다. 나는 병원 복도에서 게임을 즐기는 의사와 회의실에 농구대를 설치한 임원을 알고 있다. 흩어진 에너지가 합쳐지면 아이디어를 통합할 수 있고, 스포츠와 등산 같은 여가 활동과 가정으로부터 얻는 경험은 근무하는 시간을 풍요롭게 할 수 있다.

실리콘밸리에 있는 의료기 회사의 설계기술자인 테리 데이비슨은 건전한 헌신을 실행하는 좋은 예이다. 평범하지 않은 생각을 해서 가끔 오해를 받는 테리는 종종 '무책임' 하다는 비판을 받는다. 그는 45kg이나 되는 개 두 마리를 실험실에 데려오고, 체육관에 재빨리 다녀오기 위해

너덜너덜한 운동복을 입고 다니고, 기회가 있을 때마다 소프트볼과 서핑을 하고, 동료들의 엉뚱한 별명을 만들어내고, 사람들을 가까이 두지 않는다. 당신도 그를 제대로 알지 못한다면, 그저 괴짜라고 생각할 것이다. 또한 당신이 전통적인 회사의 제도에 그를 비춰본다면 성공하지 못할 거라고 확신할 것이다. 그러나 테리는 현재 15개 이상의 특허를 소유하고 있으며, 그의 엔지니어링 기술은 회사를 여러 번 구해냈다. 그는 멀티태스킹의 달인이 아니며 자신의 취미와 직업적 기능을 분리하기 위한 모자를 바꿔 쓰지도 않는다. 오히려, 그가 하는 모든 것은 창의적인 것에 집중되어 있다. 그는 사무실 전체의 사고방식을 변화시키는 데 개들을 끌어들이면서, 실험실 대신 더 큰 목적으로 자극적이고 풍부한 환경을 만드는 방법을 찾는다. 결국 그의 헌신이 담긴 통합은 일을 더욱 효율적으로 만들 뿐만 아니라, 다른 모든 이의 성취도 향상시킨다. 이런 점에서 테리는 '모험 자본가' 리처드 브랜슨과 전적으로 의견이 일치할 것이다. 브랜슨은 자신의 기구비행과 사업 모험이 "이음새 없는 도전의 연속을 이룬다"고 말했다.

나는 헌신에 대해 강의할 때, 휴스턴 라이스*Houston Rice*의 전설적인 인물 '매트리스 맥'을 종종 예로 든다. 매트리스 맥이라고 불렸던 짐 맥잉그베일*Jim McIngvale*은 휴스턴의 가장 부유한 사업가이다. 맥은 사람들에게 더 나은 생활을 제공하고자 하는 열망을 통해 부를 이룩했다. 도시 중산층에게 매트리스와 침구를 판매했던 초창기부터, 도매상점에서 혁신을 이룰 때까지 맥은 야망이 있었다. 그러나 그 각각의 모험은 하나의 큰 개념으로 묶여 있었다. '사람들에게 관련되기'

고객은 맥이 직접 문 앞에 서서 그들을 맞이하거나 서명된 축구공이나 야구공을 건네주는 모습을 보고 놀라워한다. 그는 날마다 영업시간이 시작되고 끝날 때까지 자신의 대리점을 직접 감독한다. 그리고 많은 에너지를 공동체에 봉사하는 데 쏟는다. 그는 청소년 스포츠 프로그램의 거침없는 지지자이고 테니스계의 가장 큰 개인 후원자다. 또한 US 클레이 코트 챔피언십과 US 오픈을 주최하는 최고급 테니스 클럽을 건립했고, 매년 휴스턴에서 열리는 마스터스 컵의 공동 주최자다. 이런 모든 활동들과 그가 쏟는 에너지는 수십 년 전에 길거리에서 텐트와 매트리스를 팔 때부터 동력이 된 동일한 사명에 이바지했다. 그것은 그가 자신의 달걀 하나하나를 모두 담아놓은 바구니였다. 그리고 맥은 달걀을 엄청나게 많이 가지고 있다!

"달걀 바구니를 떨어뜨리면 어떻게 됩니까?"

사람들은 흔히 꿈을 성취할 수 없는 경우를 대비해 예비 계획을 세워두어야 하는지의 여부를 궁금해한다. "음악에 집중하기 위해서 나는 대학을 중퇴해야 해요. 하지만 만약 성공하지 못한다면 대학 졸업장도 없이 궁지에 빠질 거예요.", "사업을 시작하려면 그동안 모아두었던 돈을 모두 쏟아부어야 할 거예요. 하지만 만약 실패한다면, 아이들 교육비는 어떻게 하죠?" 그러한 걱정들은 합리적인 접근법이지만, 대단한 일을 성취하기 위해 필요한 접근법은 아니다.

당신이 꿈을 추구하기도 전에 실패했을 때의 대비책을 생각하는 것은 자신감의 결핍을 나타내는 것이다. 또한 진정한 열정이 부족하다는 증거

일지도 모른다. 나는 대비책을 일찍부터 생각하는 이들이 인생에서 위험을 감수하는 일이나 야망에 진짜 헌신하는 것으로부터 벗어나는 것을 합리화한다는 것을 알아냈다. 당신이 전문 음악가로서 성공하지 못할 수도 있지만 만약 그렇게 된다고 해도 언제라도 대학에 돌아갈 수 있다. 당신이 음악가로서 꿈을 추구하는 과정에서 지적능력이 떨어지게 될 일은 없을 것이고 그 과정에서 당신이 얻은 경험은 다음에 어떤 일을 하든 확실히 유용할 것이다. 새로운 사업의 실패가 당신의 돈을 전부 삼켜버릴지라도, 그것이 반드시 자녀가 대학에 진학하지 못하는 결과를 낳지는 않는다. 당신은 예전에 돈을 모았던 적이 있으며 필요하다면 다시 그렇게 할 수 있다. 또한 찾아보기만 한다면 많은 융자와 보조금과 장학금을 발견할 수도 있다. 그러한 변명으로 자신을 억누르지 마라.

새로운 사업 구상을 가지고 투자를 하기 위해서, 혹은 신생 회사에 합류하기 위해 훌륭한 직장을 떠난다면 어떻게 되겠는가? 넉넉한 임금을 받는 직장과 당신을 가족처럼 대해주는 상사와 헤어진다면 어떻게 될까? "당신 미쳤어요?" 친구들과 부모, 배우자가 이렇게 물을 것이다. 그러나 당신은 미치지 않았고, 단지 예외적인 사람일 뿐이다. 새로운 직업이나 회사가 이런 저런 이유로 잘 되지 않는다 해도, 예외적으로 생각하는 당신의 능력 덕분에 이전에 훌륭한 직업을 가졌듯이 또 다시 그렇게 될 것이다. 이전에는 배울 수 없었던 많은 기술과 경험도 더해질 것이다. 한 상사가 당신을 좋아했다면, 아마 당신은 재능 있고 인상 좋은 사람일 것이고, 예외적인 생각을 하는 사람으로서 당신의 공헌을 평가해줄 또 다른 상사가 있을 것이다.

실패하거나 파산하는 것이 어떻다는 말인가? 예외적인 생각을 가진 사람들은 자신의 실패를 아는 동시에 자신이 얼마나 똑똑하고 재능 있으며 사람들이 자신을 얼마나 많이 사랑하는지와 실패가 자신의 잠재력에 변화를 일으키지 않을 것도 알고 있다. 파산은 세상의 끝이 아니며, 그들이 정말 얼마나 유능한지 보여줄 또 한 번의 도전일 뿐이다. 사업이나 시장에서 큰 실수를 저질러본 사람은 그것이 얼마나 괴로운지 인정하겠지만, 동시에 실패가 자신을 얼마나 많이 영리하고 강인하게 만들었는지를 기억해낼 것이다. 위험을 감수하는 것에 대한 고민에 굴복하기 전에, 초기의 IBM이나 코닥, 제록스, 마이크로소프트 등의 일자리 제의를 거절한 사람들을 생각해보라. 그들은 달걀을 새로운 바구니에 모두 담는 것을 걱정했기 때문에 기회를 놓친 것이다.

사람들은 중년에 갑자기 경력을 바꾸고, 의사나 성직자가 되기도 한다. 그들은 모두 자신이 잘못된 헌신의 관념에 너무 길들여져 있는 것을 걱정한다. 만약 새로운 계획 A가 당신을 전율시킨다면, 이미 진행되고 있는 계획 B의 세부사항을 조정하는 데 시간을 너무 허비하지 마라.

하지만 당신이 어렵고 완전한 헌신을 요구하는 두 가지 일을 모두 열렬히 하고 싶다면 어떻게 할 것인가? PGA 투어에 나가서 우승하고 싶고 동시에 의사도 되고 싶다면 어찌할 것인가? 간단하다. 두 가지 모두 노려라. 당신은 우선순위를 선택해야 하겠지만, 우선순위를 정해야 하는 상황을 의기소침하게 받아들이지 말자. 그 선택은 두 가지 꿈을 모두 이룰 수 있는 길을 가는 결정일 뿐이다. 로저 배니스터 *Roger Bannister*는 1km를 4분에 통과한 첫번째 사람이었고 당시 의과대학을 다니고 있었다. 바비 브라운 *Bobby Brown*은 오프 시즌이면 의과대학에 출석했다. 비록 졸업하는 데 다른 학생들보다 더 오래 걸리기는 했지만, 심장전문의가 되었고 수십 년 후에는 아메리칸 리그의 회장으로도 임명되었다.

위대한 많은 운동선수들이 다른 분야에서 인상적인 경력을 쌓았다. 샌프란시스코 팀의 쿼터백 스티브 영은 슈퍼볼에서 승리하는 동시에 법학 학위를 받았다. 위저 화이트는 당시 가장 유명한 풋볼선수였으며, 케네디 대통령에 의해 미 연방 대법원의 판사로 지명되었다.

그는 선수로서 명예를 가지고 결의를 다진 채 풋볼을 했고, 새로운 천직을 가져야 할 시기가 되었을 때 로스쿨에 가기로 결심했다. 선수 시절에 했던 것처럼 좋은 법률가가 되기 위해 달걀을 한 바구니에 모두 담는 똑같은 헌신을 했던 것이다.

전직 쿼터백선수였던 내 친구 올리버 루크는 1986년 은퇴한 후에 텍사스 대학의 로스쿨에 들어갔다. 그는 풋볼 경기만큼 자신을 흥분시킬 아이디어를 찾던 중에 NFL 유럽을 창설했으며, 이를 단독으로 경영했다. 2001년에는 휴스턴에 돌아와 새로운 스포츠 개최지를 세우고 자금을 조달하기 시작했다. 그리고 2003년 말까지 휴스턴에 최신 시설의 전문 스포츠 경기장 세 곳을 만들게 되었다. 당시의 올리버에게는 어떤 대비책도 없었다. 단지 그는 하나하나 모든 일에서 자신을 헌신했을 뿐이고, 삶에는 2막뿐만 아니라 3막, 4막, 그 이상도 존재할 수 있다는 것을 입증했다. 내가 최근 올리버에게 성취에 대한 감상을 물었을 때, 그는 그것을 대수롭지 않게 평했다. 이미 그의 마음은 자신을 흥미진진하게 만들, 다음 헌신 대상에 쏠려 있었다.

chapter 07

우리는 모두 직장에서
레이밴을 써야 한다

We Should All Wear Ray-Bans to the Office

자신감은 지나치게 많아도 부족함이 없다.

– 밥 로텔라 *Bob Rotella*

로텔라의 말처럼 위대한 성취자에게는 터무니없고 근거 없으며 때로는 불합리한 일을 저지를 수 있는 지나친 자신감이 필요하다. 다른 이들이 당신의 유능함을 의심해도, 당신은 자신을 완전히 믿어야 한다.

그것은 어느 정도의 자신감일까? 디온 샌더스는 고등학교 때 왼손잡이 쿼터백이었지만, 대학 1학년에 수비수로 전환했다. 그는 팀원들에게 말했듯이 특별해지고 싶었고 그렇기 때문에 누구나 할 수 있는 쿼터백은 매력이 없었다. 디온은 자신을 크게 담은 특별 포스터를 판매용으로 제작해야 한다고 우겼고 상대팀이 펀트 킥을 하기 전에, 자신이 먼저 상대 벤치로 걸어가서 터치다운을 위해 펀트를 되받아칠 것이라고 경고하곤 했다. 그리고 정말 상대의 홈 스타디움에서 그렇게 했다!

1989년, 애틀랜타 팰콘스는 디온을 선발하는 조건으로 40만 달러를 제안했지만 디온은 이렇게 대답했다. "나쁘지 않군요. 하지만 나는 그보다 더 가치가 있어요. 나한테 천만 달러 정도는 지불해야 할 거요." 당시 그는 이미 뉴욕 양키스에 선발된 상태였기 때문에 NFL를 보류했었다. 결국 그는 취미인 야구로 플로리다 주 대학 월드 시리즈 출장에서 도루 기록을 세우고 프로 계약을 맺었다. 또한 디온은 당시 대학에서 트랙 경기에도 출전했다. 그는 전미대학체육협회 400m 계주에서 야구복을 입은 채 승리했다. 연속경기가 진행되는 날 경기 사이에 주어지는 15분의 휴식시간을 이용해서 육상경기에 출전했기 때문이다. 디온은 서둘러 두 번째 경기에 출전해서 득점 안타를 때렸다.

팰콘스는 이러한 디온의 턱없이 높은 연봉 요구에 어이없어 했다. NFL 역사상 수비수가 백만 달러를 받은 일이 없었던 것은 물론이고, 프로무대의 경험도 없는 스물한 살 신출내기가 천만 달러를 요구한 것은 더더욱 놀라운 일이었다. 그러나 디온은 자신이 평균 연봉보다 뛰어난 실력을 갖고 있다고 생각했다. 당시 그는 마이너 리그에서 100승 정도를 한 상태였는데, "풋볼은 내가 사랑하는 것이고, 야구는 내 여자친구다."라고 뉴욕 언론에 발표된 탓에 팬을 확보하지 못했다. 야구 시즌이 끝날 무렵, 팰콘스는 결국 디온에게 440만 달러를 주기로 했다. 그가 요구한 1,000만 달러에는 못 미쳤지만 당시에는 수비수에게 지급된 최고의 연봉이었다.

얼핏 들어도 터무니없지 않은가? 확실히 디온의 이러한 태도는 '완전한 오만'이었다. 그래서 언론은 디온의 컨디션이 좋지 않다고 그를 헐뜯으며, 아무도 풋볼과 야구를 동시에 할 수 없음을 주장했다. 또한 그들은 디온이 두 가지 일에 모두 허세를 부린다고 비난하며, 태클을 피하고 스트라이크 아웃을 당한다며 혹독하게 비웃었다. 디온은 첫 프로 경기에서 단

5분 만에 62m를 펀트하고 빠르게 달려 터치다운을 했고, 샌프란시스코 49어스와 달라스 카우보이스 소속이었던 당시 슈퍼볼에서 승리했으며, 메이저 리그에서 도루 부문 선두에 올랐고 월드 시리즈에서 높은 타율을 기록했다. 그는 같은 주에 터치다운과 홈런으로 득점한 유일한 선수이며 같은 날 프로 야구와 풋볼의 유니폼을 착용한 유일한 사람이다. 12년 동안, '불합리한 일'에 달려드는 디온의 강한 성격과 자신감은 감독과 코치들을 초조하게 했다. 특히 그는 매 경기 매 순간마다 공격과 수비를 해야 한다고 우겼고 사람들은 그가 자신을 너무 혹사시킨다고 떠들었다. 그러나 디온은 여전히 디온이었고, 배 나온 스포츠 전문가들이 그의 정신 건강에 대해 어떻게 생각하든 조금도 개의치 않았다. 그는 자신이 성취할 것을 알고 있었다. "나는 공이 다가올 때마다 득점을 생각한다."

디온은 2001년 은퇴한 후 CBS 스포츠와 풋볼 경기 해설자로 계약을 맺었다. 그를 비판했던 사람들조차 CBS의 선택에 대해서는 현명한 것이라고 생각했다. 하지만 디온이 2003년 말 그의 최근 꿈은 애틀랜타 팰콘스의 코치가 되는 것이라고 밝혔을 때, 다시 그에 대한 비난이 쏟아졌다. 비평가들은 그는 자격이 없으며 제대로 해낼 수 없을 것이라고 하나같이 지적했다. 이에 대해 "난 코치를 하면 재미있을 거라고 생각해요."라고 응수한 디온은 자신이 예외적인 생각을 하는 사람임을 증명이라도 하듯이 덧붙였다. "누군가 제정신으로 나한테 '당신은 그 일을 할 수 없을 거요!'라고 말할 때 나는 혼란스러워지죠."

나는 당신에게 디온과 같은 자신감을 구하라고 조언하고 있는 것이다. 물론 대부분 사람들은 자화자찬을 매우 거북스럽게 생각한다. 우리 문화에서, 자신에 대해 말하거나 공적을 자랑하는 것은 좋은 매너로 간주되지 않는다. '겸손'이나 '자신만만', '힘에 겨운 일은 쉽게 하려 들지 말라'와 같은 예로부터 전해지는 말은 어떠한가? 그러한 경고는 무시하라. 겸손은 잊어버려라. 당신이 하는 일이 잘 되려면, 성공할 것이라는 자신감을 가져야 한다. '과시하는 것'을 두려워해서는 안 된다.

"하지만 디온은 멍청이잖아요!" 내가 그의 얘기를 하면 사람들은 항상 이렇게 말한다. 나 또한 개인적으로 디온 샌더스를 알지 못하지만, 예전에 그와 같은 팀에 있었던 친구들을 두어 명 알고 있다. 그들은 마치 디온이 성자인 것처럼 말한다. "이제껏 알고 지낸 동료 중 최고죠." 중요한 것은 모든 분야에서 예외적인 생각을 하고 그래서 자신감이 넘치는 사람들은 외부의 평가를 걱정하지 않는다는 것이다. 루퍼트 머독이 당신이나 다른 사람들이 그에 대해 어떻게 생각하는지 신경 쓸 것 같은가? 테드 터너, 오라클의 래리 엘리슨, 미라맥스의 하비 웨인스타인 등도 마찬가지다. 이런 사람들은 수십 년 동안 거만하고 도가 지나치다는 언론의 혹평을 받았다. 그리고 그들 대부분이 '악하지는' 않지만 분명 '미친' 것이라는 비난을 받았다.

진정한 자신감은 당신 자신과 능력에 대해 생각하는 방식이다. 자신감은 당신의 잠재력에 대한 인식이다. 그것은 당신에게 장애물과 고난을 뚫고 나갈 동력을 공급하며, 문제를 해결하고 성공의 길로 갈 수 있게 도와주는 장기적 사고이다. 자신감은 당신이 발휘할 사회적 기량과는 완전히 다른 문제다.

당신이 다른 사람의 호감을 사는 것을 좋아한다면 그만큼, 다른 일을 수행할 때는 그에 대한 관심을 버리고 당신의 자신감과 예외적인 사고에 집중하라고 조언하고 싶다. 또한 당신이 자신감 있으며 꿈을 이루는 데 헌신적이고 성공적이라면, 사람들이 당신을 가리키며 "멍청이 같아!"라고 말할 수도 있다는 것을 잊지 말아야 한다. 모든 분야의 최고 성취자는 항상 그들 안에 많은 디온을 가지고 있다.

나는 '긍정적인 사고'만을 강조하는 세미나의 조언은 따르지 말라고 하고 싶다. 당신이 강한 경쟁자나 고달픈 하루나 어려운 과제와 부딪혔을 때, 해피엔딩을 마음에 그리거나 "좋아", "강해지자", "진정하자"라고 자신에게 거는 주문을 중얼거리는 것으로는 자신감을 얻을 수 없다. 무한 성취자는 스스로 자신감을 일으킨다. 그들은 자신이 아는 것을 알고 최선을 다한다. "나는 최고다."라고 선언한 무하마드 알리는 최고의 자신감을 가진 사람이다. 알리는 링 위에서 자신의 용맹함을 나타내는 시를 암송하곤 했다. "나비처럼 날아 벌처럼 쏜다. 나는 젊다. 나는 멋지다. 나는 맞지 않을 것이다!"라고 외쳤다. 이런 건방진 태도의 젊은 파이터를 싫어하는 사람도 있었지만, 알리의 이미지는 여러 사업에 차용되고, 그가 지은 시는 유명해졌으며, 명백히 역사상 가장 위대한 복서가 되었다. 사람들을 골치 아프게 하는 것이 그를 위대하게 만들었다. 그는 성공이라는 결과가 드러나기 오래 전부터 자신의 성공을 믿고 그것을 예언했다.

지나친 자신감?
그런 것은 없다

'겸손은 대가를 보장하지 않는다' 높은 수준의 자신감은 역사상 가장 위대한 성취자들에게서 가장 많이 찾아볼 수 있다. 벤자민 프랭클린은 한때 겸손이라는 것에 대해 언급하며 이렇게 말했다. "나는 이 미덕을 갖춰야 했기 때문에 많은 성공을 자랑할 수 없었다." 예술가와 작가들도 이와 같은 생각을 하는 것으로 알려져 있다. 피카소나 제임스 조이스는 겸손으로 유명해진 사람이 아니다. 미국의 시인 로버트 로웰*Robert Lowell*은 자신을 밀턴에 비유해서 문학계의 많은 비난을 감수해야 했고, 소설가 노만 마일러*Norman Mailer*는 헤밍웨이만큼 자신이 훌륭하다고 말한 탓에 병적으로 자기중심적인 사람이라고 단정돼버렸다. 캐서린 햅번*Katharine Hepburn*이 사인을 받으려고 몰려드는 사람들을 무시했을 때, 한 팬이 화를 내며 그녀에게 소리쳤다. "우리가 있기 때문에 당신이 있는 거라구!" 그러자 햅번은 소리치는 팬을 돌아보고 대꾸했다. "천만에!" 그리고 리무진을 탄 뒤, 홀쩍 떠나버렸다. 그녀는 처음 일을 시작했을 때 몇몇 연극에서 탈락했으며 유명해진 뒤에 그런 공개적인 굴욕에도 불구하고 어떻게 계속 일할 수 있었는지 질문을 받았을 때, 웃으며 대답했다. "난 내가 유명해질 수 있다는 걸 당연하게 여겼던 거죠."

노벨상에 자신감 부문이 있다면, 치열한 경쟁에서 살아남은 비즈니스 리더들이 바로 노벨상 감일 것이다. 예일 대학교 경영대학 학장인 제프리 가튼은 그의 최근 저서 《CEO의 마인드》에서 그가 AT&T의 회장이자 CEO인 마이클 암스트롱을 처음 만났던 때를 회상한다. 가튼은 상무부 차관이었고, 당시 휴스 일렉트로닉스의 CEO였던 암스트롱은 클린턴 대통령의 내셔널 엑스포트 스트레터지의 회장으로 지명된 상태였다. 가튼과 상무부 동료는 미국의 수출 정책을 개선할 방법에 대해 미 사업계 리더들로부터 정보를 취합하여 암스트롱이 새로운 일을 시작하는 데 도움을 주기 위해 그와의 첫 번째 회의를 몇 주 동안 준비했다. 가튼과 그의 동료는 암스트롱이 보좌진 없이 회의실에 들어서는 모습을 보고 놀라움을 금치 못했다. 가튼은 당시 암스트롱을 이렇게 회상했다. "나는 행정부의 정책과 목표를 개략적으로 전하려 했지만, 오히려 그는 '우리가 해야 할 일이 여기 있습니다' 라고 자신을 따르라는 듯한 목소리로 말했다. 첫 순간부터 그것은 그의 사업이었다." 또한 그는 포드 자동차의 경영 실패로 인해 공개적으로 해고되었음에도 불구하고, 클라이슬러를 호전시킬 수 있다고 확신하고 있어서 기본 연봉 1달러에 동의할 정도였다. 그는 말했다. "정면을 향하라. 사람들에게 당신이 성취할 것과 그것을 성취하기 위해 당신이 기꺼이 희생할 것을 말하라." 샌포드 웨일이 2003년 시티그룹의 CEO 자리에서 내려왔을 때, 〈뉴욕타임즈〉는 그를 '강한 자아를 지닌 말 잘하고 거슬리는 인물' 로 기술했다.

AT&T나 GE, 클라이슬러, 씨티그룹 등의 CEO로 선택되는 사람들은 아주 많은 성공을 거둘 수 있기 때문에 자신감으로 가득 찰 것이라는 생각은 내가 자신감에 대해 강의를 할 때 자주 듣게 되는 의견이다. 하지만 그것은 틀린 생각이다. 자신감은 성공에 앞선다. 시즌이 시작되기 전 팀의 코치들은 자신감에 대해 경고한다. "자신감은 수년간 열심히 노력하고 성취에 집중했을 때 얻을 수 있는 결과다." 그러나 자신이 최고에 오를 것을 믿지 않았다면, 어느 누가 그 모든 노력을 기울였겠는가?

미디어의 폐해는 우리가 항상 가장 최근의 인상적인 승리를 이끌어낸 사람들과 회사만을 주시하게 만드는 것에 있다. 우리는 자신감을 성취를 이끄는 과정의 일부보다는 성취의 부산물로 보는 경향이 있다. 그러나 최고의 자신감을 가진 사람들은 무언가를 성취하기 오래 전부터 이미 자신감을 갖고 있다. 자신감은 그들에게 성공의 자식이 아니라, 성공의 어머니다. 디온 샌더스는 월드 시리즈에 주역으로 나서기 수년 전부터 황금기였다. 젊은 카시어스 클레이는 권투를 배우기 전과 1960년 로마 올림픽에서 금메달을 휩쓸기 전부터, 스스로 무하마드 알리라는 이름으로 개명하고 잘못을 하는 누구든 반드시 자신의 주먹으로 때려주겠다고 다짐했다. 리처드 브랜슨과 마이클 델, 애플 공동 설립자 스티브 잡스는 대학 졸업장도 없이 어린 나이에 사업을 시작했을 정도로 자신의 능력에 대해 자신감이 넘쳤다. 1998년, 빌 게이츠는 공개석상에 처음 모습을 나타낸 이후로 아주 거만해보여서, 더욱 호소력 있는 모습을 갖추는 법에 대해 코치를 받아야 했다고 한다.

우리는 성공한 사람들의 경력 초기의 모습을 거의 보지 못한다. 비난받고, 실수를 저지르고, 서툰 결정을 내리는 모습 말이다. 잭 웰치가 젊은 시절 GE에서 일을 시작했을 때, 창고 하나를 사고로 날려버려 해고될 뻔했다는 사실을 아는 사람은 거의 없다. 다행히, 그의 상사도 예외적인 생각을 하는 사람이라 자신감 있는 직원을 격려해주었다. 스티브 잡스가 1985년 애플에서 해고되었다가, 12년이 지난 후 다시 돌아와 회사를 구했다는 것을 기억하는 이도 거의 없다. 크게 성공한 뉴욕 광고대행사의 회장이자 CEO인 도니 더치는 인정했다. "나는 대단한 자아를 지닌 사람이라는 평가를 받았지만 이제까지 대단한 자아를 갖지 않고 사업을 일으킨 사람을 만나본 적이 없다. 만약 당신이 자신의 브랜드를 확립할 수 없다면, 그 대가를 지불할 사람들에게 어떻게 브랜드를 확신시킬 수 있겠는가?" 도니는 아메리카은행, IKEA, 화이자*Pfizer*, 미쓰비시*Mitsubishi*, 쿠어스*Coors*, 레브론*Revlon* 등의 브랜드를 끌어올렸다. 그러나 그의 비평가나 팬들은 광고 일을 시작했던 초년시절을 생각하지 못한다.

더치는 대학을 졸업한 후에 오길비&마더 *Oglivy&Mather*에서 6개월

동안 일했는데, 그는 당시 자신에 대해 이렇게 말했다. "나는 형편없었고 그 일을 좋아하지 않았을 뿐만 아니라 싫증이 났다." 그는 직장을 떠나 여행을 하고, 돈이 필요하자 TV의 게임프로에 나가 승리를 해 5,000달러를 땄다. 그런 다음 아버지의 광고대행사에서 일을 했지만 아버지는 그를 해고했다. "아버지의 회사에서도 사실 나는 잘하지 못했다"고 더치는 시인했다. 하지만 나중에 아버지가 회사를 매각할 예정이라고 말했을 때, 더치는 아버지의 회사로 돌아가 일을 도왔다. 그리고 1984년, 그의 첫번째 고객, 트라이 스테이트 폰티악 딜러*Tri-State Pontiac Dealers*를 잡을 수 있었다. 더치는 첫번째 고객을 붙잡기 위해 바퀴덮개를 "우리는 당신의 후미를 덮어줄 것입니다."라는 메모와 함께 보냈다. 그 거래는 회사를 두 배로 키웠고, 1992년에 더치는 아버지로부터 회사를 넘겨받을 수 있었다.

2000년, 더치는 회사주식 87%를 인터퍼블릭*Interpublic*에 2억 달러로 팔았다. 그리고 티셔츠 차림으로 활보하며, CNBC에서 자신의 일을 시작했다. 갑자기 왜 새로운 직업을 선택했냐는 질문에 " '나는 이걸 잘하기 때문에 앞으로도 계속할 겁니다' 라고 말하는 건 쉬운 일이죠."라고 대답했다.

그리고 "정말 즐거운 것은, 다른 게임을 하고 새로운 도전을 마주하는 것, 그러한 것을 받아들이고 해치우면서 당신이 누구인지와 자신의 적성이 무엇인지를 인지하는 것이다"고 말했다. 광고업계에서 두 번이나 실패한 후에, 어떤 사람은 그가 광고를 잘하지 못한다고 섣불리 결론내릴 수도 있을 것이다. 또한 초기 실책은 자신감 상실을 일으킬 수도 있다. 하지만 더치는 자신이 가장 재능 있는 광고맨 중 하나라는 것을 입증했다.

그는 단지 아침에 자신을 일어나게 하는 것과 그를 오싹하게 만드는 것이 광고임을 알아낼 필요가 있을 뿐이었다. 업계나 언론은 그를 '과격주의자' 라고 몰아세웠고, 경쟁자는 '시골뜨기' 라고 칭했지만, 광고에 대한 그의 재능은 아무도 문제 삼지 않았다. 더치는 그를 특별하게 만드는 것이 '요정 인간' 과 같은 자신감이라고 말하고, 마치 그것을 증명이라도 하듯이, 크게 웃으며 발표했다. "나는 광고를 통해 어떤 CEO라도 혼내줄 수 있다."

슈퍼스타는 팬이나 언론이 그렇게 말하기 전부터 슈퍼스타처럼 생각한다. 그러므로 중요한 것은 자신감이다. 디온은 자신의 자신감을 드러낼 어떤 것이 있기 전부터 자신감을 가졌고, 그 자신감을 어떻게 활용할지에 대한 실마리조차 없을 때도 언제나 자신감을 지켰다.

자신감의 습관화에 대한
과학을 이해하기

자신감은 무엇이 가능한지와 어떻게 그것을 가능하게 할 것인지에 대한 일관된 생각이다. 아직 일어나지 않은 일을 어떻게 믿을 수 있는가? 부정적이기는 하지만 우리는 언제나 그렇게 한다. 대부분의 사람들은 부정적인 생각과 믿음이 자신을 지배하도록 놔두는 경향이 있다. "난 실패할지 몰라, 질지도 몰라. 큰 실수로 모든 걸 엉망으로 만들면 어쩌지? 나는 이 프로젝트에 모든 걸 쏟아붓고 온 힘을 다했는데, 보스가 만족하지 않으면 어쩌지?"

확실히 미래는 완벽하게 알 수 없다. 그러나 인간의 마음은 완벽한 그림을 요구한다. 게슈탈트 *Gestalt* 심리학은 구조화된 전체는 특정 요소에 영향받지 않는 것을 가르쳐준다. 예를 든다면, 선으로 그려진 초상은 우리 머릿속에서 완벽하게 나타나며 실제 묘사가 부족하거나 결함이 가득하더라도 의미를 지닐 것이다. 어떤 문장의 절반을 가린다고 해도, 여전히 그것을 읽고 이해할 수 있으며 당신의 눈이 전체를 볼 수 없어도, 두뇌는 그 빈틈을 채운다. 만약 그 문장이 프랑스 어로 되어 있고 당신이 프랑스 어를 모른다면, 두뇌는 알파벳 문자를 보았던 경험에 근거하여 단어를 소리 내서 읽게 해줄 수 있을 것이다. 그러나 그것이 완전히 다른 문자로 된 그리스 어이며 당신이 그리스 어를 모른다면 단어를 소리내어 읽을 수조차 없을 것이다. 당신의 두뇌는 빠진 데이터를 대신할 관련 정보를 가지고 있지 않을 것이다. 그러나 익숙함이 있을 경우에, 게슈탈트 현상은 작동을 시작하여 우리가 보는 것이 무엇이든 그것을 경험과 일치시킨다.

두뇌는 더욱더 창의적일 수 있다. 당신이 몇 가지 요소로 이루어진 이야기를 만들어 어떤 사람에게 말해준 다음 그 사람에게 다시 이야기 전체를 반복해보라고 하면, 그들은 당신이 전해준 것보다 더 많은 '사실'을 덧붙일 것이다. 그것은 목격자 증언을 연구하는 이들을 비롯한 인지 심리학자들이 선호하는 실험이며, 우리가 '허위 기억'이라 칭하는 것을 설명해준다. 당신이 피 실험자에게 얼마나 많은 세부사항을 알고 있는지 묻는다면, 그들은 틀림없이 신문에서 읽었거나 다른 친구들에게 들은 것을 설명할 것이다. 추가된 정보를 정당화하기 위해 설명을 제조하는 것이다. 하지만 그 이야기가 처음부터 허구이고 심리학 실험의 일부라는 사실을 알게 되면, 그들은 자신이 틀림없이 실험에 대해 들어본 적이 있다고 주장한다!

'폭포 효과' 라는 것이 있다. 잠시 동안 한 패턴의 운동이나 색깔을 지켜볼 때, 두뇌는 그것이 멈추거나 변화된 후에도 그 패턴에 고정된다. 지각 신경단위의 반복적인 자극은 자극이 끝난 후에도 계속 흥분하는 두뇌의 기억 영역에서 활성화를 일으킨다. 기억 중추에서 온 신경 신호는 시각이나 감각 피질에서 퍼져, 사고의 '습관' 이 우리가 실제로 보고 듣고 느낀 것을 변경하고 여과하도록 한다. 예를 들어, 빨간색과 흰색으로 이뤄진 바둑판무늬를 잠시 동안 응시한 뒤, 검정색과 흰색의 바둑판무늬를 쳐다본다면 두뇌가 신경 자극을 충분히 조정해서 새로운 '기억' 을 형성할 수 있을 때까지 당신은 여전히 빨간색과 흰색을 보게 될 것이다. 영화를 본 적이 있는 사람은 누구나 엔딩 자막을 보면서 폭포 효과를 경험했을 것이다. 아래에서 위로 올라가는 글자에 너무 익숙해진 나머지, 자막이 끝난 뒤에도 우리는 여전히 이미지가 위로 올라오는 것처럼 느낀다. 두뇌는 우리의 가장 일반적인 경험과 생각에 근거해 해석을 하도록 배선되어 있다. 들어온 감각 데이터의 정확성과 관계없이, 이러한 경험의 여과 때문에 우리는 자신의 정보에 근거하여 보는 것을 해석하고 결정한 것을 쉽게 바꾸지 않는다.

우리는 유사한 방식으로, 자신감을 선택의 인식 필터로 활용하여, 우리의 미래와 잠재력을 볼 수 있다. 내일로 예정된 중요한 회의 결과를 확실하게 예측할 수 없을지라도, 당신은 며칠 동안 열심히 준비를 해왔고 믿음직한 정보를 갖고 있다. 회의 장면을 머리에 그릴 때, 당신이 가장 세심하게 살핀 사항은 일어날 일에 대한 예상의 빈 곳을 채우기 위해 두뇌가 이용할 것이다. 그 세부사항은 당신이 준비하는 것에 달려 있다. 투자자 앞에 앉을 때, 당신은 그들의 결정이 어떠할지 알 수 없다. 당신의 이상은 크지만 사업은 놓친 기회의 사례들로 가득 채워져 있다. 당신은 자신감이 있거나 혹은 없는 상태로 회의에 들어갈 수 있다. 특정한 거래에서 전략을 위한 약속을 상사와 했다면 당신은 아는 것을 제대로 알고 있다고 할 수 있다.

상사의 사무실에 들어설 때 당신은 어떤 기분이 되는가? 그것은 당신에게 달려있다. 자신감이란 불완전한 원을 보고, 자신에게 성공하기 위한 더 나은 기회를 주는 방식으로 나머지를 채우는 것이다. 그것은 충분한 시간을 들여 원을 본다면, 당신의 눈이 원을 볼 때 마음은 원을 볼 수 있다는 것과 같다. 자신감은 성공의 보장이 아니라, 성공의 가능성을 향상시키는 사고방식이다. 대부분의 사람들은 현실주의와 실망과 실패를 마음에 두고 힘들어 한다. 그들은 잘못될지도 모르는 것을 많이 생각한다. 지적 능력만으로는 훌륭한 성취자가 되지 않는다. 훌륭한 성취자는 게슈탈트 스타일의 자신감 개발에 의지한다. 그러나 그것은 즉흥적으로 차용하는 방법이 아니다. 그들은 흰색과 검정색의 바둑판무늬를 본 뒤 갑자기 빨간색을 보지 않는다. 훈련이나 경험을 통해 빨간색과 흰색을 아주 오랫동안 응시해왔기 때문에 가장 어두운 그림이 나타날 때조차 빨간색과 흰색에 쉽게 연결되는 것이다.

자신감은 가망성이 아닌, 가능성에 대한 것이다

내가 사람들에게 꿈을 말해보라고 하면, 흔히 그들은 가까운 미래에 일어날 수 있는 경력과 관련된 확률 높은 것을 말한다. 머지않은 장래 이루어질 승진이나 큰 고객과의 계약, 더 나은 회사로 옮기는 것, CEO가 되는 것, 수백만 달러의 자기 사업의 시작을 생각하는 것이다. 많은 이들이 그러한 가능성을 향상시킬 목적으로 나를 찾아온다.

내가 "누가 그 가능성을 신경 쓰죠?"라거나 "성취와 관계가 있는 것은 무엇입니까?"라고 물으면 그들은 나에게 설명하기 위해 애를 쓰며 더듬거린다. 나는 그럴 때 자신감도 없고 꿈의 실현에 흥분하지 않은 사람의 모습을 보게 된다.

대부분의 사람들은 이길 확률이 없는 도박에는 내기를 걸지 않는다. 확실히 이길 확률이 5%라고 한다면, 그들은 시도조차 하지 않을 것이며 그 5%를 위해 온갖 노력을 쏟으며 자신의 자유시간을 투자하지 않을 것이다. 나는 사람들이 목표를 생각할 때, 반반의 승산을 찾는다는 것을 알게 되었다. 그들은 행복 저편에 일정하게 보장된 안정에 몰두한다. 나는 그런 사람들에게 가망성에 대한 생각을 그만두고 가능성에 집중하라고 충고한다. 예외적인 생각을 하는 사람들은 정신에 깃든 개념과 본능의 느낌에 열중하지, 외부적이고 수학적인 확률에 기반을 둔 생각에 열중하지 않는다. 그들의 활력을 이끌어내는 것이 언젠가 실현될 수 있다면, 그들은 가능성을 일어나게 할 방법을 생각해내기 위해 노력할 것이다. 일의 성사 여부는 중요하지 않다.

승산을 계산하는 것은 합리적 결정을 내리는 한 가지 방법이지만 당신의 자신감을 낮춘다. 당신이 인생에서 정말 원하는 것이 있다면, 원하는 것에 대해 계산을 하며 앉아있는 것만으로 그것을 획득하거나 경험할 수는 없을 것이다. 최고의 성취자들이 싫어하는 것은 안심하고 지루해하며 성취하지 못하는 것이다. 모든 사업에서 최고의 인물들은 끊임없이 큰 도전을 찾고 있다.

1992년, IBM 이사진이 루이스 V. 거스너 주니어에게 그 회사의 경영에 관심이 있는지 물었을 때, 판매량은 수직으로 떨어지고 있었고 주식은 지난 5년에 걸쳐 50%까지 하락했다. 거스너는 〈월스트리트저널〉과 〈런던 이코노미스트〉가 미국의 다른 대기업과 같이 IBM이 위기에 직면해 있다고 예견한 것을 알고 있었다. 그는 IBM의 현재 재정과 예산을 살펴본 후에 회사의 판매와 수익이 빠르게 쇠퇴하고 있고 현금 상태도 위태로운 것을 알게 되었다. 그는 나중에 회상했다. "여러 자료에 의하면, 다시 IBM이 살아날 가망성은 거의 없었고 나는 절대 그 직책을 맡지 말아야 했다." 그러나 이사회는 그에게 경영을 맡아달라고 끈질기게 설득했고, 결국 거스너는 관심을 갖게 되었으며, 오랜 친구도 이렇게 조언했다. "IBM은 자네가 하버드 비즈니스 스쿨을 떠난 이래로 준비해온 일자리일 수도 있어. 최선을 다해봐!" 거스너는 친구의 말에 동의하며, '개혁주도자'로서 현재까지의 그의 업적이 바로 회사가 필요로 하는 것일지도 모른다고 생각했다. 이것은 후에 거스너가 '세계적 도전에 대한 나의 욕심'이라고 말한 계기가 되었다.

거스너는 IBM의 CEO 계약서에 서명하고, 4개월 간 8억만 달러의 이윤 감소를 지켜본 다음, 회사의 임무에 다시 집중했다. IBM이 생존하기 위해서는 해체되어야 한다고 경고하는 기업 전문가들을 무시하며, 거스너는 회사의 핵심 제품인 대형컴퓨터의 가격을 하향 조정함으로써 통상적인 경영법을 따르지 않았다. 그리고 자신감에 넘쳐 말했다. "컴퓨터는 굉장한 도구지만, 어떤 기계도 인간의 번뜩이는 지혜를 대신할 수 없다." 10년 후, 그는 미국 기업 역사상 가장 위대한 전환을 훌륭하게 해냈다.

미지의 것을
품어라

당신이 슈퍼스타 운동선수와 유명한 CEO의 입장이 되어 생각하는 것은 어렵겠지만 나는 그것이 예외적인 생각을 하는 사람들의 사고를 경험할 수 있는 가치 있는 상상의 연습이라고 생각한다. 그들은 결코 자신을 결과로 평가하지 않는다. 운동선수에게는 긴장이 가장 많이 되는 순간에 즐거움이 생긴다. 9회말 투아웃, 주자 3루인 상황에서 자기 손에 쥐어진 배트가 모든 것을 결정하는 그 순간에 희열을 느끼는 것이다. 순수한 성공은 기회의 창출과 자신이 그것을 잘할 수 있음을 확인하는 것과 관련된다. 루 거스너와 빌 게이츠, 도니 더치 등과 같은 위대하고 탁월한 사업가에게는 새로운 도전이 그들의 일에 관심과 '재미'를 유지하게 만드는 것이다.

자신감은 대단한 일을 일어나게 하는 자신의 능력과 자기 자신을 믿기 위해 외부적 현실을 무시하게 만드는 것이다. 그렇다면 무엇이 '대단한 일'인가? 누군가 메이저 리그에 구성되어야 하고 따라서 수많은 야구선수들에게 빅 리그는 가능성이다. 또한 기업에는 수많은 CEO가 필요하며, 따라서 야망 있는 임원은 그 자리에 앉아 있는 자신을 상상할 수 있다.

1950년대, 로버트 존슨의 초등학교 시절, 그가 억만장자가 될 확률은 어느 정도였을까? 그리고 최초의 아프리카계 미국인 억만장자가 될 확률은 어느 정도였을까? 확률은 제로였다. 존슨이 태어난 미시시피는 아직도 흑인 아이들이 백인 아이들과 같은 학교에 다닐 수 없고, 심지어 같은 우물의 물도 마실 수 없다. 공장 노동자의 아들이자 10남매 중 하나이고 배당된 구역의 신문영업이 유일한 사업 경험이었던 존슨은 그런 목표가 상상할 수도 없는 일이라고 생각했다. 그러나 그는 대학에 가는 꿈을 가졌고 형제 중에 유일하게 그 꿈을 이루었다. 일리노이 대학에 다니는 동안, 그는 외무부에 들어가 외교관이 되는 꿈을 꾸었다. 그는 국제문제 석사학위를 받기 위해 프린스턴으로 갔고 워싱턴 D.C. 하원의원 보조 자리를 받아들였다. 그러던 어느 날 이웃의 파티에서 누군가 그에게 '케이블 산업의 유능한 로비스트'가 될 수 있을 거라고 말했다. 존슨은 케이블 TV에 대해 아무 것도 모른다고 시인했지만, 그는 만남을 받아들이고 내셔널 케이블&텔레커뮤니케이션 어소시에이션의 정부 관계 부회장 자리를 획득했다. 그는 특정 청취자와 관련해 프로그램을 분할하는 방법을 비롯하여 빠르게 사업을 배웠고, 이는 아프리카계 미국인을 겨냥한 방송망을 창설하는 아이디어로 이어졌다. 은행과 투자자의 지원으로 존슨은 1980년 BET를 시작했고 5년 뒤, BET는 이윤을 내며 성장하기 시작해 지금까지 1억 5천만 달러를 벌어들였다.

비즈니스의 역사에는 이처럼 있을 법하지 않은 이야기들로 가득 차 있다. 자신을 인생의 꼭두각시 조종사로 생각하고, 특정한 목적을 이룰 때 요구되는 모든 단계들을 이루기 위해 올바른 줄을 잡아당기려 애쓰지 마라. 자신감 있는 사람들은 자신의 잠재력을 탐사하고 언제나 그 능력과 재능을 시험해보는 탐험가들이다. 자신의 삶을 지배하거나 어떤 방향으로 조종하기 위해 노력하는 것은 좌절로 향하는 것이다. 물론 예상치 못한 일들이 너무 많이 일어날 수 있다. "내가 여기서 5년 동안 일한 다음에는 결혼도 할 테고, 승진이 돼 있겠지."라고 말하는 사람들은 대단하지만 모험일 수 있는 일자리에 대한 제안을 받아들일 준비가 돼 있지 않다. 그것은 '목표 설정'이고, 가장 집요한 목표 설정자는 전략에 전념하게 된다. 꿈 자체보다 꿈을 향한 걸음이 중요한 것이다. 당신은 언제나 새로운 기회를 선택할 권리를 가지고 있지만, 만약 세부사항에 둘러싸여 있다면 그것을 인지할 수 있을까?

갑작스런 기회에 직면한 고객들은 큰 프로젝트를 중간에 포기하거나 동료들을 궁지에 내버려두는 것에 대한 걱정을 나에게 늘어놓는다. "그들의 생계가 나한테 달려 있어요. 회사와 동료들을 책임져야 해요." 물론이다. 하지만 회사와 동료들은 당신이 아니어도 결국 살아남을 것이다. 만약 당신의 이탈이 누군가의 실직을 일으킨다면, 다른 직장을 찾도록 도와주거나, 추천장을 써줄 수 있다. 자신의 경력과 가족에 대한 책임을 가볍게 여기지 말라. 로버트 존슨은 방송사업을 구상하게 한 그 사람에게 자신은 현재의 일에 머무는 편이 좋다고 말하지 않았다. 그는 갑작스런 기회에 호기심을 가지고 자신의 운명을 지배하는 것이 아닌 탐험하기 위해 노력했다.

그렇지만 만약 새로운 기회가 성공적이지 않으면 어떻게 해야 할까? 자신감 있는 사람들은 일이 잘 되지 않는 것에 집착하지 않는다. 도전은 그들을 흥분시키며 자신이 그 과정 속에 있으며, 무슨 일이 일어나든지 그 상황을 이용할 수 있다는 것을 알기 때문이다. 너무 많은 사람들이 좌절 때문에 자신의 자신감이 사라지게 내버려둔다. 최고의 성취자는 완전히 실패한 뒤에도 모퉁이만 돌면 성공이 있다고 믿는다. 좌절은 자신을 더욱 믿을 수 있는 계기가 될 수 있고, 얼마나 전진하고 성공할 수 있는지를 보여주는 온갖 종류의 경험, 지식, 데이터와 관련되어 있다. 위대한 생각을 하는 사람들에게, 인생이 쉬운 성공으로만 채워져 있다면 매우 지루하고 따분할 것이다.

> ❝ 대부분의 사람들이 실패 후에
> 자신감을 상실하는 바로 그곳은 예외적인 생각을 하는
> 사람들이 자신감을 확립하는 곳이다 ❞

자신감 세우기
: 적절한 사례

얼마 전 나는 오랜 대학 친구인 존 카튼에게서 전화를 받았다. 그는 타고난 자신감을 가진 사람으로, 대학을 졸업한 후에 컨설팅 회사에서 일을 했고 몇 년 후에는 자신의 IT 컨설팅 회사를 시작하기로 결심했다. 그는 결심대로 빠르게 성공을 이루었고, 경기 침체인 상황에서도 1년 동안 휴가를 내고 세계 여행을 떠났다. 여행에서 돌아왔을 때 새로운 고객이 있을 거라는 보장은 물론 없었다. 그리고 그가 미국으로 돌아왔을 때 경기는 더욱 나빠져 있었다. 하지만 이런 앞날이 불확실한 상황에서도 그는 컨설턴트로 일해보지 않겠냐는 회사들의 제안을 거절했다. 그는 장기적으로 봤을 때 자신이 어느 위치에 있어야 하는지 자신 있게 알고 있었고, 일자리를 주겠다는 회사들은 그가 스스로 평가한 자신의 가치보다 턱없이 낮은 보수를 제안했던 것이다. 그러던 중 세계에서 가장 크고 유명한 호텔이 그가 가진 기술의 가치를 이해하며 일을 제의해왔고, 그가 대단한 일을 실행할 수 있는 권한을 주는 계약을 맺었다. 2년 후, 프로젝트로 맺어진 인연은 매우 생산적이고 지속적인 관계로 발전했다.

당시 존은 아내 린의 고용주가 그녀의 유능함을 무시하고 있다고 생각했다. 그는 린에게 승진과 더 많은 보수를 요청하라고 조언했지만 그녀

는 그렇게 할 수 없다고 말했다. 그는 린에게 말했다. "당신을 위해 일하라구." 그는 나에게 전화를 걸어, 그녀가 지금의 직장을 그만두고 자기 스스로 사업을 시작하도록 하려면 어떻게 설득해야 하느냐고 조언을 구했다.

나는 린이 자신감 없어한다는 존의 의견에 동의했다. 그녀는 경력 변화의 가망성과 비용에 너무 매달렸다. 중역, 중간 간부, 세일즈맨, 엔지니어, 조립라인 노동자들은 단순히 가능한 것을 성취하려고 노력하기 때문에 가망성에 부딪힌다. 나는 존에게 그녀가 살아가고 싶은 '삶의 방식'에 초점을 맞춘 다음 이상을 현실로 만들기 위해 할 수 있는 일을 생각하는데 집중하도록 도우라고 조언했다. 은행에서 그녀는 인허가 업무를 맡고 있었는데, 변호사만큼 효과적으로 각 주의 인허가 법률과 규정을 조사하고 수집했으며, 그런 그녀에게 시간당 100달러의 급료는 오히려 싼 편이었다. 전국 인허가 데이터베이스를 손에 넣은 그녀는 은행이 소유하지 않은 정보까지 활용하는 독점 시스템을 갖고 있었다. 그녀는 은행의 문제를 미리 해결하거나 반대로 은행 내부의 고비용 문제를 지적할 수도 있었다. 은행이 자체적으로 유사한 데이터베이스를 개발하기로 한다면, 그것은 현재의 계약을 어기는 것이고 그들의 시간을 매우 비효율적으로 이용하는 것이었다. 또한 그녀는 이미 은행이 수금하는 데 실패한 수백만 달러를 찾아낼 수 있다. 확실히 그만한 돈을 절약해주는 것은 시간당 100달러를 지불할 가치가 있었다.

은행이 그녀의 의견을 받아들일 것인가? 그녀의 현재 직위는 위태로울 수도 있는가? 물론이다. 이와 같이 그녀에게는 은행의 의사결정 과정에 대한 통제력이 없다. 대신 그녀는 자신 있는 일에 집중해야 한다. 데이터

베이스를 축적하고, 자신을 선전하고, 은행의 결정을 기다리는 것이다. 중요한 것은, 그녀가 이미 현재 자신의 일에 대해 욕구불만을 느끼고 끊임없이 불평해온 것을 스스로 인식하는 것이다. 그러므로 이제 그녀는 자신의 컨설팅 사업을 시작하고, 어려운 문제에 직접 달려들고, 경영자가 되고, 업무 스케줄 조정 등에 대한 생각을 해야 한다. 은행이 그녀의 제안을 거절했을 때의 상황에 매달리는 것은 역효과만 일으키며, 자신을 위해 일하는 것이 꿈인 그녀의 가능성을 사라지게 할 뿐이라는 점을 린에게 상기시키라고 나는 조언했다.

몇 주 후, 존이 나에게 전화를 걸어 린이 컨설팅 사업을 시작했으며 자신의 일을 하고 있다고 전했다. 또한 린은 며칠 전 나를 만났을 때 이렇게 말했다. "내가 이렇게 훌륭한 아이디어를 갖고 있었는데도 불구하고 행동에 옮길 자신감이 없었다면 나를 필요로 하는 사람들에게 도움을 줄 수 없었을 거예요."

자신감
체크리스트

많은 사람들은 '슬럼프'에 빠져 있으며, 압박감에 숨이 막히고, 일을 성취하지 못하고 있다. 대부분 그들의 진짜 문제는 자신감 결여인데, 중요한 일을 앞두고 잘못을 저지르거나 자신의 능력을 의심받는 것에 대한 걱정을 먼저 시작한다. 그들은 성공을 위한 계획을 세우거나 자신감 있는 해결책을 개발하기보다 잠재적인 실패를 먼저 생각한다.

사람들이 지금 자신이 처한 상황과 해야 할 일을 얼마나 빠르게 잊어버리는지 놀라울 정도다. 회의에 대한 걱정으로 얼어붙어 그 상황이 요구하는 가장 단순한 것을 잊는 것이다. 그는 문제를 해결하고, 회사를 전진하게 하며, 지식을 전하거나 실행 가능한 전략을 내놓아야 한다. 그러므로 얼마나 큰 실수를 저지르게 될지를 생각하는 대신, 자신이 취해야 할 수단과 그것이 왜 좋은지에 초점을 맞춰야 한다. 린은 어느 누구보다 전국의 은행 규정을 많이 알고 있었지만 그 사실을 행동에 옮기기 시작하자, 그녀의 자신감은 저절로 성장했다.

다음은 자신감의 기초적인 측면이다.

행동

당신이 취하는 행동은 근무중 개인의 '셀프토크'와 아무 관련이 없다. 눈앞의 길이 당신을 흥분시키지 않는다면, 그것을 즐길 수 있는 가망이 없다. 만약 그렇게 할 수 있더라도, 그 결과는 자신감이 아닐 것이다. 자신감은 '실행'과 짝을 이룬 비전이다. 아는 것과 행하는 것. 조 나마스는 이런 말을 하곤 했다. "리더가 되려면, 사람들이 당신을 따라오게 만들어야 한다. 자신이 어디로 가고 있는지도 모르는 사람을 따라가고 싶은 사람은 아무도 없다."

자신감은 높은 성취와 관련해 사람들이 가장 많이 오해하는 것 중 하나다. 그렇다면 오해를 일으키는 자신감에 대해 알아보도록 하자.

경기 성적이 곧
자신감은 아니다

당신은 판매를 많이 하거나 거래를 성사시키면, 기분이 무척 좋아진다. 그러나 그 기쁨은 영속적인 진정한 자신감이 아니다. 자신감이 먼저고, 성공은 다음이다. 그렇지 않으면, 억만장자나 백악관 후보자가 없을 것이다. 사실, 과거나 현재의 성공에 자신감의 근거를 두는 사람들은 헌신에 대한 감각을 잃어버린다. 모든 것이 아주 쉬워 보이는데 왜 계속 열심히 일을 하겠는가? 더욱 나쁜 것은, 트랙 경기 성적에 자신감의 근거를 둠으로써 당신이 추락할 수 있다는 것이다. 좌절이나 철저한 실패를 마주한 경우에, 당신은 스스로를 추스르고 좌절에 맞서 싸울 수 있는 능력이 사라진다. 당신의 자신감이 외부적 요인에서 비롯된 것이라면 회복은 더욱 힘들다. 심리학자들은 이것을 '의존적 자신감'이라고 칭한다. 주로 운동선수들의 경우에 많이 볼 수 있는데 그들은 자신을 '주력' 선수라고 생각해주는 코치 밑에서는 자신감이 넘친다. 하지만 다른 팀 소속이 되어 자신을 주목하지 않는 코치와 만나면, 그들의 자신감과 높은 성취능력은 증발해버린다. 아놀드 슈워제네거는 1968년, 미국에 도착했을 때 예언을 했다. 영화스타가 되고, 수백만 달러를 벌어들이고, 매력적인 여성과 결혼하며, 정치가가 될 것이라고 말이다. 하지만 젊은 아널드의 과거는 그런 꿈과는 반대로 여러 가지 문제들이 무겁게 쌓여 있었다. 그는 오스트리아인 보디빌더이고 돈도 부족하고 영어도 짧았다. 그렇지만 그는 자신의 미래에 어떻게 접근할 것인지 결정하는 데 남들의 반응에 의존하지 않았다. 당신이 무엇으로 생각하든지간에 자신감 있는 생각을 하는 사람으로서 그의 명민함을 부정하기는 힘들 것이다.

자신감은 버튼만 누르면
얻어지는 것이 아니다

자신감에 대한 강의를 한 뒤에, 나는 반드시 누군가로부터 이런 전화나 이메일을 받는다. "어제 그 자신감을 시도해보았어요. 그런데 아무 소용이 없네요." 그들은 내 말대로 시험을 보기 위해 20분 일찍 나타났고, '자신감을 가지고' 교실에 앉았다. 그리고 시험을 망쳤다. 그들은 농구 코트에 서서 슛을 성공하는 것처럼 자신감을 가지도록 애썼지만, 공은 들어가지 않았다. 또 중요한 회의나 판매가 있어서 자신감을 가졌는데, 아무 성과가 없었다. 그들은 분명 내 강의를 주의 깊게 듣지 않았을 것이다.

자신감과 성공 사이에는 보증된 일대일 관계가 없다. 만약 당신이 자신감 있게 생각을 할 때마다 득점을 하고 성공한다면 모든 이들이 넘치는 자신감으로 충만해 있을 것이다. 마치 음료수 자판기처럼, 자신감이라는 버튼을 누르면 성공이 나와 손에 잡힐 것으로 생각하지 마라. 긴 여정과 역경에도 불구하고 자신감 있는 생각에 충실한 것은 자신감 자체의 순수성이다.

자신감은 물리적 기술을
변화시키지 않는다

정확한 기술과 적절한 훈련을 갖추지 않는다면, 당신은 아무리 자신감 있게 생각할지라도, 자신의 분야에서 이름을 떨칠 가능성이 없다. 자신감은 훈련하지 않은 5년의 공백 기간이나 사업 경험의 부족을 갑자기 보충해주지 않는다. 현명한 사업가는 좋은 사업 계획과 나쁜 사업 계획 사이의 차이를 알고 있다. 이사회가 루 거스너에게 IBM의 경영을 끊임없이 권유한 이유는 그가 '개혁 주도자'로서 충분한 자질과 능력을 지녔기 때문이었다. 거스너는 자신이 일을 훌륭하게 해낼 수 있다는 자신감이 있었기 때문에 그 일을 받아들였다. 하지만 자신감은 준비를 대신하지 못한다. 오히려 정반대라고 할 수 있다. 자신감은 당신의 지식을 향상시키고 기술을 확대하는 신념과 추진력, 성과가 나타나지 않는 동안에도 열심히 일하며 수년을 보낼 수 있는 진취성을 갖게 해준다.

자신감은 '자존감 세우기'에 대한 것이 아니다

자기 자신을 믿는 것은 중요하지만 그것은 현재나 미래의 어떤 특정한 것에 근거할 때 바람직하다. 어느 초등학교에서는 아이들에게 모두 훌륭하다고 말함으로써 '자존감 세워주기' 운동을 했지만 아이들이 그것을 쉽게 받아들이지 않는다는 것이 문제였다. 아이들이 읽기를 못하거나 수학문제를 풀 수 없을 때, 교사가 아이를 칭찬하며 똑똑하다고 아무리 많이 말해주더라도, 스스로 자신이 엉망이라는 것을 안다. 게다가 아이들은 선생님이 어떤 부분에서 거짓말을 한다는 것을 알면, 항상 자신이 거짓말을 듣고 있다고 생각하게 된다. 교사는 신뢰를 잃고, 아이들은 선생님의 말에 귀를 기울이지 않는다. 더욱 안 좋은 것은, 선생님이 진실을 숨기기 위해 거짓말을 한다고 아이들이 생각할지 모른다는 것이다. 그리고 어떤 아이가 '자존감' 메시지를 받아들였다고 해도, 그것은 진정한 자신감이 아닌 '의존적 자신감'이 될 것이다.

자신감은 '허위 자신감'과 다르다

허위 자신감은 자신이 그렇지 않다는 것을 잘 알고 있으면서도 스스로에게 훌륭하다고 말하는 것이다. 비싼 옷을 걸치고 약간 으쓱거리면, 당신은 인사 관리자에게 인정받을 수도 있을 것이다. 그러나 기술이나 경험이 부족하다면, 당신은 그 일에 적합한 사람이 아닐 것이고 스스로가 이미 그것을 안다. 그 내면은 '낮은' 자신감의 주요인이다. 당신은 부자라는 말로 스스로에게 긍정적인 확언을 해줄 수 있지만, 실제 은행 계좌는 텅텅 비어 있다면, 내면은 이렇게 반응할 것이다. "이건 도대체 뭐야!" 두뇌는 선생님이 더 이상 믿지 않는 아이들과 같은 방식으로 반응한다. 자신감은 외적인 사실과 해결책, 내적 재능, 잠재력, 행동, 방향감 등에 근거해야 한다.

자신감은 전략과 혼동되지 않아야 한다

스포츠 경기에서, 좋은 실력의 팀이 평범한 실력의 팀에게 질 경우에 코치는 이렇게 소리 지른다. "너무 자신만만했어!" 그들은 자신감을 전략으로 오해했을 것이다. 팀이 진 이유는 그들의 생각하는 방식 때문이 아닌 비효율적인 계획과 부족한 준비 때문이다. 더 좋은 기록과 더 많은 개인기를 가지고 있으므로, 경기 분석을 하지 않고 경기 전에 컨디션 조절이나 훈련을 하지 않은 것이다. 자신만만함이 결과에 타격을 준 것이 아니라, 준비태도가 그렇게 만든 것이다.

　자신감의 수준을 낮추는 것은 해결책이 되지 않는다. 만약 자신감까지 갖추지 않는다면 당신은 준비도 자신감도 없이 경기에 나서게 될 것이다. 훌륭한 제품을 가지고 훌륭한 생각을 하는 세일즈맨이 고객들에게 거부당하거나 거래를 날려버릴 경우에, 그의 자신감은 아무 잘못이 없다. 그의 판매 전략이 잘못 되었을 뿐이다. 재능 있는 젊은 변호사가 자신감 있게 간판을 내걸고 콧대 높은 고객을 쫓아다니고, 최고의 수수료를 청구하지만 소송에서 계속 진다면, 세상 사람들은 확실히 그를 외면하며 "지나친 자신감 탓에 유망한 앞날을 망쳐버렸어."라고 말할 것이다. 그러나 사람들의 말은 맞지 않다. 그의 사업 전략이 문제인 것이다. 그는 실무 경험을 쌓고 차근차근 천천히 성장할 필요가 있다. 그의 자신감 수준은 적절하다. 단지 그 자신감과 올바른 전략을 결합할 수만 있다면, 훌륭한 변호사가 될 것이다. 반면, 그가 계속 같은 전략을 고수하고 자신감을 점점 낮춘다면, 상황은 훨씬 더 악화될 것이다.

자신감은
오만이 아니다

　　　　너무 많은 열정이나 큰 꿈, 성공은 반드시 오만함을 가져온다고 믿는 사람들이 있다. 성공은 어떤 사람들을 심하게 속 태우고, 그들은 당신을 때려눕히기를 간절히 원한다. 오늘날은 아무도 드러내놓고 '거만한' 정치가를 좋아하지 않는다. 그러나 당신이 세상에서 가장 큰 일을 감당할 수 있다고 생각하는 데 필요한 힘과 자신감을 그려보라. 그것은 결코 오만이 아니다. 나는 자신감이 표출되는 방식이 인식과 취향의 문제라는 것을 알게 되었다.

당신이 자신감을 유지하고 싶다면, 그것을 주위 사람들이나 경쟁자와 공유하는 것이나 대중매체에 내보이는 방법을 선택할 수 있다. 톰 행크스는 전자를, 디온 샌더스는 후자를 선택했다. 마돈나는 공개적인 섹슈얼리티가 되고, 오프라는 모두의 어머니 역할을 한다. 그들은 모두 내면에 같은 수준의 자신감을 지니고 있다.

물론, 오만하다고 쉽게 오해받을 수 있을 것이다. 그러나 '사회적 오만'이라고 불리는 진짜 오만은 일반적으로 자신이 다른 사람들보다 우월하다고 생각하는 것이다. 자신감은 한 인간으로서 당신의 가치와 타인과의 비교와는 아무 관련이 없다.

이제까지 최고 성취자들의 정신이 어떻게 움직이는가에 대해 알아보았다. 내 연구와 경험에 의한다면 모든 대단한 경력은 동일한 사고방식이 작용한 결과다. 자신감, 달걀을 한 바구니에 모두 담는 헌신, 현실에 대한 자신의 의지와 동반할 수 있는 '비현실적인' 꿈, 압력이 커질수록 기술과 재능을 더욱 과시하는 것 등이 그것이다.

상황이 아주 좋지 않을 때, 최고의 성취자는 오히려 일을 덜하고 마음을 비우며 자신을 완전히 믿는다. 그것은 당신이 감탄하거나 부러워하는 모든 무한 성취자의 대열에 합류하기 위한 필수적인 것들이다.

이러한 내 조언을 들은 학생과 상담자들은 기대한 이상의 성취를 맛볼 준비가 되어 있다. 그들은 예외적인 생각을 해보기로 결심하며 자신이 계속 노력해야 한다는 것도 알고 있다. 어떤 이들은 자신감이 많지만 '과한 노동 윤리' 때문에 방해받거나 지나친 목표를 세우느라 그들의 실제 꿈은 무시해버렸을지도 모른다. 또 여전히 압박에 대한 신체의 자연적인 반응과 불안을 구분할 수 없다. 그들은 다른 사람들의 현미경을 통해 자신을 살펴보는 것을 중지하고 헌신해야 한다. 가장 큰 도전은 마음 내키는 대로 신뢰의 사고방식에 접근하는 것이다.

나를 찾아와 이렇게 말하는 사람도 있다. "본보기로 삼을 모델은 정했으니, 이제 내가 더욱 자신감 있고, 헌신적이고, 비현실적으로 신뢰하게 되는 법을 배울 수 있는 방법을 알려주세요." 그때 나는 이렇게 대답한다. "아니오, 나는 가르쳐줄 수 없습니다." 내가 이 책의 첫 페이지에서 말한 것을 명심하라. 나에게는 성공에 대한 비결이나 12단계 프로그램이 없다. '당신'이 그 일을 해야 한다. 나는 당신을 훌륭한 성취자의 정신세계로 데리고 갔다. 당신이 그들과 같은 세계에 합류하기를 원한다면, 그 패턴을 따르도록 자신의 정신을 새롭게 발전시켜라. 당신이 정말 예외적인 사고를 이해한다면, 당신은 비결을 전달받기만을 기다리지 않을 것이다. 진짜 유일한 비결은,

> 당신이 무엇을 하느냐가 아니라,
> 어떻게 하느냐이다

클라머와 러셀, 델과 브랜슨, 거스너와 더치를 당신 사고의 본보기로 삼고 그 사고를 실행하기 위해, 2부로 들어가자. 여러 가지 분야에서 재

능 있는 수많은 성취자들을 연구 대상으로 삼음으로써, 나는 예외적인 생각을 훨씬 더 효율적이고 효과적이며 재미있게 만드는 방법을 알아냈다. 당신은 낡은 습관을 깨고 새로운 것을 창조하는 과정에 있다. 기대이상의 성취는 바로 모퉁이만 돌아가면 있다.

PART TWO

당신도 무한성취자가 될 수 있다

Becoming an Overachiever

chapter 08

천문학적 액수가 걸린 계약도
'한 번에 하나씩'

Closing Billion-Dollar Deals 'One Pitch at a Time'

2003년 7월 6일, 세계 모든 스포츠를 통틀어 가장 험난하고 최고의 인내력을 필요로 하는 사이클 경기인 투르 드 프랑스 *Tour de France* 의 첫번째 구간에서, 서른 두 살의 미국인 타일러 해밀턴 *Tyler Hamilton* 은 시속 50km의 속도로 달리다 핸들 바 위 공중으로 솟아올랐는데 오른쪽 어깨가 도로에 부딪혀 쇄골 두 개가 골절되고 말았다.

쇄골 하나가 골절되면, 제 아무리 강인한 운동선수라도 6주는 병원신세를 질 만큼 타격이 크다. 쇄골은 깁스를 할 수 없는 부위로, 걸을 때나 고개를 돌릴 때마다 고통스럽다. 기침만 한 번 해도 그 고통에 기절할 정도다. 그러나 다음 날 어깨를 붕대로 단단히 싸매고, 앞으로 3,200km 이상 달려야 할 울퉁불퉁한 시골 길에 대비해 보호대를 세 겹이나 댄 자전거와 함께 출발선으로 조심스럽게 걸어오는 이가 있었으니 그가 바로 해밀턴이었다. 해밀턴은 그를 힘들게 하는 전날 있었던 사고를 깊이 생각하지 않았다. 경기 중에 당한 사고는 그의 모든 것을 좌우하지 못했다. 다시 펼쳐질 도로만이 해밀턴의 모든 것이었다. 또 그가 주장을 맡고 있는 팀은 두번째 구간의 시작을 앞두고 있었고, 그들에게는 주장이 필요했다.

경기 해설가들은 해밀턴의 용기에 전율을 느꼈고, 산악 구간에 이르기 전까지는 충분히 고통을 이겨낼 것이라고 장담했다. 경기가 시작되고 가파른 오르막길이 시작되는 구간에서, 22명의 건강한 선수들이 중도에 포기했지만 해밀턴은 계속 달렸다. 많은 경쟁자들이 조금씩 뒤쳐질 때 동료 선수 랜스 암스트롱 _Lance Armstrong_ 의 그늘에 가려 만년 2등이었던 해밀턴은, 투르 드 프랑스 5연승의 기대를 한 몸에 받고 있는 암스트롱마저 뒤로 따돌려 놓고 있었다. 그리고 2주 후 해밀턴은 무릎이 빠질 것 같은 197km, 914m 높이의 피레네 산맥을 통과하며 선수들을 제치고 혼자 죽을 힘을 다해 달리고 있는 자신을 발견했다. 놀랍게도, 해밀턴은 생애 처음 투르 드 프랑스 한 구간 우승을 차지하며 전체 6위에 랭크됐다.

혹자는 2002년 경기 때 산악구간에서 거짓으로 탈진한 척했던 랜스처럼, 해밀턴이 경쟁자들에게 혼란을 야기하려는 목적으로 부상을 가장한 것이 틀림없다고 비난했다. 상황이 이렇다 보니 팀 주치의가 억측을 잠재우기 위해 프랑스 TV에 출연해야만 했다. V자 모양의 두 군데 골절 부위를 선명히 보여주는 해밀턴의 쇄골 X레이와 함께 말이다. 해밀턴은 계속 박차를 가한 결과 우승자인 암스트롱에게 불과 6분 17초 뒤지는 기록으로 2003년 투르 드 프랑스 4위를 차지했다. 사람들은 이를 투르 드 프랑스 역사상 가장 용감한 업적이라고 불렀다. 해밀턴은 경기가 진행되는 동안 누군가를 감동시키려는 생각은 조금도 하지 않았다. 단지 통증을 참으려고 이를 너무 악문 나머지 나중에 치아 11개를 갈아 넣어야 할 정도였다. "난 그저 하루하루 견뎌냈을 뿐입니다."라고 해밀턴은 말했다.

이 점이 바로, 해밀턴에게서 배울 수 있는 가장 소중한 교훈이다. 그의 용기는 분명 경외심을 불러일으킬 만한 것이었지만, 목표를 초과 달성하고자 하는 이라면 그의 집중력을 배워야 한다. 24일 동안 내내, 타일러 해밀턴은 그때그때 자전거를 앞으로 나아가게 만들기 위해 할 일만 생각했다. 심리학자들의 말대로, 그는 '완전히 현재에 전념' 했던 것이다. 그 결과 끔찍한 고통 없이는 오른손으로 악수조차 할 수 없는 상태의 해밀턴은 일생의 역주를 완주했고, 투르 드 프랑스에서 우승한 선수도 그 앞에서 맥을 못 추게 만들었다.

환경을 무시하는 일은 너무나 힘들다는 사실을 알기에 많은 이들은 그만큼 강렬한 집중은 꿈도 꾸지 못한다. 자아를 의식하는 버릇이 현재에 전념하려는 욕구를 압도해버린다. 그들의 대뇌피질은 한순간도 휴식을 취하는 법이 없기 때문이다. 또 다른 다수는 혼란스러운 일상에서 진정한 집중의 방법은 해야 할 일을 딱 한 가지만 갖는 거라고 생각한다. 그런 사람들은 집중에 방해가 된다고 생각하는 장애물을 제거하며, 업무량을 줄이고, 스케줄을 비우려고 애쓰는 데 많은 시간을 허비하고 만다. 그러한 과정이 집중에 매우 큰 도움을 줄 무언가를 없애버릴 수도 있는데도 말이다.

역경 속에서도 성과를 이뤄내는 일이 매우 유익하고 멋진 것은, 그로 인해 집중력을 키울 수 있기 때문이다. 식중독으로 고생하느라 잠을 자지 못한 타이거 우즈는 다음날 아침 경기가 시작되어서도 탈진 상태였으나, 18홀의 코스를 다 마치고 그 날의 최고 라운드에서 65타를 쳤다! 또 다른 골퍼 최경주는 2002 탐파 베이 클래식*Tampa Bay Classic* 파이널 라운드 때 극심한 복통을 느꼈지만 잘 대처해냈다. 경기를 치르는 사이사이, 얼굴을 찡그리거나 배를 움켜쥐면서도 그는 7타 차이로 두 번째 PGA 투어 우승을 이뤄냈다. 그리고 다음날 맹장수술을 받으러 병원에 입원했다. "사실은, 경기를 시작할 때 약간 고통스럽고 불편한 느낌이 있었어요." 최경주가 한 말이다. "나는 그저 스스로에게 '그냥 한 홀 한 홀씩 버텨내자' 라고 말했을 뿐입니다."

신체의 이상은 비즈니스계에서 가장 뛰어난 성과를 거두는 사람의 집중력 또한 키우는 것으로 알려져 있다. 그들은 가장 중요한 협상이 예정된 날을 복통과 함께 시작한다. 하지만 일정을 재조정하게 되면 거래가 취소돼버릴지도 모르기에 그럴 여유는 없다. 결국 고통을 참고 불편한 몸을 이끌고 회의장까지 무거운 발걸음을 뗀다. 너무 아프기 때문에 아무것도 하고 싶지 않고, 그저 회의를 마친 뒤 아늑한 욕실이 있는 자신의 집으로 돌아가기만을 바란다. 그래서 세부 사항을 논의할 때도 열띤 공방은 생략한 채, 한 번에 하나씩 협상에서 가장 중요한 부분에 집중해서 계약을 끝낸다. 이것은 하버드 비즈니스 스쿨의 사례 연구에서는 절대 나오지 않을 법한 전략이지만 전무후무한 엄청난 효율성 덕분에 계약은 결국 체결되는데, 신체 이상이 집중력을 키워준 덕분이다.

당신도 이런 경험이 있을 것이다. 컨디션이 나쁠 때, 그것을 극복하는 유일한 길은 바로 그 순간에 해야 할 일에만 오롯이 정신을 집중하는 것이다. 물론 충분히 고통스런 상태이겠지만, 모든 주의력과 에너지를 하나의 일을 실행하는 데에 모아야 한다.

다행스럽게도 집중은 자발적인 행위라, 온전히 집중하기 위해 굳이 아프거나 다칠 필요는 없다. 그저 고통만큼이나 간결하고 흡수력 있는 수행에 가장 중요한 핵심 한 가지를 찾기만 하면 된다. 직접적이고 특별한 의미를 갖는 한 가지 말이다. 운동선수들이 "난 현재에 집중했어요."라고 말하는 것은 사실이다. 그 당시 하고 있던 일에 순간순간 온전히 정신을 쏟고 현재의 행위를 실행하는 것 외에는 아무 것도 신경 쓰지 않는다. 그들이 "마치 시간이 멈춘 것 같았죠."라거나 "관중들이 눈앞에서 사라졌어요."라고 말하는 것은, 자각이 가능한 모든 산만함이 제거된 정신상태를 설명한다. 이는 바로, 20세기 심리학의 개척자 중 한 사람인 하버드의 철학자 윌리엄 제임스*William James*가 '군중 속의 고독'이라고 불렀던 것으로, 수백 혹은 수천의 사람들 속에 둘러싸여도 여전히 자신만의 실행이 만들어내는 작은 세상에 집중할 수 있는 능력을 말한다.

인간의 생물학적인 면에서 볼 때 이러한 군중 속의 고독은 매우 이질적이라, 대부분의 사람들은 이런 경험을 '신비롭다'거나 '영적'인 것이라고 한다. 그러나 이것은 지극히 평범한 생물학적 현상이다. 문제는, 우리의 정신이 흐트러지지 않아야 그렇게 될 수 있다고 생각한다는 점이다. 나는 기업체 임원들로부터 이 말을 자주 듣는다. "마감이 코앞이고 모두들 나에게서 뭔가를 바라고 있는데, 어떻게 집중하면 좋을까?" 지금 뭔가에 집중한다는 것은 다른 일들을 미루는 것이 아니다. 그보다는 한 가지 일 – 가장 자각적이고 열중하게 만드는 일 – 에 매달리는 것이며, 모든 에너지를 그 하나에 쏟는 것이다. 앞서 소개된 해밀턴의 고통과 계약을 앞둔 사람의 불편한 신체에 대한 이야기는 극단적인 예다. 그러나 당신은 여러 분야에서 많은 일을 맡을 수 있고, 가장 단순하고 특별하며 즉각적인 일을 찾아 그것으로 집중력을 키울 수 있으며, 성취는 배가된다.

나는 책의 나머지 부분에서 운동선수나, 기업체 임원, 외교관들이 이것을 어떻게 실행하는지를 보여줄 것이다. 집중의 범위를 한정시켜 그 정도를 높이는 일은 매우 쉽기 때문에 아이들도 배울 수 있다. 그러나 먼저 해야 할 일이 있다.

'원인과 결과'를 잊어라

현재에 사는 법을 배우는 일은 앞서 언급된 '수행과 결과는 별개'라는 원칙을 이해하지 않고서는 불가능하다.

우리가 하는 모든 일에는 반드시 결과가 따른다는 생각만큼 확실하게 자리 잡은 사실도 없다. 모든 수행에는 성공 아니면 실패, 이익 아니면 손해라는 결과가 따라 다닌다. 만약 위와 다른 생각을 한다면 그것은 모든 논리와 물리학에 대한 일반적인 상식에 위배되는 일이다. 그러나 남과 다른 생각을 하는 사람은 논리적인 것에 관심을 두지 않으며, 높은 수준의 성취를 이룬다는 것은, 모든 행동이 만들어내는 결과에 관심을 쏟지 않음을 의미한다. 각각의 실행 단계를 다음 단계와는 다른 것으로 취급하는 것은 '현재에 전념하기'를 정의할 수 있는 또 다른 개념 중 하나이다.

주어진 실행을 이렇게 많은 단계로 일일이 나누는 일은, 골프나 야구처럼 어느 한순간 눈에 띄는 행동이 표출되는 스포츠를 생각해볼 때보다 쉽게 이해될 것이다. 코치와 스포츠 심리학자들은 투수에게 '한 번에 하나의 투구'만 하라고 주문한다. 우리는 골퍼들에게 '한 번에 하나의 샷만 날리라'고 지시한다. 그런데 정말 한 번의 투구와 샷이 이어지는 투구와 샷에 영향을 미치지 않을까? 대답은 예와 아니오 둘 다이다. 대부분의 골퍼들이 하나의 샷을 망치면 다음 샷을 칠 때도 심리적으로 영향을 받는 것이 사실이다. 샷을 망쳐버리면 선수들은 자신감을 잃거나 게임에 임하는 즐거움이 사라지기 쉽다. 그런 잘못된 샷은 총득점에까지 영향을 미칠 수 있다.

그러나 샷이 잘못되었다고 꼭 좋지 않은 결과가 나와야 하는 것은 아니다. 골프를 하거나 관전하는 사람이라면 누구나 깊숙한 러프에서 멋지게 공을 처내는 일도 가능하다는 사실을 알고 있다. 잘못 날려진 샷도 두번째 실책으로 연결될 가능성만큼이나 훌륭한 샷으로 연결될 가능성이 얼마든지 있다. 만약 당신이 지금 상황에 전념하지 않고 있다면, 홀에 공을 넣으려다 실패한 예전의 기억들이 떠오른다거나, 아무리 애를 써도 공을 처내지 못할 것 같은 생각이 갑자기 든다거나, 공을 그린 위로 날려버릴 지도 모른다는 불안한 예감에 사로잡히게 된다. 신경이 곤두서면서 경기 내내 제 실력을 발휘하지 못하고 몸을 사린다.

이러한 사실은 아무리 강조해도 지나치지 않다. 위대한 선수는 가망성 대신 가능성을 생각한다. 그들은 발 바로 앞에 놓인 공을 얼마든지 잘 스윙 할 수 있음을 안다. 그들은 지나간, 혹은 앞으로의 샷을 걱정하지 않고 바로 앞의 샷에만 집중하며 마음껏 플레이를 펼친다. 그리고 자신의 훌륭하고 멋진 샷 하나에 나쁜 샷의 기억을 묻어버린다. 전설적인 골퍼 벤 호건*Ben Hogan*은 라운드의 시작이 형편없을 때 이렇게 말하곤 했다. "뭐, 그래서 홀이 18개가 아니겠어요." 뛰어난 선수들은 총득점을 구성하는 각 구간을 분리해서 생각한다. 그들만이 '한 번에 한 샷'을 칠 수 있다. 만약 70타를 친 선수가 있다면, 그는 각각의 샷을 70번 치거나, 70개의 각각 다른 게임을 치른 셈이 되는 것이다.

그것이 현재의 틀 안에서 목표를 달성해내기 위한 두번째 비결이다. 결과를 실행과 분리하기, 그리고 일을 이루고 있는 각각의 구성요소 안에서 독립적으로 일하기.

하나의 공도
절대 포기하지 않는다

결과를 실행과 분리하는 것이라면 피트 로즈 *Pete Rose*보다 뛰어난 사람은 없다. 화려했지만 막바지에는 물의를 일으켰던 그의 야구 인생에서 피트는 명예의 전당에 오를 만한 기록들을 수립했다. 세 번의 내셔널 리그 타격왕, 정규 시즌과 월드 시리즈에서의 MVP, 현대 내셔널 리그에서 세운 44게임 연속 안타, 10시즌 동안 200개 이상의 안타, 총 4,256개의 안타. 야구 역사상 '가장'이라는 수식어가 가장 많이 붙은 인물이다. 야구팬이라면 1989년에 로즈가 도박혐의로 야구계에서 영구 추방되었기 때문에 명예의 전당에 입성하지 못한 사실을 알 것이다. 물론 상습적인 도박꾼인 피트 로즈처럼 인생을 살라고는 말하지 못하지만, 필드에 섰을 때의 그의 생각에서는 분명히 배울 게 많을 것이다.

엘리트 선수들의 정신 관리에 대한 박사 논문을 쓰면서, 나는 타격할 때의 심리에 대해 로즈와 이틀에 걸쳐 대화를 나눴다. 그 결과 나는 피트 로즈만큼 정신상태의 중요성을 잘 깨달은 이는 없음을 알게 되었다.

로즈는 "큰 경기에 임하는 대부분의 선수는 어떤 경기든 간에 거기에 있을 만한 능력이 있는 사람이기 때문에 정신으로 게임을 해야 합니다.

그렇게 하지 않으면 성공할 수가 없죠."라고 말했다. "그렇기 때문에 정신이 강한 사람이 나오는 겁니다." 그의 말이 이어졌다. "강한 정신력이 아니었더라면 난 성공한 선수가 되지 못했을 겁니다." 신체적 조건만으로는 타고난 장점이 없는 로즈는 필드에 섰을 때 강한 집중력으로 자신의 신체적 약점을 보완했다. 그는 포볼로 걸어 나가야 할 때조차도 1루까지 뛰었으며 머리부터 닿는 슬라이드를 최초로 시도한 선수였다. 명예의 전당에 오른 양키즈 투수 화이티 포드 *Whitey Ford*는 남다른 경기 스타일을 가진 그에게 '찰리 허슬(Charlie Hustle ; 사소한 플레이 하나에도 혼신의 정열을 다하는 허슬 플레이를 하는 데서 나온 말 – 옮긴이 주)' 이란 별명을 붙여줬다.

나는 로즈와의 인터뷰를 요약한 원고를 정기적으로 사람들에게 나눠주었다. 나는 그들이 로즈와의 인터뷰를 함께 했으면 싶었다. 파자마 차림으로 가죽소파에 앉아 있을 때도 그는 월드 시리즈 타격에 나섰을 때와 마찬가지로 내 질문에 집중해주었으며, 순간에 전념하는 그만의 자세로 대답해주었다. "내 선수생활을 통틀어 말이죠." 로즈가 자신감에 넘치는 태도로 말하기 시작했다.

"나는 하나의 공도 절대로 포기하는 법이 없는 유일한 선수였죠." 자신이 세운 모든 기록 중에서 로즈가 가장 소중하게 여기는 것은 바로 이것이다. 물론, 그 기록을 유지할 수 있는 사람은 아무도 없으며 이는 로즈가 그만의 세계에서 남다른 사고를 하는 사람이었음을 유일하게 입증하는 것이다.

'하나의 공도 절대로 포기하지 않는다' 는 것은 무슨 말인가? 개인 생활이야 어떻든 간에 타자 피트 로즈는 항상 생애 마지막 공인 것처럼 그에게 던져진 모든 공에 집중했다. 피트 앞에서 시간은 정지했다. 그에게 다가오고 있는 공보다 더 중요한 것은 없었다. 그는 투수를 보던 눈을 감고 공의 가죽과 바늘땀의 이미지로 머리를 가득 채워 다른 생각은 끼어들지 못하게 만들었다. 그의 말대로 하나의 공을 두고 '전쟁에 임하는' 사람들은 피트와 상대 투수뿐이었다.

타석에 선 피트는 집중의 대가였다. 아무 것도 그의 집중을 방해할 수 없었다. 1979년, 필라델피아 필리즈 *Philadelphia Phillies* 로 트레이드된 직후, 경기 전 탈의실에 있던 로즈에게 낯선 사람이 다가왔다. 유니폼을 입고 앉아 있던 그는, 그 사람이 이혼서류를 내밀기 전까지 "어떻게 오셨습니까?"라는 말조차 꺼내지 않았다. 피트는 그 서류들을 락커에 그대로 쑤셔 넣고 등판한 후 네 번 타석에 서서 네 개의 안타를 뽑아냈다. 그는 이후 29타석에서 22안타를 달성하며 이 날의 업적을 이었다. 이혼과 친자확인 소송, 필리즈에서의 첫 해는 로즈에게 개인적인 문제들로 얼룩진 해였다. 그러나 필드에서는, 208개의 안타에 3할 3푼 1리의 타율, 2루타 40개에 32개에 불과한 삼진, 누구도 막을 자 없는 4할 1푼 8리의 도루 등 변함없이 눈부신 실력을 과시했다. 그의 새 동료들은 그저 아무렇지 않게 경기를 치러내는 로즈가 경이로울 뿐이었다. 그는 어떻게 그럴 수 있었을까?

"글쎄요." 로즈가 고민을 하더니 내게 이유를 설명했다.

"이혼을 당한 뒤, 4타석 무안타를 기록할 수도 있겠지만 4타석 4안타도 기록할 수 있는 거죠. 나는 후자를 택한 거구요."

이것이 바로 피트 로즈가 야구를 하는 동안 타자로서의 그의 직업에 접근한 방식이다. 실제로, 그것은 직업 이상의 것이었다. 로즈에게 공을 치는 일은 '전쟁'이었고 야구에 임하는 자세는 '넌 날 당해내지 못할 거야'

와 같았다. 그는 경기 시작 전과 시즌이 진행되는 동안, 투수들이 속구나 커브, 슬라이더를 던질 때 팔이 어떻게 움직이는지에 주목하면서 그들의 동작을 연구했다. 그리고 타석에 있는 시간을 투구 하나하나로 일일이 나눴다. 파울을 치면 타석에서 물러난 후 전략을 확인한 뒤, 다음 타격에 집중했다. 타자와 투수 간에 벌어지는 전쟁에서 이길 확률을 높이기 위해 그는 특정 투수를 정해서 그에 대해 어떻게 대비할지를 생각해보는 습관을 길렀다. 그러나 일단 타석에 선 그는 집중력만으로 철저히 무장한 채 전장의 한 중간에 서 있었다.

이와 같이 자기암시적인 고도의 집중은 크고 작은 일에 모두 적용이 가능하다. 최근 들어서 나는 여러 의과대학의 의사들과 일할 기회가 많았다. 그럴 때마다 의사들에게 피트 로즈가 타석에 설 때의 사고방식에 대해 설명하면, 그들은 자신의 사고방식과 연관지은 뒤, 어떻게 적용할 것인지 즉시 이해했다.

불안해하는
심장 주치의

중요한 경기에 출전했을 때 당신의 기량을 유감없이 보여주는 일은 감동적이지만, 환자의 생명을 책임지고 있는 경우라면 어떤 느낌일지 한번 상상해보라. 쉽게 상상할 수 없는 의사들의 압박감 해결에 대한 이야기 중 내가 가장 좋아하는 것은 버지니아 의과대학의 심장 전문의인 커트 트리블*Kurt Tribble* 박사의 이야기다. 운이 좋게도, 커트는 경력 초기에 매 순간 집중하는 법을 배웠다.

커트는 매우 의욕적인 학생이었다. 의과대학 재학시절뿐만 아니라 전문의 수련 기간 동안, 그는 경험이 풍부한 대학병원 의사들 밑에서 많은 것을 배우고 익혔다. 또한 뛰어난 총명함과 열정으로 최고의 외과 수술팀에서 일할 것을 제의받았다. 그는 전국에서 손꼽히는 의사들로부터 개인지도를 받았고 버지니아 대학에 정식으로 자리를 잡으면서 그의 야망은 결실을 맺었다. 그러나 정식 의사가 된 커트는 전문의 기간 내내 선배 의사들로부터 더 이상의 지시와 가르침을 받을 수 없었다. 동시에 하급직 의사로서 경험 없는 의과대학생과 풋내기 간호사를 맡아서 교육해야 했다.

예전처럼 성공적인 결과를 보장하는, 옆에서 살펴봐주는 선배 의사 하나 없이 스스로 모든 것을 처리해야 하는 첫번째 심장수술을 앞두고 커트는 두말할 것도 없이 초조했다.

심도자실(혈관형성수술을 시행하는 곳 – 옮긴이 주)에서 올라온 환자가 동맥이 막힌 채 혈압이 내려가고 있는, 극도로 위중한 상태임이 밝혀졌을 때 커트의 압박감은 최고조에 달했다.

"그 환자는 복도에서부터 심장발작을 일으켰고 바로 그때부터 죽어가고 있었던 겁니다." 커트는 당시 환자 상태를 회상하며 말했다.

시간은 계속 흘러가고 수술팀은 환자를 수술실로 옮긴 후 최대한 빨리 수술을 시작할 수 있도록 준비에 들어갔다. 매우 당황한 커트는 혼자 중얼거렸다. "난 제대로 해내고 싶어."

그러나 '결과에 대한 당시의 불안함'이 떠나지 않는 나머지, 그는 오랜 세월이 지난 뒤 나에게 그 이야기를 들려줄 때도 그날의 상황을 뚜렷하게 기억하는 것 같았다.

불안한 마음의 커트와 수술팀이 수술실로 향하고 있을 때, 동료 의사가 커트의 팔을 붙잡았다.

"잊은 게 있는데 이 환자는 이번에 새로 임명된 시장이라네, 수술이 끝나면 자네와 인터뷰할 신문이나 방송국 사람들이 많을 거야."

그의 말은 신출내기 외과의사가 듣고 싶은 말이 아니었다. 시장은 바로 저기 수술대 위에서 죽어가고 있는데, 사람들은 결과를 알기 위해 바깥에서 기다리고 있다니! 커트에 의하면, 수술팀은 그 상황에서 벗어날 최선의 방법을 강구할 시간과 기회조차 없었다고 한다. 눈앞에 처치를 기다리는 심장이 있었고, 서둘러야 했다. 그리고 다행히도 커트는 결과를 통제하려고 하면 수술을 잘할 수 없다는 사실을 재빨리 알아차렸다. 절개하고 봉합하는 것이 지금의 그에게는 우선이었다. 커트는 특정 결과를 억지로 이끌어 내거나, 지금 하고 있는 일의 결과를 검토하기 위해 수술의 중단을 감행하지 않았다. 대신 그는 수련 기간 동안 갈고 닦아 온 자신의 직관에 모든 것을 건 채 손은 일에 집중하도록 하고 그 외의 다른 일들은 다음에 처리하기로 결정을 내렸다.

다행히 시장은 수술이 끝난 뒤, 완전한 회복세를 보이며 다시 활기를 찾았다. "나는 그날, 지금까지 나를 지탱해주는 몇 가지 교훈을 얻게 되었지요."라며 커트는 회상한다. 어떤 업무에 종사하든 젊은 시절에 커트가 알게 된 것들을 마음에 새겨두면 유익할 것이다. 첫번째, 커트는 현재의 자기 자신을 벗어나지 않아야 한다는 것을 배웠다. 달인은 무엇이 문제이든 간에 그 순간의 활동에 전념한다. 두번째, 커트는 결과가 무엇이든 그냥 내버려두는 게 중요하다는 것을 깨달았다. 뭔가를 얻고 잃는 것이 중요하든 그렇지 않든 간에 우리는 그 이익과 손해를 통제하려 애쓸 필요는 없다. 심장외과의사들은, '바늘을 잘 꿰매야지' 라고 생각할 때마다 잘못 꿰매기 십상이라는 말을 잘 한다. 시장을 수술하는 동안 커트는, 정말 훌륭한 정신을 가진 외과의라면 심장 수술도 다른 사람에게 열쇠를 던져주는 아주 쉬운 일과 달라서는 안 된다는 사실을 깨달았다. 즉, 행동은 자유롭고 반복적이며 몰입해야 하고 열중해야 한다.

세번째는 현실과 현재의 상황에서 생각하는 것에 대한 통찰이다. 이전의 경험이나 연습이 많건 부족하건 간에, 실행이 필요한 바로 그때의 기술 수준이 어떠하건 간에, 자신을 판단하는 무엇도 그 순간에는 버려야 한다는 것이다.

비즈니스에서의
집중력

확실히, 인생에서 비즈니스 거래보다 결과지향적인 행위는 없는 듯하다. 대부분의 사업가들은 성공의 척도를 손익계산서라고 주장한다. 미국이라는 조직의 바탕을 이루고 있는 것은 '손익' 에 대한 관심이다. 게다가 경영진과 직원들은 그날그날 주어지는 과업까지 완수해야만 한다. 그들은 빠듯한 시간과 함께 각각 다른 목표를 가지고 매우 다른 역할을 해낼 것을 끊임없이 요구당하고 있다. 비즈니스계는 기술과 정확성, 효율성, 능률을 겸비한 사람들을 요한다. 그리고 우리가 알다시피 집중을 방해하는 것으로는, 결과를 걱정하고 일거리를 한꺼번에 쌓아놓거나 과거나 미래에 집착하는 태도보다 더한 건 없다. 현재에 바탕을 두고 살아가는 사고방식을 터득하는 것은 비즈니스 성공을 위해서는 더할 나위 없는 훌륭한 수단이 될 수 있다.

내 친구 밥 맥네어*Bob McNair*는 NFL 팀인 텍슨스를 휴스턴으로 옮겨 올 권리를 사려고 7억 5천만 달러를 썼고, 최첨단의 릴라이언트 스타디움 *Reliant Stadium*을 3억 2천 5백만 달러를 들여 지었으며, 리그 참가 2년 만에 NFL을 설득하여 릴라이언트 스타디움에 슈퍼볼을 유치한 갑부다. 그는 어떻게 쉽지 않은 그 많은 일들을 해냈을까? 밥은 종종 뛰어난 대인관계 기술로 칭찬받는다. 그를 만난 사람들이 놀라게 되는 이유는 바로 이러한 것에 있다. "그의 책상에는 다른 누구보다도 많은 일거리가 쌓여 있고, 그의 주목을 받으려는 사람들이 주변에 끊이지 않지만, 내가 하는 모든 말을 귀담아 들어주더군요." 밥의 비결은 일을 위해 자리를 잡고 앉으면, 바로 앞에 앉아 있는 사람에게만 주의를 쏟으면서 한 번에 하나의 프로젝트에만 집중하는 것에 있다. 그는 한꺼번에 여러 일을 처리하는 데 전혀 익숙하지 않다고 고백하지만, 직접 만나든 전화통화를 하든 누군가와 이야기할 때면 상대방에 대해 모든 것을 알기 원한다. 그러한 온전한 집중이 현재의 그를 만들었고, 바로 그 점 때문에 수십억 달러의 거래를 성공적으로 성사시킬 수 있는 것이다.

어떤 비즈니스에 종사하든 일을 작은 단위로 나누는 것은 집중력을 강화하는 효율적인 방법이다. 당신은 투르 드 프랑스의 참가자도, 프로 골퍼도 아니며 10억 달러에 달하는 NFL 프랜차이즈 권을 갖고 있지도 않다. 만약 당신이 기업체 임원이라면, 다음 단계로 넘어가기 위해 지금 당장 해야 할 일을 생각해야만 하며 세일즈에 종사하고 있다면, 상품이 가진 가장 큰 장점에 모든 의식과 감각을 쏟아부어야 한다. 삶에 일어나는 일과는 상관없이 당장의 과업에만 초점을 맞추고, 마치 그것이 오늘 해야 할 유일한 일인 것처럼 각각의 세일즈에 명확한 승부수를 던지자. 만약 기업체 임원이라면, 휴대전화와 PDA를 끄고 체크리스트와 회사달력을 멀리 치워버린 뒤, 책상 맞은편에 앉은 사람에게 당신의 주의를 집중시키도록 한다. 그리고 당신의 일이 무엇이든, 노력에 대한 결과에는 신경 쓰지 말라. 수행하고 있는 일 자체를 위한 전략 집행에만 신경 써라. 하고 있는 모든 업무를 각각 별개의 일로 취급하라.

예를 들자면, 특정 시간에 영업사원들은 업무를 수행하거나 판매활동을 하고, 다른 시간에는 영업준비를 하거나 고객방문 내역을 평가한다. 뛰어난 영업사원은 고객의 반응에 주의를 기울이지만 한가롭고 느긋하게 보인다. 그런 사람은 항상 상호반응과 관계맺기에 신경을 쏟되 영업결과에는 절대 신경 쓰지 않는다. 다른 영역에서 일하는 사람들과 마찬가지로, 영업사원들은 형편없는 실적에 좌절하기도 하고 퇴짜를 맞고 자신감을 잃기도 한다. 그런 기분이 다음 미팅까지 그대로 이어지기도 하는데, 결과는 옳지 않은 집중과 평균이하의 업무수행으로 나타난다. 유사한 예로, 어떤 기업체의 임원은 직원들 앞에서는 화를 내며 호통치다가 CEO나 이사회와의 중요한 회의에 들어가서는 침착하게 그 건과 관련된 이유와 결과를 정리할지도 모른다. 과거의 부진을 '벌충'하려 노력하고 미래를 위해 전략을 준비하면서 그는 자신의 입지를 굳힐 것이다. 미국 역사상 최초의 여성 국무장관이었던 매들린 올브라이트 *Madeleine Albright*는 회고록 《마담 세크리터리 *Madame Secretary*》에서, 매일 작성한 '해야 할 목록' 중 하나를 공개했다.

① 헬름스 *Helms* 상원의원과 통화, ② 후세인 *Hussein* 과 통화, ③ 무사 *Moussa* 외무장관과 통화, ④ 의회 일정과 관련된 기타 통화, ⑤ 중국회담 준비, ⑥ 무지방 요구르트 구입

올브라이트 장관이 헬름스 상원의원과 이야기할 때와 후세인과 통화할 때 같은 마음가짐이었다고는 생각할 수 없을 것이다. 그리고 중국과 회담을 가진 후의 그녀의 마음은 무지방 요구르트를 샀던 상점에서 느낀 그것과는 달랐을 것이다. 그 책에는 그녀가 안보담당 보좌관과 '치열한 전투'를 벌이다가도 집에 와서는 손자들에게 줄 두 개의 모자를 짰다는 일화가 소개된다. 그녀가 어떤 식으로 각각 판이한 성격의 하루 업무를 솜씨 있게 구분하고 처리했는지는 구체적으로 설명하지 않았지만, 아내로서 엄마로서 대학교수로서 그리고 외교관으로 각각의 업무들을 명확하게 처리하고 그 와중에 시간을 내어 자신을 추스르고 재정비하며, '현재에 전념'하는 훈련을 위해 오랜 세월 열심히 일해야 했다는 사실은 짐작이 가능하다.

당신도 바쁜 일상생활 속에서 종종 이런 종류의 전적인 몰입을 경험해 보았을 것이다. 성공적인 업적을 이루기 위한 핵심은 자유자재로 업무를 조절할 수 있는 능력에 있다. 이것은 전혀 어렵지 않다. 특정 업무를 작은 단위로 쪼개어 집중력을 배가함으로써 현재에 전념하기만 하면 된다. 이런 방법은 배우기도 너무나 쉬워서 심각한 주의력 결핍증세가 있는 어린 아이들도 익힐 수 있다.

집중하지 못한 것에
집중하기

미국 육상대표팀의 일원이며 10km 경보 부문에서 상위권 순위에 오른 적이 있는 메리 커크 커닝햄*Mary Kirk Cunningham*은 전직 교사였다. 1996년 애틀랜타 올림픽에 출전하기 전, 그녀는 알링턴 공립학교 3학년 학생들을 가르쳤다. 그녀의 가장 큰 고민 중 하나는 어떻게 하면 8~9세의 25명 말썽꾸러기 아이들로 이뤄진 한 반이 다양한 학교 활동에 집중할 수 있도록 하는가였다. 어느 부모라도 메리가 부딪쳐야 하는 그런 상황들에 대해서는 동정을 느낄 것이지만, 중증의 주의력 결핍, 과잉행동장애ADHD 진단을 받은 몇몇 아이들 때문에 사정은 훨씬 더 복잡해졌다. 학교생활은 현재에 집중해서 생각하는 것을 방해하는 갖가지 소동들로 가득하다. 따라서, 과잉행동장애 증세를 가진 아동에게 여러 가지 활동들로 이루어진 학교생활은 악몽이 될 수도 있다.

나는 1995년 버지니아 대학의 위성방송에서 2~3주간에 걸쳐 실시한 평생교육 및 경영자교육을 강의한 적이 있는데, 메리 커크가 이 강의를 듣게 되면서 그녀를 알게 되었다. 강의가 진행되던 어느 날 저녁에 그녀는 내게 경보팀의 올림픽 대표선수 선발시합 준비를 도와주지 않겠느냐는 요청을 해왔다. 나는 승낙했고, 경보팀과는 정기적으로 메리 커크와는 개인적으로 작업을 하기 시작했다. 그 일은 즐거웠고, 선수들의 기록에도 엄청난 진보가 있었다. 그렇지만 그보다 더욱 기분이 좋았던 때는 메리 커크가 꾸준히 경주에 집중하기 위해 실시한 정신조절훈련 덕분에, 그녀의 학생들이 집중력이 높아지고 표준고사 성적도 향상되었다는 사실을 내게 말했을 때였다. 실제로 많은 사람들은 이런 내 원칙을 자녀들에게 그대로 전수한다. "내가 사고방식을 바꾸는 훈련을 하는 동안, 딸아이가 그것을 따라서 익히더군요. 학교마다 모두 그걸 가르쳐야 돼요."라고 말한 사람도 있다.

그 중에서도 메리 커크는 가장 훌륭한 케이스다. 그녀는 교과학습부터 교사에게 가장 큰 시간낭비라고 느꼈던 일(수업이 끝나면 가방을 싸게 하고 집으로 데려다 줄 버스를 기다리는 일)에 이르기까지 ADHD 아동들이 다양한 학교활동에 집중할 수 있도록 돕는 갖가지 방안들을 마련하여 정말 열심히 노력했다.

"하루 종일 학교에 있던 아이들이 집에 갈 준비를 할 땐 그야말로 시끄럽죠. 애들 머리 속에는 10개도 넘는 생각들이 한꺼번에 왔다갔다해요." 성공적으로 집중하기 위해, 메리는 아이들에게 시험이라든가 친구들과의 갈등과 같은 학교 내에서의 고민거리에 대해 생각하게 한 뒤 그것을 해결하는 장면을 상상하도록 했다. 이는 아이들의 사고를 합리적으로 다듬었을 뿐만 아니라, 하나에만 주의를 기울여 문제를 해결하는 연습의 계기도 되었다.

버스를 기다릴 때면, 메리는 학생들에게 오늘 있었던 신나는 일 중에서 부모님에게 말씀드릴 만한 것들을 생각해보라고 했다.

"정말 효과가 그만이더라구요!" 그녀의 말이다. "급하게 뛰어나가는 일도, 소동도 없어졌어요. 집중할 만한 특별한 일이 생긴 아이들은 집에 가서 가족들에게 그 이야기를 들려줄 준비를 하는 거지요." 부모들은 즉각 변화를 감지했다. 아이들에게 그 날 학교에서 있었던 일을 말해달라고 하면 늘 "별일 없었어요."라고 대답하는 대신 준비해둔 말을 꺼냈고, 집에 와서는 그 말을 하고 싶어서 안달이었다. 이런 식으로 메리가 맡은 아이들은 '순간에 전념' 하기를 너무나 잘한 나머지 밀거나 소리 지르거나 문밖으로 달려 나가는 일이 더 이상 없게 되었다.

우리의 생활도 유치원생의 그것과 별반 다를 게 없다. 이 회의가 끝나면 정신없이 저 회의로 옮겨간다. 엔지니어는 컴퓨터 앞에서 실험실로,

그리고 다시 컴퓨터 앞으로 돌아간다. 부장은 부서의 직원들과 회의를 한 후 상사와 점심을 먹는다. 홍보나 마케팅 담당직원은 고객들과도 시간을 보내야 하고, 적당한 광고를 기획하는 데 그 이상의 시간을 써야 하며, 그보다 훨씬 많은 시간을 상관에게 결과를 보고하는 데 써야 하며 고객과 만나느라 스트레스 속에서 살아야 한다. 변호사는 소송 사건과 조서들을 연구하고, 법정 변론을 연습하며, 새로운 소송과 관련된 모든 전화상담을 처리해야 한다. 요즘 의사들은 환자의 생명유지는 물론 자신의 경력을 유지하는 노력에도 시간을 투자해야 한다.

바쁜 삶이 주는 자질구레하고 혼란스러운 일상 때문에 대부분의 사람들은 '중요한 것에 집중할 수 있는 시간을 내기 위해' 가능한 한 많은 일들을 줄이려고 애쓴다. 그럴 때는 사소한 것들을 제거하려 노력하는 데 너무 많은 시간을 낭비한 나머지 여전히 집중하지 못하거나, 해야 할 일에 대한 목록을 작성했다가 다시 쓰기를 반복하다 결국 그 엄청난 양 때문에 좌절만 하게 된다. 하지만 내가 추천하는 방법은 간단하다.

한 달이나 남은 빠듯한 스케줄의 프로젝트가 빨리 끝나기를 바라는 대신, 그 분주함을 포용해서 당신의 집중력을 키워라.

❝ 일을 재배치하지 말고
집중해야 할 대상을 재배치하라 ❞

나는 실제로 사람들에게 일거리를 오히려 더 많이 만들어내어 모든 일을 완전한 자신의 의지대로 완수함으로써 현재에 전념해볼 것을 권유해왔다. 그 대상은 주로 기사마감에 바쁜 신문기자들이었다. 바쁘고 시끄러운 공간에서 주어진 일을 끝내야만 하는 직업이라면, 우리의 뇌는 집중할 대상을 찾게 된다. 그러므로 극도의 집중을 요구하는 환경을 조성할 때가 좀더 현재에 몰입하기 쉽다. 나는 정신집중이 잘 안 되는 사람들에게 그렇게 해보라고 말한다. 몸 상태가 좋지 않아 병가를 내고 싶은 날이 있어도 그대로 직장에 나가 일하다 보면, 일에 몰입하기 시작하면서 자신을 잊어버리는 뇌의 능력 덕분에 아픈 것을 느끼지 못한다. 한 번에 하나의 일에만 집중하고 결과에 연연하지 않으면, 견디기 힘든 시간은 어느새 사라지게 된다. 불행이나 고통, 당신의 주의를 빼앗아가는 그 어떤 요인도 사라질 것이다. 더 중요한 사실은, 그렇게 하다보면 기량이 한 단계 상승한다는 것이다. 시간 지향적 집중의 개념인 '현재에 전념하기'를 설명하는 것은 자신이 목표한 것 이상을 이루도록 이끄는 길 중 하나이다. 그러나 공간적 개념의 집중 또한 그만큼 중요하다. 다음 장에서는 최고의 집중 뒤에 숨겨진 과학을 설명함과 동시에 성공이 이루어진 다음에는 무엇을 생각하느냐고 사람들이 물을 때, 당신이 유명한 운동선수들처럼 판에 박힌 말밖에 할 수 없게 되는 이유를 증명해보일 것이다.

chapter 09

표적을 거냥하라

Target Shooting

　　지난 4년 동안 나는 승승장구하고 있는 세계 최강의 라이스 *Rice* 테니스 팀에게 경기의 정신적인 질을 향상시키는 법을 조언해왔다. 그 방법은 집중력을 기르는 것으로 선수들이 현재의 순간에 전념할 수 있도록 돕는다. 나는 선수들에게 항상 공을 치기 전에 먼저 '표적'을 고르라고 말한다. 이에 대해 선수들은 혼란스럽다는 반응을 보인다. '표적'은 과녁의 한가운데를 명중해야 하는 양궁이나 사격, 골프나 라크로스(하키와 비슷한 구기 종목 - 옮긴이 주) 혹은 농구처럼 공을 던져서 어딘가로 넣는 경기에나 해당하는 것이라고 생각하기 때문이다. 그러나 테니스는 로브(lob ; 높고 느리게 보내는 공 - 옮긴이 주)나 드롭 샷(drop shot ; 공이 네트를 넘자마자 짧게 쳐내는 타법 - 옮긴이 주), 발리(volley ; 상대방이 친 공이 땅에 떨어지기 전에 쳐내는 타법 - 옮긴이 주) 등의 기술로 공을 치거나 다시 네트로 돌아오게 하는 것이 경기의 전부이다. 테니스는 표적을 맞추는 게 아니다. 네트 위로 포핸드나 백핸드로 공을 보내 상대 선수를 여기저기 이동하게 만들어 다시 되받아 칠 수 없는 샷을 보내는 것이다. 가장 단순하게 경기하려면 공을 코트 안, 네트 위로 왔다 갔다 보내기만 하면 되지만 테니스선수들의 문제는 바로 여기에 있다. 그들은 그저 공을 치기만 한다. 계속 힘차게 공을 칠지는 몰라도 특별한 곳을 노리지 않고 그냥 치기만 하는 것이다. 왼쪽, 오른쪽, 중간 아래, 베이스라인 안쪽, 혹은 네트 바로 위 등 기껏해야 코트의 어떤 장소만 염두에 둘 뿐이다. 그러나 마음으로 표적을 정하고 맞춘다면 훨씬 효과적이다. 테니스 코트의 정면은 넓은 공간이라는 사실을 우리는 잘 모른다. 하지만 그 점 때문에 테니스선수들은 훨씬 명확하게 무언가를 겨눌 수 있으며, 그렇게 할 때 그들의 경기는 향상된다.

이는 장거리 육상선수들에게도 해당된다. 1990년 중반, 나는 각 보폭에 초점을 맞추어 집중하기 시작한 마라톤선수 한 명과 작업했다. 그는 지금 밟고 있고 다음에 밟게 될 아스팔트와 발 아래로 휙휙 지나가는 길을 느끼면서 도로에 대해 생각했다. 그리고 시선을 왼쪽 발에서 오른쪽 발, 다시 왼쪽 발로 옮기고, 한 지점에서 다음 지점, 다시 그 다음 지점을 주시하면서 한 번에 한 걸음만 생각하곤 했다. 그렇게 달리는 동안 그의 마음에는 그 어떤 개념도 '표적'도 끼어들지 않았다. 그는 앞으로 달려야 할 힘든 언덕에 대해서 생각하지 않았고, 같이 뛰고 있는 선수들도 보지 않았으며, 자신이 몇 번째로 달리고 있는지도 생각하지 않았다. 그저 한 발 한 발 열심히 뛸 뿐이었다.

이렇게 몇 달 동안 표적 겨냥하기를 연습한 뒤, 그는 어느 날 자신이 마라톤에서 완주했는데도 아직 많은 에너지가 남아 있다는 사실을 깨닫게 되었다. 그는 매우 능률적인 사고를 하기 시작했기 때문에 가뿐히 다음 단계로 상승할 수 있었다. 과학적으로는 경주를 하는 동안 그의 뇌가 정신적으로 에너지를 덜 사용하여 근육에 더 많은 글루코스(glucose ; 포도당-옮긴이 주)와 산소를 남긴 것이 되었다.

테니스선수들은 힘의 변화를 분석하고 자신은 물론 상대편 전략까지 꼼꼼히 파악하느라 쉽게 지쳐버리고 마지막 세트가 되면 그야말로 녹초가 된다. 그래서 긴 시합에 임할 때 집중력을 끝까지 유지하기가 힘들다는 불평을 한다. 그때는 생각하는 대상을 좁히고 단순화하는 것이 좋다. 그들이 매 샷을 가능한 한 작고 정확한 지점에 맞추도록 노력한다면 뇌는 영양분을 독식하여 에너지 체계의 휴식을 빼앗는 일을 멈출 것이다.

하루 종일 책상에 앉아 있다 사무실을 떠날 때, 격렬한 경기를 치른 사람처럼 다리에 힘이 풀린 적이 있는가? 결코 육체적으로 힘든 일을 하지 않았는데도 몸이 어떻게 그리 피곤할 수 있을까? 이는 당신의 뇌가 너무 많은 정보를 처리한 나머지 근육에서 글리코겐, 아미노산, 산소를 빼내 겨우겨우 일을 마치기 때문이다. 사무실에 앉아서 일하는 것은 마라톤처럼 처음부터 끝까지 에너지를 소모하는 것이 아니다. 그렇기 때문에 당신이 좀더 집중도를 높여서 일한다면, 근육의 분해대사를 막을 수 있을 것이다. 좀더 나은 업무 실적을 올리면서 체육관에 가서 운동도 하고 아이들과 놀아주거나, 저녁시간을 즐길 수 있게 된다.

집중의 대상을 좁혀서 집중력을 높이는 가장 좋은 방법 중 하나는 표적을 겨냥하는 것이다. 물론, 표적을 정하는 것이 실제 어떤 장소를 맞히라는 뜻은 아니다. 비즈니스와 테니스에는 정확도를 말해주는 점수가 따로 없다. 그것은 바로, 생생하고 충만하게 마음을 채울 수 있는 열정이 필요하다는 뜻이다. 표적 겨냥은 목표를 응시한 횟수를 세거나 놓쳐버린 거리를 재는 게 아니다. 이는 우리를 공간 집중의 핵심 원리로 안내해주는 것이다.

> ❝ 표적 겨냥은 방아쇠를 당기기 전에
> 일어나는 일에 대한 것이다 ❞

이는 뭔가를 아주 무섭게 노려보라는 말이 아닌, 다른 것에 정신을 빼앗기는 일이 없도록 하라는 말이다. 또한 그것이 '정확한' 표적인지 적수가 당신이 겨냥하기를 원하는 표적인지를 따지는 데 시간을 보내라는 말도 아니다. 어떤 장소에 대한 지나친 걱정은 오히려 해야 할 일에 정신을 쏟지 못하게 만들 수도 있다.

그렇다면 내가 말하는 '표적을 선택하라'는 의미는 무엇일까? 말 그대로, 하나만을 선택하는 것이다. 당신의 눈이 가장 멋지고 상세하면서도 즉각적인 요소들을 고르게 한 다음 눈이 선택한 것에 반응하는 것이다. 예를 들어 무역업, 응급의학, 뉴스방송, 대부분의 군사임무처럼 판단과 행동이 빨라야 하는 직업에서는, 단시간 내에 선택되는 많은 표적이 있을 것이다. 이때 오직 당신의 상상력만이 표적을 발견하는 장소를 제한할 수 있다.

비즈니스

목표 정하기

표적의 비유인 목표는 비즈니스계에서 언제나 인용되는 진부한 표현으로, '지난 분기에 목표 수익을 달성했다'는 식으로 쓰인다. 대부분의 비즈니스맨에게 '목표'는 결과로서, 판매나 수익, 혹은 이익 면에서 지향하고 이루어야 하는 것을 뜻한다. 그러나 몇 번이나 강조했듯이 결과에 집중하는 것은 진정한 집중으로부터 멀어지는 것이다.

> 당신의 목표는 지금 하고 있는 일을
> 진행하는 과정의 핵심이어야만 한다

예를 든다면, 세일즈에서 목표는 판매가 아니라 판매로 이어질 만한 무언가이다. 대부분 당신은 목표를 미리 예상할 수 있는데, 그것은 특정 고객을 위한 판매 계획일 때가 많다. 생각해보자. 세일즈에 돌입하기 전에 당신이 아는 것은 무엇인가? 바로 당신이 완벽하게 숙지하게 될 상품이며 그것이 왜 이럴 때 좋고 왜 이런 고객에게 좋은가 하는 점일 것이다. 훌륭한 영업사원이라면, 고객을 만나기 전에 그에 대해 가능한 많은 연구를 할 것이다. 따라서 목표는 특정 고객에게 특정 상품을 팔기 위한 가장 효과적인 전략에 기반을 두어야지 훌륭한 영업사원이 된다는 식의 애매하고 막연한 개념이나, 악수를 잘한다거나 확신에 찬 걸음을 걷는다는 식의 일반적인 판매 접근법이 되어선 안 된다.

충분한 조사가 뒷받침된 핵심 목표를 정했으면, 주저하지 말고 그것을 실행에 옮겨라. 만약 전략에 대해 두 번 세 번 생각하기 시작하고 결국 다른 전략으로 바꿔버린다면, 이는 마음의 눈이 목표로부터 멀어진 것이라고 할 수 있다. 그러한 확신의 부재와 집중의 결핍은 나쁜 전략보다 더 많은 대가를 치를 수도 있다. 이번 판매의 결과나 이전 판매의 결과에 대해서도 생각해선 안 된다. 이미 세운 전략을 평가하거나 이전에 고객을 방문했던 기억을 되살리려는 뇌의 자연스러운 기능에 제동을 걸기 위해서는, 명확하고 뚜렷한 목표를 세워야 한다. 그리고 그 목표에 대해 단호해져야 한다.

세일즈는 골프의 퍼팅과 매우 비슷하다. 퍼팅할 때는 먼저 공과 홀 사이의 퍼팅 라인을 살핀다. 그런 다음 필드의 표면이나 경사의 상태를 살펴 공의 속도와 공을 쳐야 하는 힘의 강도를 결정한다. 이렇게 골퍼가 여러 변수들을 생각한 뒤, 장소를 선택하여 목표 지점을 향해 공을 퍼팅하는 것이다. 이때 목표는 컵 바닥이 아님을 주목해야 한다. 목표 지점을 보고 마음에 내면화시킨 뒤, 공을 컵에 넣는 생각이나 스코어, 과거나 미래의 퍼팅에 대한 생각 대신 그 목표가 마음을 지배하도록 한다. 그리고 바로 퍼팅해야 한다. 프로 골퍼는 퍼팅을 놓쳐도 "난 퍼팅을 못해."라고 말하는 대신 "목표 지점을 잘못 골랐어."라고 말한다. 마찬가지로, 세일즈에서도 일단 판매 전략를 생각해냈으면 그 전략을 끝까지 추구하고 철저하게 몰입함으로써 당신의 모든 의식과 감각이 만반의 태세를 갖추도록 한다. 만약 매우 명확한 목표를 정하게 된 당신이 최선을 다해 판매 활동을 했음에도 불구하고 실패했다면 이는 당신이 형편없는 세일즈맨이라서가 아니다. 당신은 필요할거라고 예상한 모든 것을 했고 그 과정을 사랑했다. 단지 목표를 잘못 세웠을 뿐이다.

당신이 양계장의 판매대리상이라고 가정해보자. 당신은 유기 사료를 먹여서 키운 닭을 팔고 고객은 조제식품 판매점이다. 그 판매점이 꾸준히 닭을 주문한다면, 유기농 식품에 대한 호기심을 감지할 수 있을 것이다. 바로 그 점이 목표가 될 수 있다. 호기심에 호응하고 그것을 키워주는 것, 고객이 신상품에 대한 큰 기대로 약간 비싸도 당신의 물건을 사게 만드는 것 말이다. 세일즈맨으로서 가진 모든 기술은, 고객으로부터 흥밋거리를 찾고 거기에 반응할 때는 제로상태가 되어야 한다. 만약 당신이 목표를 겨냥하고 있다면, 유기 사료 닭이 바로 그가 놓친 고객, 즉 성장 호르몬을 잔뜩 맞혀 키운 닭보다 건강에 좋을 것이라고 믿는 고객들에게 어필한다는 점을 부각시킬 수 있을 것이다. 그런 식으로 서로 흥미로운 정보를 주고받으면서 당신은 고객과 대화를 위한 대화를 즐기게 될 것이다. 시계를 보지도, 부정적인 신호에 지나치게 예민하게 굴지도 않을 것이다. 강압적인 밀어붙이기식 영업이나 부적절하거나 비생산적인 정보로 고객에게 부담을 주는 일도 없을 것이다. 자신의 접근법을 따져보거나 당신의 외모를 생각해보는 일도 없을 것이다. 왜 그렇게 되는 것일까? 당신이 그것을 무시해버렸기 때문일까? 아니다. 그런 일들은 여전히 존재하고, 세일즈맨의 영업은 그런 요소들에 쉽게 영향을 받는다. 하지만 명확한 목표 안으로 깊숙이 들어온 당신에게는 해당되지 않는다.

그 목표는 어떤 태도나, 바디 랭귀지, 호기심에 반짝이는 눈빛이 될 수 있으며 심지어는 책상 위에 놓인 책이나 잡지, 벽에 걸린 사진이 될 수도 있다. "탄자니아에 사파리 여행을 해보셨네요, 딸이 둘 있군요?" 주저하고 있는 고객의 주의를 끌기 위해서는 같이 나눌 수 있는 관심사만큼 좋은 것이 없다. 고객의 마음을 읽는 일은, 여러 상품들 중 하나의 상품으로 유인할 덫을 찾는 전략의 일부라고 할 수 있다. 덫에만 집중하고 그것을 찾아서 이용하라.

만약 당신이 인사 담당자라면 직원들의 사기 증진이 목표일 것이다. 카피라이터라면, 기획중인 브랜드 이미지일 확률이 크다. 외과의사라면, 절개하고 봉합한 자국이 될 것이다. 음악가의 경우에는 악보의 음표가 아닌, 내면의 감정이나 당신의 연주에 감동할 관객 중 한 사람이 목표가 된다. 어떤 분야에 종사하든, 지금 하고 있는 일 중에 당신의 모든 관심을 빨아들이는 핵심 요소가 있는 것이다.

목표는 당신의 마음에 있다
: 최고 집중의 과학

목표를 선택한 육상선수, 테니스선수, 기업 임원, 외과의사는 통제 밖에 있거나 활동내용과 관계없는 일이 아닌, 지금 하고 있는 일에 관심을 집중하도록 도와주는 무언가를 찾았다. 목표 선택은 그들이 각자의 활동에 계속 집중할 수 있도록 만든다. 투르 드 프랑스 때 부상을 입은 사이클선수 타일러 해밀턴이 페달을 밟는 일에만 관심을 쏟은 나머지 쇄골이 부러졌다는 사실도 잊어버린 것처럼 말이다. 확실한 것은 위의 사례들 모두 무언가를 찾는 데서 시작한다는 것이다. 그렇지만 그들의 진짜 공통점은 목표가 마음에 있다는 것인데, 그 목표는 마치 적이 침투해 들어올 때처럼 마음을 접수하고 점령한다. 코트 안의 운동화 자국, 도로 위의 그림자, 맞은편에 앉은 고객의 정서적인 반응. 이 모든 것들이 실제 방아쇠를 당길 때는 마음에 있지 눈에는 없다. 골퍼가 스윙을 할 때, 그는 목표지점을 직접 보고 있지 않다. 목표는 그의 마음에 있다. 도로 위에 내딛는 한 발 한 발에 전념하는 달리기선수의 목표는 머리에 이미지로 존재하고 실제로는 수평선을 바라볼 수도 있다.

정신이 목표에 전념하고 있을 때 눈은 한 가지만을 본다는 사실은 더 이상의 행동이나 사고는 불가능함을 뜻한다. 바로 그런 이유 때문에, 그러한 순간에 몸이 아주 능률적으로 움직이게 되는 것이다. 전략이나 기술, 장기적인 결과들을 따져볼 겨를도 없다. 목표를 선택해서 그것을 마음에 가득 채우면 지금 하고 있는 작업이 정리가 되면서, 간결하고 명료해진다. 목표는 당신의 행동을 마음의 시야에 연결시킨다.

1999년에 상영된 영화 '사랑을 위하여'에서 케빈 코스트너는 야구 인생의 마지막이 될 경기에 출전하는 전설적인 노장투수 빌리 채플*Billy Chapel*로 분했다. 라이벌 팀의 홈구장에서 벌어지는 치열한 경기에 등판하는 빌리. 관중들은 열광하고 중압감은 커지는 가운데, 빌리는 정신을 가다듬으려 노력한다. "신체 메커니즘을 버리자."라고 혼잣말을 하는 빌리. 그러자 갑자기 군중의 함성이 사라지고 포수가 바라보는 그의 눈을 제외한 주위의 모든 것들이 힘을 잃는다. 그는 무아지경에 있다.

하지만 현실은 그와 같지 않다. 중요한 상황에 집중하지 못하게 만드는 모든 것들을 제거하기 위해 우리가 애쓰는 것과는 상관없이 감각체계는 자극을 받으면 뇌에 신호를 보낼 만반의 준비를 하고 있다. 우리의 감각기관은 그야말로 화학적·기계적인 장치이다. 그러므로 앞서 언급한 투수 빌리가 제 아무리 '메커니즘을 버리려' 애써도 우리의 신체 메커니즘은 입수되는 정보에 의해 물리적으로 조작되기를 지속할 것이다. 뉴턴의 세번째 운동 법칙(작용 반작용의 법칙─옮긴이 주)이 오래 전에 설명했듯, 움직이고 있는 물체는 매우 중대한 방해 요소만 없으면 움직임을 유지하려 한다. 집중을 방해하는 광경과 소리를 아무리 물리치려 애써도 쉽게 그렇게 할 수 없는 것이다. 매우 중대한 무언가가 끼어들지 않는 이상은 말이다. 그 '중대한 무언가'가 바로 목표다.

어떤 행위에 너무나 몰두한 나머지 다른 감각들은 잠시 물러나 있는 듯한 시간을 몇 번 느끼면서 목표가 주는 효과를 경험한 적이 있을 것이다. 극단적인 예로, 그러한 목표 때문에 무장 강도를 당한 피해자들은 자신이 목격한 것을 제대로 증언하지 못한다. 경찰이 강도의 인상착의와 사건경위에 대해 정확하게 말해보라고 요구하면 피해자들은 제대로 설명하지 못하거나 피상적인 설명에 그칠 때가 많다. 왜 그럴까? 이럴 때 흔히 듣는 말이 "내가 본 거라곤 나를 위협하고 있는 총뿐이에요"다. 그 방에 얼마나 많은 사람들이 있었고, 그들이 무엇을 하고 있었는지와 상관없이, 피해자들은 그야말로 무기밖에 볼 수 없었던 것이다. 부상으로 인한 통증에도 불구하고 투르 드 프랑스를 완주하려는 목적으로 무서운 집중력을 발휘했던 타일러 해밀턴처럼, 피해자들은 총에 의해 심한 심적 압박감을 경험한다. 그렇다면 다른 감각들은 기능을 멈추었다는 뜻일까? 아니다. 그런 상황에도 우리의 뇌는 여전히 같은 정보를 받아들이지만, 이미 자극을 받은 신경세포들은 멈추거나 다시 자극될 수 없다. 다시 자극을 받을 수 있을 때까지 신경세포들은 통제 불능의 시기를 겪는 것이다. 따라서, 밀려드는 데이터의 홍수에도 불구하고 우리의 정신은 다른 정보를 연달아 처리하기에는 이미 너무 혼란스럽고 분주하다. 소설에 몰두하고 있을 때 우리는 기차가 지나가는 소리도 듣지 못하고, 음식이 썩어가는 냄새를 맡지 못하며, 여기저기 진흙 자국을 내면서 거실을 뛰어다니는 아이들도 눈에 들어오지 않는다.

모든 감각의 완전한 집중이 요구되다 보니 신경 세포의 진행까지 장악해야 하는 행위들이 있다. 암벽 등산가는 손으로 잡을 수 있는 곳을 찾아 꽉 붙잡은 뒤 단단히 잘 쥐었는가를 확인하고 흔들거리는 바위는 없는지 소리를 잘 들어보며 절벽을 오른다. 튀어나온 돌이 단단한지 점검하고, 안전선이 얼마나 팽팽한가에 내내 촉각을 곤두세우면서 한 발 한 발 나간다. 숙련된 등산가는 가파른 표면을 조심스럽게 올라간다. 한 순간의 부주의가 치명적인 결과로 이어질 수 있기에 그들은 행동 하나하나에 조심스럽게 몰두하고 전념한다. 그들의 마음에는 이 등반을 성공으로 이끌기 위한, 한 번에 한 개씩 잡고 한 발씩 내딛자는 가장 기본적인 생각 말고는 다른 것이 끼어들 여지가 없다.

비슷한 예로, 카레이서들은 모든 감각을 코너를 도는 일에 집중시킨다. 그것을 보고, 듣고, 느끼고, 냄새 맡는다. 내가 버지니아 대학에 있었을 때, 밥 로텔라가 전설적인 카레이서인 리처드 페티 *Richard Petty* 에게 연설을 부탁한 적이 있었다. 그 당시 페티는 먹고 살기 위해 시속 300km 이상의 속도로 달려야 하는 카레이서 생활과 스릴에 대해 이야기했는데, 한 학생이 다음과 같은 질문을 던졌다. "날아갈듯이 질주하는 다른 차들에게 집중하는 일은 어려운 건가요?" 200회 이상의 우승 신기록을 갖고 있는 페티는 이 질문을 받고 즐거운 듯이 보였지만, 그의 대답은 최고의 선수라면 가져야 하는 여러 태도를 확연하게 드러내는 것이었다. "선수 생활을 하면서 달리 집중을 연습한 적은 없습니다. 나는 저절로 그렇게 한 겁니다." 그는 또한 이렇게 설명했다. "내가 만약 바로 앞에 펼쳐진 트랙의 한 지점에 집중하지 않는다면 다른 자동차와 부딪치고 말겁니다." 페티는 죽음의 공포가 바로 앞에 도사리지 않는 환경에서도 골프나 야구선수들이 매 경기에서 자신처럼 목표를 향한 강한 집중을 보인다는 사실이 놀랍다는 고백도 했다. 그의 대답은 "자신이 2주 후 교수형에 처해진다는 사실을 알면, 그 사람은 놀라운 정신 집중을 보일 것이다"는 사무엘 존슨 (Samuel Johnson ; 18세기 영국 문학의 거장 – 옮긴이 주)의 유명한 말과도 비슷한 것이었다. 죽음과 직접적인 관련이 없더라도 마감이라는 위협이 신문 기자들이 여러 대의 전화기를 붙든 채 시끄러운 다른 동료들을 아랑곳하지 않고 분주한 보도실 한가운데서 계속 일하도록 만든다. 그 기자는 기사를 작성하기 위해 일부러 다른 상황을 배제하지 않고 오히려 급하게 기사를 써내려간다. 초를 다투는 일이지만 훌륭한 기사를 쓰는 일은 이렇듯 주위의 소음들을 의식하지 못하게 한다. 누구라도 그렇게 할 수 있다. 실제로 심리학자들은 사람들의 지각을 속이는 방법으로 기자나 카레이서의 강한 집중을 실험실에서 그대로 재현할 수 있다고 한다. 모든 감각 요소가 차단된, 빛이라곤 들어올 수도 머물 수도 없는 그야말로 깜깜하며, 조용하고 아무 색깔도 냄새도 없는 방음실이 준비된다. 그리고 실험 참가자들에게는 벽이 돌아가는 것처럼 느껴지는, 감각을 자극하는 '가짜' 장치가 주어진다. 이러한 상황에서 벽들이 실제로는 움직이고 있지 않다는 것을 증명하는 운동감각 신호들이 뇌에 보내지지만 사람들은 넘어지지 않기 위해 뭔가를 붙잡으려 한다. 실제의 사실보다는 받아들이고 있는 이미지에 초점이 맞춰지면서 경험이 그들의 집중을 방해한 셈이다. 이러한 결과는 현실을 바꾸기 위해서는 집중의 힘을 사용해야 한다는 사실을 우리에게 보여준다. 또 다른 실험을 하면서, 과학자들은 거리와 깊이를 가늠할 수 없는 특수실을 만들었다. 천장의 한쪽 끝은 높이가 70~80cm였는데 그 구석에 한 어린이의 곰 인형을 세워놓았다. 실험 참가자들은 방 안을 들여다본 뒤 그들이 본 곰 인형의 키를 추측해 볼 것을 주문 받았다. 그런데 대부분의 참가자들은 놀랍게도 곰 인형의 키가 2~3m라고 말했다. 이와 같은 착오가 일어난 이유는 다음과 같다. 방의 높이는 대부분 2~3m이며, 곰 인형이 바닥에서 천장에 이르기까지 그들의 시야를 가득 채웠기 때문에, 당연히 방의 높이와 같을 거라고 생각한 것이다. 정보의 완전한 조합이 불가능했던 참가자들은 곰 인형과 천장의 관계에만 초점을 맞출 수밖에 없었다. 이처럼 집중은 행위의 결과까지 조작한다. 위 실험은 눈으로 곰 인형을 보는 신체 감각의 체험만은 아니었음에 주목하라. 곰 인형의 실제 키는 30cm 가량이고, 실험 참가자들은 보통 커다란 봉제인형의 키에 대한 기억 자료가 많았을 것이다. 그러나 이 실험에서, 정보는 각각의 즉각적인 체험에 따라 처리되고 조정되었다. 참가자들에게는 '다시 생각할' 시간이 전혀 주어지지 않았다. 모든 종류의 신경 세포가 서로에게 자극을 주고 있는 우리 뇌의 개방된 피드백 시스템은, 대뇌피질의 단기와 장기 기억 사이에서 감각 정보를 끊임없이 이동시키고 있다. 처리되는 감각 정보가 많을수록, 더 많은 기억과 분석들이 섞여 들어오면서 시스템의 속도가 느려지고 주의가 분산될 확률이 높아진다. 또한 오감으로부터 들어오는 데이터에 의해 무차별 공격을 받을 뿐 아니라, 정보는 오감에서 입력되는 내용을 평가하고 판단, 분류, 결정을 하는 뇌의 인식기능인 '여섯번째 감각'에서도 가공된다. 이 집중의 방정식에 기억과 계산을 더한다면 원하는 수행 결과를 이루기 어려워질 것이다. 그렇다면 주위와 내 안의 정보에 모두 주의를 기울인다면, 세상에 대해 좀더 완벽하고 정확한 인식을 가지게 되지 않을까? 전혀 그렇지 않다.

요기 베라의 세상을 보는 관점을 기억한다면, '올바른' 현실은 당신을 최고 단계까지 성취하도록 돕는 것이 아님을 알 것이다. 원하는 성취가 무엇이든, 가능한 많은 '관련' 정보를 힘겹게 처리하는 일은 당신에게 방해만 될 뿐이다. 뛰어난 실행가는 자신과 부합되는 지각 단서에 주목하여 오로지 그것을 하나나 둘 정도의 한정된 목표로 가공하기만을 원하기 때문에 그들의 뇌는 자신만의 감각 부재 공간을 만들어내느라 바쁘다. 남과 다르게 생각하는 사람은 자신의 집중이 다른 곳이 아닌 현실에 영향을 끼치도록 한다. '메커니즘을 버리지' 말고, 오히려 목표로 가득 채워라! 당신의 성취에 영향을 끼치는 집중, 평가, 결과를 생각하는 것과, 성취 자체를 생각하는 것에는 차이가 있다. 나는 이를 설명할 때 종종 죽은 코끼리의 비유를 들곤 한다. 어느 날 자신의 집 거실에 4톤짜리 코끼리가 나자빠져 죽어 있다고 생각해보라. 당신이 그곳을 빠져나가거나 밟지 않거나 완전히 무시하려 애써도, 그럴 수가 없을 것이다. 거실 전체를 가득 채우고, 소파와 커피 테이블을 부숴버린 채, 창문까지 가리고 있는 이 어처구니없는 동물의 사체는 분명히 당신의 시야에 들어와 있다. 눈가리개를 하거나 거실 밖에 있어도 그 냄새만으로도 뒤로 넘어갈 지경이다.

당신이 무언가를 생각하지 않으려 애쓸 때도 마찬가지 일이 일어난다. 그 무엇은 계속 머리에 들어와 있을 것이다. 무시하려 하면 할수록, 마음속에 휙 하고 다시 나타나는 이미지는 더 또렷해질 것이다. 고전적인 다음 실험을 한번 해보자. 눈을 감은 다음 키 큰 기린 한 마리에 대해서 생각하지 말기. 그때 마음의 눈을 지배하는 것이 무엇인가? 그렇다. 바로 키 큰 기린 한 마리다! 해결책은 생각이나 이미지 혹은 느낌을 뇌에서 지우는 것이 아니라 그것을 대체할 새로운 대상을 불러오는 것이다. 대안이 되는 목표에 몰입하면 할수록, 불쾌하거나 성취를 방해하는 정보는 생각할 필요도 없이 자취를 감춰버린다. 만약 지금 그 기린에 대한 이미지를 지우고 싶다면, 눈을 감고 털이 잔뜩 난 독거미나 웅장한 폭포, 아니면 그보다 극적인 어떤 것을 그려보라.

'사랑을 위하여' 의 빌리 채플은 상대 타자가 로즈가 아니어서 운이 좋았다. 빌리는 정신혼란을 일으키는 '메커니즘을 버리려' 애썼지만, 로즈는 빈틈없고 명확하며 또렷한 목표로 그의 메커니즘을 채우려 했을 것이다. 감각은 기계적이다. 따라서 감각을 통제하는 유일한 길은 그것을 기계적으로 조작하는 것뿐이다. 로즈는 야구장에서 흔히 접하는 광경, 소리, 기타 감각들로 인해 정신이 흐트러지는 일을 막기에는 감각 영역들이 너무나 분주하다는 사실을 확인할 것이다. 그는 경기는 물론 모든 시즌이 진행될 동안 투수판으로 향하는 채플의 움직임을 연구할 것이다. 더그 아웃에 있는 동안, 그는 자신과 투수 사이에 벌어질 전쟁에서 이기기 위해 타격 전략을 짤 것이다. 그리고 타석에 나갈 차례가 되면, '공을 보고, 공을 치자' 는 생각만 할 것이다.

물론, 대부분의 선수들은 피트 로즈만큼 쉽게 강렬한 몰입에 빠지지 못한다. '공을 보는' 능력에는 많은 신경과학이 숨어 있다. 서로 붙어 있는 (오감에 인지와 기억이라는 여섯번째 감각을 더한 육감을 상징하는) 여섯 개의 양동이를 상상해보라. 만약 각각의 양동이가 다른 액체로 넘칠 듯이 가득 담겨 있는데 다른 곳으로 이동되어야 한다면, 양동이 안의 액체는 서로 섞여 오염되면서 쏟아질 가능성이 많아진다. 그러나 만약, 양동이를 모두 같은 액체로 채울 경우, 서로 섞였을 때 오염될 위험은 사라진다.

광고 카피라이터의 예를 들어보자. 할당된 임무에 착수한 카피라이터는 회사의 지난 기록이나 자신이 맡은 일의 중요성을 생각하거나, 다른 프로젝트와 비교해서 그 가치를 따져볼지도 모른다. 고객에게 여러 번 전화해 이러저러한 슬로건에 대한 그들의 느낌을 물어본다. 경쟁사의 카피도 읽는다. 과거의 성공작과 실패작 광고를 뒤적여본다. 사무실 여기저기서 다른 작업에 여념이 없는 동료들의 소란스러움에 귀 기울이다가 문득 시계를 본다. 이 모든 행동이 집중력을 떨어뜨리는 것이다. 그러나 그런 모든 요소들을 배제하려 노력할 게 아니라, 감각체계를 자극할 수 있는 한 가지 일을 만들어 지나칠 정도로 감각을 자극시켜야 한다. 가장 훌륭한 것은 상품의 브랜드 이미지다. 스포츠카를 예로 들어보자. 카피라이터는 급박한 코너링을 느끼고, 부르릉거리는 엔진 소리를 들으며, 새 가죽시트 냄새도 맡고, 빨간 도색의 광택과 희미하게 스쳐 지나가는 나무들도 봐야 한다. 그 목적은, 바로 그 순간에 상품에 대해 느낄 수 있는 본능적인 감정으로 전체 감각기관을 채우는 것에 있으며 그러한 목표와 함께 완전히 몰입하는 도중에, 다른 광경이나, 소리, 생각, 바쁜 사무실에서 일상적으로 요구하는 업무를 배경 속으로 사라지게 만들 수 있다.

성취에 방해가 되거나 관계없는 것은 점차 중요성을 잃게 되는데, 이는 당신이 마음으로부터 그 일들을 몰아냈기 때문이 아니라 뇌가 더 이상의 감각을 처리하기에는 이미 꽉 차 있기 때문이다. 일단 카피라이터의 눈이 스포츠카의 빨간 도색에 고정되면, 시각적 대뇌피질은 다른 영상은 받아들이지 않고, 청각 세포들은 이미 차 엔진 소리에 반응하고 있어서 바로 옆 책상에서 나는 소리도 듣지 못하며, 의견이 맞지 않는 고객과의 언쟁도 더 이상 떠올리지 않는다. 또 새 가죽시트 냄새로 다른 악취에는 신경도 안 쓴다. 물론, 예기치 않은 일들이 방해할 때도 있을 것이다. 동료가 방 안으로 성큼 걸어 들어오거나, 거리에서 갑자기 고장이 난 트럭 때문에 '집중이 깨질' 수도 있다. 그러나 만약 그의 감각 체계가 가능한 한 뚜렷하고 상세하고 적절한 수행결과로 가득하다면, 집중이 깨진 순간은 잠시뿐 곧 다시 몰입을 시작하게 될 것이다.

이것이 바로 리처드 페티가 설명했던 체험이 아닐까? 그는 경주장의 위험한 커브를 돌며 질주하는 차들을 통제하는 데 몰두했다. 등산가는 산 표면의 돌출된 부위를 움켜쥐고, 바위를 잡고 안전을 확인하기 위해 만지며 느낀다. 그럴 때 손에 잡히는 것들은 크고 견고해 보이기 시작하며 보다 쉽게 잡히는 것처럼 느껴진다. 대상에 집중하는 상황에서는, 목표가 크게 보일 뿐 아니라 시간도 왜곡될 것이다.

그리고 상황과 그 상황에 빠져 있는 실행가는 매우 능동적이다. 앞에서 소개된 리처드 페티, 등산가, 세일즈맨, 카피라이터는 모두 일에 '빠져' 있어도 그 순간에 일어나고 있는 일에 대해서는 한 순간도 놓치지 않는다. 무아지경에 있어도, 그들은 '무아(無我)'가 절대로 아니다.

자동장치 조종사가 아닌
특수장치 조종사가 되라

집중은 신뢰 모드의 최고 특성이다. 완전히 몰두한 나머지 시간과 공간의 개념조차 잊어버리게 된다. 무아지경은, 자의식이 없어지며 업무 통제가 너무나 간단한 나머지 손쉽게 해낸 것 같은 느낌의, 지금 하고 있는 일과 하나 됨에 대한 체험이다. 그 무엇이 이러한 초월의 느낌보다 더 기분 좋을 수 있겠는가? 바로 이러한 점 때문에 운동선수와 배우가 그 경험을 신비롭고 영적인 것이라고 표현했고, 심리학자들은 '최대 성과', '최고의 경험', '흐름' 이라고 불렀다.

그러나 의식은 여러 방식으로 왜곡될 수 있는데, 같은 정신상태는 늘 같은 증상으로 이어진다고 추측해버리는 실수를 저지를 때가 있는 것이다. 모든 신호가 구부러지는 길도 의식하지 못하고 한참을 쭉 달리다가 빠져나가야 할 출구를 그냥 지나쳐버렸다는 사실을 뒤늦게 깨달았을 때, 우리는 일종의 자의식 상실을 경험한다. 그것은 우리가 정신을 다른 곳에 쏟고 있었기 때문이다. 우리는 시속 100km로 날아가는 위험한 미사일을 몰고 있었다는 사실을 의식하지 못한 것이다. 이것이 자동장치 조종사의 예라고 할 수 있는데, 자동차 보험회사가 '차분한' 운전자를 말할 때 이런 사람을 두고 하는 것으로는 보기 힘들다.

운전에만 몰입하는 운전자는, 차를 자신의 통제 상황에 두고 안전한 도로 운행을 하기 위해 필요한 모든 것에 빠져들어 집중한다. 리처드 페티가 대회에서 시속 300km로 질주하고 있을 때의 의식 역시 평소와는 다른 상태이다. 트랙을 달리는 페티와 집에서 '사무실' 로 운전할 때 페티의 뇌의 상태와는 아주 다르다. 그래서 경기 내내, 그는 커브를 돌때 실수하지 않았다. 위대한 카레이서는 자신의 차와 트랙을 생각하는 데서 그치지 않는다. 그 자신이 차가 된다.

마찬가지로 내가 이 책의 어떤 부분을 쓸 때는 친구나 동료가 내 사무실로 걸어 들어와도 알아채지 못하고 그들이 말을 꺼내거나 내 어깨를 치면 화들짝 놀랐을 것이다. 나는 온전히 글쓰기에 집중하고 있었지만, 단 한 순간도 의식이 공간을 벗어나거나 분열된 적은 없었다. 책을 쓰는 것은 무엇을 써야 하는지와 그 내용이 어떤 순서로 전달될지에 대한 명료한 계획을 필요로 하는 작업이다. 그러나 글쓰기가 주는 즐거움과 도전은,

아이디어가 생생한 논지와 조사, 삽화로 완성될 때 다가온다. 나는 내가 말하고자 하는 요점과 담아야 할 정보를 정확하게 인지하고 있지만, 그에 관한 가장 적절하고 좋은 표현은 요점에 대해 적극적으로 생각할 때 얻어졌다. 그리고 담당 편집자가 내 원고를 빨간색 펜으로 수정해 놓았을 때, 나는 그것을 수동적인 자동장치 조종사의 태도로 보지 않는다. 그녀는 내가 왜 이런 식으로 썼는지를 궁금히 여기며 문단을 지우고 여백에 질문을 적어놓는 등 편집 일에 푹 빠져 활발한 생각을 펼친다. 리처드 페티처럼, 그녀는 지금 하고 있는 편집 작업 외에는 다른 어떤 것도 생각하지 않을 것이다. 원하는 마케팅 방법, 해외 판권 판매, 편집을 앞두고 있는 다른 책을 비롯한 그 어떤 것에 대해서도 말이다. 나는 그녀가 내 아이디어들을 힘 있고 명쾌하게 만드는 데 너무나 몰두한 나머지 시간도 잊어버려 우아하고 비싼 식당에서 점심을 먹기로 한 약속마저 잊을 것이라고 생각하고 싶다.

진정으로 뛰어난 업적을 쌓는 사람이 바로 능동적인 특수장치 조종사이다. 그의 모든 감각 하나하나, 신체 조직 하나하나가 지금 하고 있는 일에 집결되어 있다. 진정으로 그는 일에 '푹' 빠져 있지만, 무엇 하나도 놓치는 법이 없다. 그래서 자동장치 조종사와 특수장치 조종사의 체험이 자의식의 상실, 현재에의 몰입 같은 특징을 동시에 갖고 있긴 해도 집중의 마지막 결과는 다르다. 좀더 명확하게 설명한다면, 특수장치 조종사는 올바른 목표에 빠져들지만, 자동장치 조종사는 잘못된 목표에 빠져드는 것이다.

그러한 점에서 미하이 칙센트미하이*Mihaly Csikszentmihalyi*가 말한 '흐름(flow ; 일리노이 대학의 유명한 심리학자 미하이 칙센트미하이의 '최적 경험의 심리학'이 말하는 힘들이지 않고 어떤 일을 수행할 때 모든 사람들이 느끼는 '환희'의 감정-옮긴이 주)'과 짐 로허*Jim Loehr*가 말한 '몰입*full engagement*'의 설명에서 찾아볼 수 있는 최대 성과에 대한 모범 답안은 이런 차이를 간과한 듯 하다. 두 사람 모두 뛰어난 성취를 이룬 사람들 안으로 들어가서, '너무나 몰입한 나머지 아무 것도 중요하지 않는 것처럼 보이는 상태'를 설명 하는데, 이는 바로 시간과 공간의 개념을 잃고 '무아지경'이라고 불리는 황홀경의 극치에 이른 상태이다. 위의 두 사람은 훌륭한 성과를 이룬 사람이 가진 사고에 접근하기 위한 중요한 수단은 집중이라는 사실을 인식하고 있다. 칙센트미하이는 흐름에서 경험할 수 있는 집중은 '지금 하고 있는 일에 완전히 쏟아붓는 집중, 따라서 부적합한 정보를 남겨둘 여지가 없는 마음의 상태'라고 강조한다. 나 또한 그의 말에 동의한다. 그는 이렇게 썼다. "흐름의 상태에서는, 자기감시의 여지가 없다." 그는 또한 힘겨운 등반에 나선 등산가의 예를 든다. "그는 오직 등산하는 일에 온 마음이 뺏긴 상태다. 그는 100% 등산가이다. 그렇지 않으면 살아남지 못할 것이다." 칙센트미하이는 강렬한 집중과 흐름 상태의 뚜렷한 연관성을 지적한다. 그에 따르면, 이러한 정신이 가지는 중대한 특징은 '자의식의 상실'이다. 그의 말에 의하면, 다른 사람들보다 집중을 자연스럽게 잘 하는 사람들이 있는데 그들은 쉽게 자극을 골라내고 그 순간에 적합하다고 판단되는 것에만 집중한다는 것이다. 그 말은 나도 동의한다. 그런 사람들은 '선천적으로 매우 의욕이 높아서' 정신이 흐트러질 염려가 없다. 그러나 칙센트미하이는 흐름이 집중을 낳는지, 집중이 흐름을 낳는지 입증할 신경학적 증거가 불충분하다고 결론짓는다.

그리고 나는 이 점에서 그와 의견을 달리 한다. 지난 십 년간의 내 연구는, 집중하는 법을 배우는 일은 모든 사람들에게 개방된 최고의 성과로 가는 방법임을 증명한다. 칙센트미하이는 뛰어난 성과를 이룬 사람들 중 자동장치 조종사의 마음을 가진 이들이 보인 강렬한 집중과 환희를 규명한다. 반면에 내 연구는, 깨달음의 다른 경지인 높은 성과는 적극적 마인드를 가진 특수장치 조종사의 몫임을 밝히고 있다.

또한 요즘 대부분의 자기계발 전문가들처럼, 칙센트미하이도 '단계'와 '목표', '평가'의 역할은 물론, 완벽한 기술을 지나치게 강조한다. 칙센트미하이에 따르면, 도심을 거닐거나 숲 속을 걷는 등의 가장 일상적인 신체 행동까지도 흐름의 체험으로 탈바꿈시킬 수 있다고 한다. 그 '필수적인 단계'는 다음과 같다.

1. 현실적으로 실행 가능한 하위 목표들이 포함된 총체적인 목표를 세울 것
2. 선택된 목표의 관점에서 발전을 평가할 수 있는 방법을 찾아볼 것
3. 하고 있는 일에 집중하고 행위에 담겨진 도전들 속에서 좀더 훌륭한 차이를 만들어낼 것
4. 기회를 잡는 데 영향을 미칠 수 있는 필수적인 기술을 개발할 것
5. 행위가 지루해지면 계속 긴박감을 고조시킬 것

나는 사람들이 '목표'와 '발전'에 대해 많은 생각을 하면서 기술을 발휘해서 명확하고, 간결하고, 현재에 기반을 둔 표적에 효과적으로 집중할 수 있을 거라고 생각하지 않는다. 그것은, 중요한 토너먼트에서 18개의 컵 위로 자신만의 스윙기교를 구사하는 골프선수나, 수업시간에 배운 'Yes를 이끌어내는 협상법'을 기억해내기 위해 애쓰면서 거래를 마무리 지으려는 비즈니스맨처럼, 훈련의 사고방식으로 생각하려 애쓰는 예

에 불과하다. 신뢰의 사고방식이 발현될 때, 오히려 기량은 발휘되지 못한다.

성과를 향상시키는 법에 대한 책을 집필한 짐 로허는, 성공에 대해 오랜 기간 열심히 생각해왔고 그에 대한 성과를 이루었다. 그는 스트레스가 높은 성과를 이루기 위한 필수 조건임을 알았기 때문에 그것을 찬미했다. 또한 성공하는 사람들에게서 헌신의 중요성도 발견했다. 그러나 그는 표준적인 '스트레스 관리'와 '시간 관리법'에서 더 이상 나아가지 못한다. 더 심각한 것은, 그가 '자기 통제'와 '자기 대화'만을 더욱 공고히 하는 탁상훈련을 끝도 없이 권장한다는 점이다. 그의 최근작《몸과 영혼의 에너지 발전소》는 성공을 위해 행동 심리학자들이 추천하는 모든 변수들을 총망라했다. 매일 나를 기쁘게 하는 일 찾기, 확신, 헌신, 내적 동기, 초점, '몰입의 힘' 등. 그러나 로허가 주장하는 바로는 '회사의 주목받는 선수'를 열망하는 사람은 '훈련 시스템'에 헌신해야 하는데, 이를 위해서는 그들의 '비전', '습관 만들기 전략', '책임'에 대해 알아보는 개인 발전 기록표와 워크시트를 작성해야 한다.

이러한 시스템적 접근법은 성공한 사람들에게서 발견되는 신뢰의 사고방식보다 훈련의 사고방식을 만들어낼 것이라는 게 내 생각이다. 성과를 높이기 위해 노력할 때, 지나치게 프로그램에 의존하거나 평가와 관련해 몰입하려는 것은 전혀 도움이 되지 않는다. 매일 성과를 측정해야 한다면 업무를 수행하는 동안 생각이 많아진다. 단계가 너무 많으면 실제로 수행과 현재에 충실하기보다 단계를 먼저 생각하는 위험을 초래한다.

로허의 '발전 계획'은 많은 것을 담고 있지만, 그가 인용한 개별 사례들을 자세히 살펴보면, 형편없는 수준에서 보통의 성과를 내게 된 사람들의 이야기임을 알게 될 것이다. 확실히 그들은 발전했지만, 지금은 평범한 수준에 머물러 있다. 높은 성과를 향한 프로그램화된 접근법은 최고의 성취자들이 특별한 정신을 갖고 있다는 신경학적 사실을 간과한 것이다. 그런 비범한 사고방식을 습관으로 자리 잡게 만들려면 성공을 위한 다른 누군가의 단계를 하루 동안 얼마나 충실히 따랐는가를 일일이 체크하는 데 많은 시간을 보낼 게 아니라, 실제의 그 비범한 방식으로 생각해야 한다. 초점은 마음이 아닌 눈과 감각이 모아지는 곳이다. 그러므로 생각을 가급적 줄여라.

물론, 목표를 정하고 거기에 완벽하게 집중하기란, 처음부터 쉬운 것이 아니다. 그러므로 처음부터 뛰어난 생각을 할 수 있을 거라고 기대하지 마라. 신뢰의 마음을 체득하는 것이 너무나 쉬웠다면, 우리 모두 타이거 우즈나 커트 트리블 박사가 되었을 것이다. 솔직히 말해서, 특수장치는 대부분의 프로 직업선수와 고위 임원들도 피해간다. 그렇기 때문에 우리 대부분은 그것을 타고 다닐 꿈도 못 꾼다. 삶의 가치 있는 일 대부분이 그러하듯, 수행능력 강화에 요구되는 집중력을 높이기 위해서는 고된 노력과 반복이 필요할 것이다. 그렇지만 이를 실행에 옮겨 남과 다른 사고가 주는 이점을 체험한다면 그 보람은 더 없이 클 것이다.

요기 베라, 타이거 우즈, 밥 맥네어, 매들린 올브라이트와 같은 사람들은 높은 수준의 집중을 자연스럽게 이룰 수 있었다. 그들은 남보다 집중할 수 있는 본능을 갖고 태어났지만 그들은 유전학적으로 우리와 다른 사람들이 아니다. 그들의 뇌는 생리학적으로 우리와 같은 일을 한다.

태어날 때부터 주의가 산만한 우리들은 좀더 목표를 명확하게 하는 법을 배워야 한다. 물론 집중의 대상을 계획적으로 고른다는 것이 생소하게 느껴질 것이다.

사실, 어떤 임무에 착수하기 전에 대부분의 사람들이 마음으로 해보는 프로그래밍 작업은 극히 우발적이다. 방금 전까지 무차별적인 공격으로 지치게 만들었던 것들이 무엇이든, 그것들과 함께 무대로 나간다. 그것이 자신을 혹평하던 상사든, 검토해야 할 서류 한 뭉치를 건네주고 가버리는 부사장이든, 아우성치는 만 명의 팬들이든, 그것은 사람들의 머리에 들어와 있다. 그들이 일을 수행하면서 생각하기 시작하는 것은 바로 이러한 것들로, 주목해야 할 대상에 대해 계획적이고 과감해지기로 한 그들을 방해한다. 대다수의 사람들은 자신의 대뇌피질이 모든 감각으로부터 데이터를 흡수하도록 내버려둔 다음, 수행 중간에 그 감각들을 해결한다.

당신은 또한 집중하기 위해 자신을 긴장시킬 수도 있다. 이를 위해서는 확실히 연습이 필요하다. 그러나 그것을 당신이 실행할 수 있는 선택이라고 생각하면 매우 빨리 그것을 습득할 수 있게 된다. 실행하기 전에 목표를 정하라. 그리고 정기적으로 그러한 집중에 계획적으로 빠져들라.

chapter 10

자신만의 관례를 만들어라

Making It Routine

"휴스턴, 여기 문제가 생겼다."

1970년, 우주선으로부터 휴스턴에 있는 나사 *NASA* 의 비행통제센터로 전해진, 최대한 냉정함을 유지하려는 듯한 짐 러벨 *Jim Lovell* 의 이 한 마디는 미국인들의 등골을 오싹하게 했다. 사건은 이렇다. 그 해 4월 13일, 조종사 잭 스와이거트 *Jack Swigert* 는 모종의 임무를 수행하기 위해 아폴로 13호를 이끌고 달로 향했다. 그러나 알 수 없는 문제로 인해 달 표면에 도착하기도 전에 지구 귀환의 길에 오르게 된 것이다. 꼬박 나흘간 전 미국을 숨죽이게 만든 저 한 마디를 전하고 말이다.

아폴로 13호가 명령을 수행하지 못하고 귀환하게 된 이유는 우주선 내부 폭발 때문이었음이 밝혀졌다. 그로 인해 우주선 안에 탑승했던 세 명의 우주 비행사는 거의 목숨을 잃을 뻔했으나 결국 전원이 무사 귀환할 수 있었다. 재난이 성공으로 바뀐 것이다. 이 사건은 비행 팀원들이 보여 준 순간적인 판단력과 용기, 영웅적 행위가 거둔 승리로 기억되고 있다. 그리고 무사 귀환에 성공한 세 명의 우주 비행사는 일약 영웅이 되었다. 하지만 나는 아폴로 13호의 기적을 이루어낸 가장 큰 공적은 우주가 아닌 지구에서 사건을 지휘했던 관제본부장, 진 크란츠 Gene Krantz 에게 있다고 생각한다. 그는 문제가 생기기 오래 전, 비행선이 출발도 하기 전에, 아폴로 13호 승무원 전원에게 '다르게 생각하는 법'을 익히게 함으로써 확실한 성공을 준비시켰던 것이다.

우주 비행사들은 육체적, 정신적 훈련에 엄청난 시간을 투자하고 있으며, 특히 큰 위험이 도사리고 있는 상황 속에서 정신력이 얼마나 중요한지를 잘 알고 있다. 나는 영광스럽게도 그러한 문제에 관해 몇 차례 나사에서 강연을 한 적이 있다. 그 중에서도 우주에 대한 주도권을 잡기 위해 처음 소집되었던 전사들, 즉 나사의 창립멤버들을 위한 강연에서 진 크란츠를 만나볼 수 있었다. 그날 강의의 주제는 생명과 용기에 관한 것이었지만, 화제는 금세 비행 전에 조끼 입기를 고집하는 크란츠에게로 옮겨갔다.

진 크란츠는 1954년 항공공학 학위를 받고 대학을 졸업한 뒤, 미 공군에 들어가 고성능 전투용 제트기를 조종했다. 그리고 1960년에 '앞으로 무엇이 될 건지에 대한 아무런 생각 없이' 나사에 합류했고, 묵묵히 자신의 길을 걸으며 비행통제센터의 사령 자리에까지 올랐다. 달에 인류의 첫 발자국을 남긴 닐 암스트롱이 탔던 아폴로 11호와 앞서 소개한 아폴로 13호의 관제본부장도 그였다. 크란츠는 나사에서 37년 동안 60회에 달하는 비행을 지휘했는데, 비행을 앞두고 늘 아내가 만들어 준 새 조끼를 입는 것으로 유명했다. 그는 그 이유를 이렇게 설명했다.

"조끼를 입는 일은 비행 전의 가장 중요한 의식이 되어버렸거든요."

그의 설명에 따르면 '조끼 입기 의식'은 이렇게 진행된다. 비행을 앞두고 관제센터에 도착한 그는 우선 비행 전에 필요한 모든 준비를 마친다. 그리고 카운트다운을 앞둔 시점에서 조끼가 든 상자를 가지고 관제실에 들어와, 모든 팀원들의 환호 속에서 잠시 숨을 고르고 상자를 풀어 조끼를 꺼내 입는다. 이 괴상한 행동은 가끔 팀원들로부터 "그거 집시한테 사신 거 아니에요?"라는 말을 듣거나 놀림감이 되기도 한다. 그럴 때마다 크란츠는 '농담은 우주선이 성공적으로 착륙했을 때를 위해 남겨두게나'라고 진지하게 대답함으로써 그의 '조끼 입기 의식'이 재미나 장난으로 하는 일이 아님을 주지시킨다. 그것은 우주선 발사에 있어 중요한 절차인 것이다. 그는 이렇게 조끼를 입은 뒤 비행관제센터의 마이크를 켜고 각 관제실의 '정상/비정상' 체크리스트를 하나씩 재빨리 처리해간다. 수십 년 동안 반복해 온 이 과정은 자신을 비롯한 팀원 모두가 일에 집중하고 몰입할 수 있게 하는 방법인 것이다.

행동심리학자들의 말을 빌자면 크란츠의 이러한 행동은 '실행 전 관례'이다. 이는 뛰어난 성과를 이루고자 할 때 반드시 필요한 것이다. 우리는 어떤 일을 수행할 때 스스로를 상황에 맞게 재빨리 전환시켜야 한다. 준비 모드에서 실행 모드로, 휴식 모드에서 긴장 모드로 전환시키는 식으로 말이다. 이는 평상시 일상행위를 하다가도 위기의 순간이 오면 능력의 최고한도까지 발휘할 수 있음을 뜻한다. 크란츠의 조끼처럼 하나의 관례가 만들어진다면 전환은 보다 쉬워진다.

의사라면 수술 전 준비 모드에 있다가 수술실에 들어가면 실행 모드로 전환하여 최고의 집중력을 발휘할 수 있을 것이다. 회사에서는 프레젠테이션을 앞둘 때는 준비 모드에 있다가 발표할 때에는 실행 모드로 전환해야 할 것이고, 영업사원은 판매전략 수립이라는 준비 모드에서 고객방문이라는 실행 모드로 전환해야 할 것이다. 느긋하게 골프를 즐기고 있던 의사는 휴식 모드에 있다가 급한 환자가 생겼을 때 재빨리 긴장 모드로 전환하여 환자를 살펴야 할 것이고, 휴식 모드에 있던 영업사원은 중요한 고객이 갑자기 주문을 취소하겠다고 할 때 재빨리 긴장 모드로 돌아와 대응태세를 갖추어야 할 것이다. 이와 같은 예는 얼마든지 찾아볼 수 있다. 엔지니어들은 설계도나 캐드 프로그램 앞에 앉아 있다가도 실험실이나 상사의 방, 판매원들과 회의장으로 이동했을 때는 금방 실행태세를 갖추어야 한다. 대학교수는 교수실에서 강의 준비를 할 때와 강단에 섰을 때의 마음가짐이 달라야 할 것이다. 변호사가 소송에 관한 준비를 할 때와 판사와 배심원 앞에 설 때 다른 태도를 갖추어야 하는 것도 마찬가지다.

한편 이런 저런 이유로 흐름이 깨졌을 때, 이전의 상태로 돌아 갈 수 있는 길을 재빨리 찾아야 하는 경우도 있다. 한 간부가 있다. 그는 준비된 프레젠테이션을 이사회에서 멋지게 발표한 뒤 사무실로 돌아와 오늘의 승리를 자축하고 있다. 이때, 상사로부터 '이사회는 그 기획서를 마음에 들어 했지만 질문사항이 좀 있다, 지금 미팅을 할 수 있겠느냐' 라는 전화가 온다. 그는 어떤 방법으로 긴장이 풀릴 대로 풀려버린 지금의 상태에서 실행 모드로 침착하게, 그리고 재빨리 전환할 수 있을까? 너무 가벼운 예라고? 그렇다면 수술에 들어가기 몇 분전에 있는 의사를 상상해보자. 그는 방금 아내와 다퉜고, 설상가상 가장 유능한 간호사가 갑자기 그만두겠다고 선언했다. 그는 어떻게 끓어오르는 감정을 억누르고 실행 모드로 전환하여 수술대 위에 누워 있는 환자에게 집중할 것인가?

이런 일들은 사무실 안에서만 일어나는 것이 아니다. 힘든 하루 일을 마치고 왔는데, 그날은 아이의 생일이다. 당신은 어렵겠지만 기분을 싹 바꿔야 할 것이다. 회사에서는 기분 좋은 하루를 보냈는데, 집에 와보니 아들이 대학에 떨어졌다거나, 남편의 차가 엉망으로 부서졌다는 사실을 알았다면? 더한 경우도 있다. 내 생애 다시 맛보지 못할 것 같은, 더할 나 위 없이 멋진 하루를 보내고 집에 와보니 일상은 하나도 변한 것 없이 지리멸렬한 그대로다! 가끔이라면 이렇게 수많은 상황 속에서 우리의 마음을 재빠르게 전환시킬 수도 있을 것이다. 하지만 크란츠의 조끼처럼 효과적인 관례를 갖고 있지 않다면 당신은 변덕 많은 환경에 휘둘리며 살게 될 것이다. 매일매일 겪게 되는 실패, 예기치 않은 사고, 장애물들로 인해 고전을 면치 못하면서 말이다.

때로는 부정적인 사건들뿐 아니라 긍정적인 사건도 사람을 혼돈에 빠뜨린다. 아폴로 11호가 달에 착륙했을 때 비행을 지휘했던 크란츠의 경험이 이를 잘 설명해준다. 미지의 세계로 발을 내딛은 전대미문의 순간에 크란츠가 느낀 것은 행복이나 희열이 아니라 극도의 두려움이었다.

"관제실에 있던 사람들은 박수를 치고 발을 구르기 시작했죠. 시끌벅적한 소리가 통제실에까지 들려왔어요. 하지만 그때 나는 두려워서 한 마디도 할 수 없는 지경이었죠. 연료가 바닥나기 직전이라 버틸 수 있는 시간은 겨우 17초밖에 남아있지 않았고, 그 안에 달 위를 걸을 것인지 아니면 그냥 이륙할 것인지를 판단해야 했거든요. 나는 원래 집중할 때 주먹을 치는 버릇이 있는데, 그때 주먹으로 콘솔을 너무 세게 내리쳐서 연필이 부러질 정도였어요."

대부분의 사람들도 크란츠의 '조끼 입기 의식'이나 주먹 내리치기 같은, 실행 전 관례를 이미 가지고 있지만 그 사실을 깨닫지 못하고 있다. 당연히 자신의 기분이나 사고방식을 의도적으로 바꿀 수 있다는 사실도 모르고 있으며, 이에 대해 아무 문제도 느끼지 못한다. 그러는 사이 자신도 모르게 많은 기회를 놓치고 있는데도 말이다. 그러나 이 책을 읽는 당신은 그렇게 되지 않을 것이다. 아폴로 13호의 우주 비행사들처럼 '다르게 생각하는 법'을 실행할 수 있기 때문이다. 그러기 위해서 지금부터 스스로를 긴장 모드로 전환시켜 새로운 사고방식을 훈련하고, 자신감과 책임감을 극대화하기 위해 노력하는 단계에 있어야 한다. 지금 당신의 경력이 약간 주춤하고 있거나, 더 높은 수준의 일을 하기 위해 새로운 능력이 필요한 시점이라면 이러한 노력은 분명 당신을 특별하게 만들어줄 것이다.

당신이 가진
실행 전 관례

어떤 일을 실행하기 전에 보이는 습관은 산만함이나, 방해물, 장애요소들로 둘러싸인 환경 속에서도 뛰어난 사고를 할 수 있도록 도와준다. 습관은 대부분 행동으로 나타나지만, 신체적인 문제와는 관련이 없다.

행동을 이끄는 실행 전 관례

실행 전 관례가 어떤 형태인지는 전혀 중요치 않다. 대체로 몸짓, 특별한 행동 등으로 나타나기는 하지만 그렇지 않아도 상관없다. 그러나 여기서 오해하지 말아야 하는 것은 정신으로부터 특정한 행동이 나오는 것이지, 행동이 특별한 정신을 만드는 것은 아니라는 사실이다. 처음엔 나도 다른 사람의 습관을 관찰하거나 그것을 연습하여 나만의 관례로 만들 수 있을 거라고 생각했다. 좀 과장해서 말하자면, 내가 이렇게 생각하게 된 데에는 골프 경기를 중계하는 아나운서나 프로 골퍼들의 영향이 크다. 그들은 "모든 샷을 치기 전에는 특별한 준비가 필요하죠."라고 말하곤 하는데, 결론부터 말하자면 꼭 그런 것만은 아닌데도 말이다. 골프의 황제 타이거 우즈의 경우를 들어보자. 타이거 우즈는 야드 수와 목표지점을 캐디와 의논하는 중에 다양한 행동을 한다. 보통은 먼저 공 뒤에 서서 목표지점을 응시한다. 그리고 한두 번 정도 느린 스윙을 연습하다가 목표지점을 다시 빤히 쳐다보고는 셔츠를 끌어당기며 어깨 근육을 풀고 스윙 자세를 취한다. 그리고 편한 자세가 되면 스윙을 하는 것이다. 현명하지 못한 관찰자라면 이것을 마치 타이거 우즈만의 '완벽한 스윙을 위한 12단계 프로그램'으로 생각할 수도 있다. 타이거의 사소한 동작 하나하나에 탄성을 지르는 열성팬이나, 방송시간을 채우기에 급급한 아나운서는 그의 다양한 기벽들을 끄집어내고, 방대하게 서술하기도 한다. 또한 불행하게도 사람들은 비밀 캐내기를 좋아하고, 아마추어 골퍼는 타이거 우즈의 스윙 전 습관이 성공의 열쇠라도 된다는 듯 열성적으로 따라 하기도 한다. 그러나 애석하게도 그 방법은 틀렸다. 실행 전 관례는 형태가 아니라, 자신을 몰입시켜 줄 수 있는지가 중요하다. 다른 사람의 관례를 그대로 흉내내는 사람은 실행 자체보다 실행 전의 행동을 지나치게 신경 쓰기 마련이다. 결국 실행 모드에서 써야할 에너지와 시간을 낭비하고 만다. 실행 전 관례의 역할은 중요한 일을 앞두고 분명하고 간결하게 사고하여 최상의 결과를 이끌어낼 수 있도록 도와주는 것이다. 자신감을 북돋우고, 집중력을 높여주며, 과도한 중압감이 몸의 컨디션을 망치지 않도록 하는 것이다. 그러므로 어떤 형태이든 역할에 충실한 '나만의 방법'이면 된다. 회사의 중역이 중요한 미팅을 앞두고 타이거 우즈가 그랬던 것처럼 스윙 연습이나 목표지점을 응시하는 관례를 가져야 할까? 그렇지 않다. 그들은 수많은 경쟁을 치르고 승자가 된 사람들이다. 모든 재능을 동원하여 꾸준히 노력했고, 결정적인 순간에 나름의 관례를 거쳐 최상의 정신상태로 결실을 맺은 것이다.

관례는 변화와 기적을 만들어내는 도구다. 이는 엄청난 노력이 바탕이 되는 준비 모드와 자신감과 여유가 필요한 실행 모드 사이에서 작용한다. 결코 물리적이거나 신체적인 것이 아니다. 그렇기 때문에 얼마나 올바르게 적용되었고, 뛰어난 결과를 이끌어냈느냐를 판단하기도 어렵다. 관례는 상징적인 몸짓일 뿐, 마법처럼 성취에 도달할 수 있는 스위치가 아닌 것이다. 순간적인 판단이 필요할 때 최상의 정신상태로 사고할 수 있도록 도와주는 정신의 연습이므로 결과와는 무관하게 즐겨야할 필요도 있다. 위대한 성취자의 관례가 다른 사람들에게는 '성공의 비밀'처럼 보이기도 하지만 그것이 성취의 전부는 아니다.

효과적인 관례는 매번 같은 모습으로 나타나지 않는다

관례에 집착하는 사람이 범하는 최악의 실수는 그것이 행동을 지배하도록 하는 것이다. 당당하게 회의실로 들어가 모두와 힘차게 악수를 나누고, 여유로운 모습으로 재킷 단추를 풀고, 편하게 물을 벌컥벌컥 들이키라고 자신에게 주문하는 것은, '다르게 생각하는 법'이 아닌 관례 자체를 연습하는 행동에 불과하다. 그것은 스스로를 분주하게 만들기만 할 뿐 별 의미가 없고, 심지어는 자신이 매우 의미 있는 일을 했다고 착각하게 만들기까지 한다. 회사에서 프레젠테이션을 준비할 때 거기에 필요한 전략보다는 발표자의 스타일이나 몸짓, 형식의 문제에 온 신경을 집중하고는 스스로 만족해버리는 식이다.

어떤 사람들은 가끔 나에게 자신들이 실행하는 관례를 보여주며 혼자 흥분해버린다. 내 앞에서 몇 번이나 그것을 연습해보고 "이제 어떻게 할까요?"라고 묻기까지 한다. 그 질문은 이미 스스로에게도 여러번 한 질문이었을 것이다. "자, 준비의식은 끝났어. 하지만 다음엔 뭐지?" 준비의식 자체에 집착하는 것은 결코 좋은 결과를 이끌지 못한다. 기계적이고, 의도적인 설정은 아무 소용이 없기 때문이다. 또한 실행 전 관례라는 긍정적인 절차를 거쳤다고 해도 실행이라는 의무가 아직 남아 있다는 사실을 잊어서는 안 된다. 여전히 변화가 필요한 것이다. 실행 전 관례의 목적은 실행의 단계로 매끄럽게 넘어가 최고의 결과를 내기 위함이지, 이것저것 체크하고 숫자를 세서 자기 위안을 삼고자 하는 것이 아니다.

느낌과 리듬에 맡겨라

실행 전 관례를 카운트다운이 아닌 가벼운 춤 정도로 생각하라. 관례를 바꾸거나, 늘이거나 줄이면서 느낌을 조절해보는 것도 좋다. 다시 한번 타이거 우즈를 현명한 눈으로 관찰해보면 이해하기 쉽다. 그는 스윙 전에 항상 같은 동작을 하지 않는다. 준비를 위한 준비가 아니라 여유롭고 확신에 찬 마음을 얻기 위해 샷 전의 시간을 이용한다. 머릿속에 목표지점을 떠올리고 자신의 스윙을 믿는 것이다. 아마 타이거 우즈는 샷 전에 이런 생각을 하고 있었을 것이다. '하던 대로 하자', '공은 저기로 갈 거야,

그게 느껴져', '이런 타법을 구사해야겠다', '이거 재미있겠는걸' 등등. 그런 다음 공을 겨냥하고 백만 번도 더 연습했을 샷을 쳐서 성공시킨다. 연습 스윙의 횟수는 보통 한두 번이지만, 확신을 얻고 집중이 될 때까지 한다면 서너 번이 될 수도 있다. 셔츠 깃을 잡아당기는 행동도 때로는 다른 때보다 세게, 때로는 전혀 하지 않을 때도 있다. 편한 자세를 취하느라 발을 수십 번 앞뒤로 왔다 갔다 하지만, 어떨 땐 한 번 만에 바로 찾아내기도 한다. 느낌과 리듬에 따라 몸을 움직여서 마음을 정리하고, 최상의 집중 상태가 되면 그 마음을 지금까지 쌓아올린 기술에 자연스럽게 흘려넣어 훌륭한 퍼팅을 해내는 것이다. 주요 골프 토너먼트 경기가 열린다면 확인해보라. 타이거 우즈는 공 뒤로 뒷걸음질하며 또다시 그만의 관례를 치를 것이다.

이왕 말이 나온 김에 강의 전에 내가 실행하는 관례를 소개해보겠다. 나는 강의실에 들어가면 먼저 코트를 벗거나 소매를 걷는다. 그리고 파워포인트 슬라이드를 이리저리 클릭하거나, 강의할 내용을 머릿속에 재빨리 떠올려보고, 칠판에 머리말들을 적는다. 또 강의실 앞을 어슬렁거리거나 때로는 가벼운 댄스 스텝을 밟기도 한다. 그리고 강의시간이 되면 매무새를 가다듬은 뒤 청중 속에서 나를 향해 웃어주거나 윙크를 던져줄 사람을 고른 다음 이렇게 말한다. "한 번 신나게 흔들어 봅시다!"

주목할 것은 여기엔 참으로 많은 변수가 있다는 점이다. 당신이 연습해야 하는 관례는 천편일률적인 모방이 아니라 창조적이고 생생한 사고를 이끌어줄 수 있는 것이어야 한다. 나의 관례는 학생들이 강의의 흐름에 몸을 싣고, 유쾌하고 즐거운 분위기에 빠져들도록 하는 것이 목적이다. 그러므로 나에겐 계획적인 몸짓이나, 해치워야 할 일들의 목록도, 억지로 구겨 넣어줄 명언 따위도 필요 없다. 그러나 만약 내 관례가 나와 학생들을 생생하고 여유롭게 만들어주지 못한다면? 간단하다. 다시 하면 된다. 1, 2분이면 충분한데다가 강의시간 내내 별 감흥 없는 내용을 듣는 것보다는 강의 시작이 약간 늦는 편이 훨씬 나을 것이기 때문이다.

경고!

실행 전에 머리 속으로 과정과 결과, 가령 골프장에서의 멋진 샷이라든가, 완벽한 프레젠테이션, 성공적인 세일즈 협상 등을 상상해보는 것은 우리를 실망시키기 십상이다. 그러나 그것을 오래 생각할 필요는 없다. 실제 결과가 상상한 것과 다르면 스스로를 과대평가한 것은 아닌지, 왜 실제와 상상의 결과가 다르게 도출되었는지, 잘못된 점은 무엇인지를 분석하는 준비 모드로 재빨리 진입해야 한다. 이때 실행 전 관례가 하는 역할은 과도한 중압감 때문에 발생하는 신체 반응을 긍정적으로 활용하고, 혼란 대신에 현재에 전념할 수 있는 최고의 집중력을 주며, 실행 후의 결과나 다른 사람의 비평에 대한 두려움을 잊도록 돕는 것이다.

어떻게 시간을
낼 것인가?

일정이 너무 빡빡해서 실행 전 관례를 실행할 시간이 도저히 나지 않는다고 말하는 사람들이 있다. 내 귀에는 이 말이 마치 너무 바빠서 사랑할 시간이 없고, 좋은 부모가 될 수도 없으며, 심지어는 회사 일도 못하겠다고 말하는 것처럼 들린다. 몸에 자연스럽게 밴 관례는 어떤 일에든 최고의 집중력을 낼 수 있도록 할 뿐 아니라, 넓게는 삶의 모든 면에서 효율성을 높여줄 수 있는데 무슨 소린가.

버지니아 대학에 있을 때 훌륭한 음악가를 꿈꾸던 학생을 만난 적이 있다. 그녀는 학교 수업이나 시험, 음성 이론을 공부하는 것들이 모두 음악을 하는 데 방해가 되는 것 같고, 그 때문에 연습할 시간이 늘 부족하다고 불평했다. 그녀는 연주에만 전념하고 싶었던 것이다. 나는 그녀에게 "자네에겐 '샷 전의 관례'가 필요하겠어"라고 충고했다. 그녀는 의아해했다. "그건 골프선수들이나 하는 거 아닌가요?" 나는 그녀에게 다시 물었다. "버지니아 대학의 골프팀 선수들이 매일 골프 라운드에 몰두하면서도 그 많은 수업, 리포트, 시험들을 어떻게 감당할 수 있다고 생각하나?" 그녀는 당연히 그런 생각을 전혀 해본 적이 없었다. 나는 학생이 원하는 방식처럼 골프선수가 골프에만 몰두한다면 결과는 형편없어질 거라고 말해주었다.

"학생은 숙제를 할 때 그것이 음악 활동에 얼마나 방해가 되는지만 생각하고 있어. 그러니 시험 성적도 별로일 테고. 연습실에 갈 때는 연습할 시간이 별로 없다는 생각, 연습중에는 빨리 공부를 시작해야 한다는 생각만 하겠지. 이대로 가면 학업은 물론이고 음악도 더 이상 발전할 수 없어. 잘못된 순환이거든. 골프팀 선수들은 코스에서 실력을 제대로 발휘하기 위해 학업에서 하나의 관례를 연습하고, 학업에서 뛰어난 결과를 얻기 위해 골프 경기에서 관례를 연습한다네. 학생은 그들처럼 생각하는 법을 배워야 할 거야."

나는 그녀에게 필요한 몇 가지 관례를 생각해보았다. 우선 공부를 하다가 연습시간이 되면 보고 있던 부분을 돌아와서 바로 찾을 수 있도록 정리하고 가는 것이다. 연습실에서는 약간의 스트레칭으로 팔과 손, 손가락 근육을 풀어준 뒤 본격적인 연습에 들어가기 전에 좋아하는 곡을 즐기는 마음으로 한 곡 연주해볼 수도 있을 것이다. 연습을 마치고 돌아오면 형광펜을 서너 개 뽑아들고, 두 시간 후로 시계의 알람을 맞춘 뒤 "돌진!"이라고 스스로에게 말한다. 내가 생각한 이 방법은 수많은 방법 중의 하나에 불과하다. 여기서 핵심은 각각의 수행 과제를 능률적으로 연결할 수 있도록 체계를 세우는 것이다. 그녀에게는 시작과 끝을 분명히 구분 짓는 태도를 강화하면서 그때그때 주어진 과제에 전념하는 태도가 필요하다. 그렇게만 된다면 성적은 오르고, 연주는 물 흐르듯 잘 될 것이다.

이 이야기는 앞서 예로 든 골프선수, 음악가뿐 아니라 모든 사람들에게 똑같이 적용된다. 스스로에 대한 신뢰, 이룰 수 있을 거라는 확신, 압박감을 즐기는 여유, 현재에 집중할 수 있는 집중력을 유지하기 위해 정신상태를 바르게 유지해야 한다. 이미 때는 실행의 단계로 왔는데 마음은 준비 모드에 고착되어 있어 과거나 떠올리고 있다면, 잠재력은 충분히 발휘되지 못한다. 결국 당신은 시간 낭비나 하는 비능률적인 실행자가 되고, 시간을 더 완벽하게 관리해야겠다는 초조감만 들기 마련이다. 그러나 정작 필요한 것은 시간보다는 생각을 관리하는 방법이다. 종종 PDA에 일정을 짜 넣고 있거나, 노트북에 비싼 업무 관리 소프트웨어를 깔고 스케줄을 입력하는 의사나 변호사들을 보곤 하는데, 나는 그런 식으로 시간을 까먹느니 실제 수행에 도움을 줄 수 있는 일에 그 시간을 쓰는 것이 낫다는 생각을 한다. 늘 피곤한 레지던트나 변호사 서기라면 그 시간에 잠을 자는게 낫다는 말이다. 시간 관리에 집착하는 이들은 결정적인 순간에 준비 모드에서 실행 모드로 전환하지 못해 잠재력을 충분히 발휘하지 못하는 경우가 많다. 그러고는 자신이 어수선하고 비효율적으로 시간 관리를 한 탓이라고 느끼면서 또 다시 준비와 관리에 집착하는 시행착오를 거듭하는 것이다. 그들에게는 실행 전의 준비 모드보다는 실제로 실행 단계에 임하는 자세를 수정할 필요가 있다.

다시 젊은 음악학도의 이야기로 돌아가 보자. 나는 고민하는 그녀에게 캠퍼스 근처의 작고 초라한 술집 트랙스 *Trax* 에 가보라고 권했다. 특히 '데이브 매튜스 밴드 *Dave Matthews Band*' 가 연주하는 날에 첫번째 손님으로 가보라고 했다. 그 당시 밴드를 결성한 데이브는 그곳에 온 지 얼마 되지 않은 상태였다. 그는 바텐더 일과 연주를 겸하면서, 밴드를 결성하고 자신만의 음반제작사인 바마 래그즈 *Bama Rags*를 세움과 동시에 의욕적인 캠퍼스 투어 콘서트도 추진 중에 있었다. 나는 그 음악학도에게 연주 전과 연주중에 그가 하는 행동을 지켜보라고 했다. 해야 할 일이 산더미 같지만 아직 결실을 보지 못한 음악가인 그녀에게 데이브는 '현재에 전념하고 실행하는 사람' 의 표본이었기 때문이다. 그들의 연주를 보고 듣노라면, 데이브를 비롯한 밴드의 멤버 전원이 현재 하고 있는 일을 진정으로 사랑하고 있음을 느낄 수 있다.

그 음악학도는 2주 뒤 수업에 들어와서 그룹 토론 때 모두에게 이렇게 말했다. "데이브 매튜스라는 사람, 대박 날 거야." 2주 전에 무슨 일이 있었기에 그녀는 그런 말을 하는 것일까? 그녀는 연주 시작 전에 밴드 멤버들과 이야기를 나눌 기회를 가졌는데, 그때 데이브에게 연주 전에 하는 습관이 있냐고 물어보았다. 그는 주저 없이 대답했다고 한다. "물론이죠! 그 습관이 없으면 아무것도 해낼 수가 없어요." 그는 자신이 겪는 생활의 여러 국면들, 즉 작곡에서 즉흥연주, 발성연습, 녹음, 공연, 심지어는 음악과 떨어져 지낼 때조차 다른 생각들을 멈추고 당장 처한 일만을 생각한다고 했다. 그것은 여러 가지 일을 병행하는 사람이 갖기 쉬운 혼란스러움을 경계하려는 '정신적인 견제' 였다. 당시 '데이브 매튜스 밴드' 는 한창 스타덤에 오르고 있던 중이라 여기저기에서 할 일이 많았고, 여행도 많이 해야 했다. 상황이 이렇다 보니 자칫하면 스케줄을 짜고, 시간을 관리하는 일 자체에 빠져버릴 판이었다. 그러나 데이브처럼 '다르게 생각하는 법' 을 아는 사람들은 시간을 낭비하지 않고 경영할 수 있었다. 만일 그가 시간을 다루는 법을 몰랐다면 오늘날 '데이브 매튜스 밴드' 는 무명 밴드에 머물지 않았을까.

결국 그 음악학도는 미래를 예견한 셈이 되었다. 그녀가 트랙스를 방문한 뒤 1년도 되지 않아 '데이브 매튜스 밴드' 는 자체 제작한 앨범을 15만 장이나 팔아치웠고, 대규모 락 페스티벌에 참가해 큰 호응을 얻었으며, 미국의 대형 레코드사인 RCA와 계약할 준비를 하고 있었다. 그 다음은 많은 음악 팬들이 알고 있듯이 음악 역사의 새 장을 열었고 말이다.

관례를
디자인하라

필요할 때 쓸 수만 있다면, 관례가 어떤 것이든 다른 사람에게 어떻게 보이든 중요하지 않다. 스포츠 경기장에는 이런 상황이 아주 많이 벌어진다. 활약이 기대되는 한 유격수가 있다. 그는 마운드에 서서 수없이 글러브를 만지작거리고 발을 땅에 대고 툭툭 치다 얌전히 두었다가를 반복한다. 사람들은 그의 행동을 보고 '무슨 생각에 잠겨 있나보다' 라고 생각할지 모른다. 그러나 그는 그저 야구에 집중하는 것뿐이다. 본루에 편안하게 적응하고, 생각을 하나로 모으는 것이다.

위대한 선수들은 자신의 관례가 다른 사람에게 우스꽝스럽게 보이든, 시간 낭비로 보이든 상관하지 않는다. 그것은 그들의 관례이고, 실행의 결과에 책임질 사람은 다른 누구도 아닌 자기 자신이기 때문이다. 당연히 자신의 관례를 다른 사람의 것과 비교하면서 시간을 낭비하지도 않는다. 뛰어난 사고를 할 수 있는 정신상태를 만드는 것만이 중요한 문제니까.

상대 팀 선수들이나 팬, 혹은 언론으로부터 독특한 버릇 때문에 놀림을 당하는 선수들이 가장 멋지게 복수하는 길은 '훌륭한 성적'을 내는 것이다. 세인트 루이스 카디널스의 구원투수인 알 흐라보스키 Al Hrobosky는 이를 잘 실천한 선수다. 그는 '미친 헝가리인'으로 불릴 정도로 강한 볼을 구사하는 투수인데, 투구할 때마다 공과 대화하는 습관이 있었다. 그는 자신의 투구법이 가지고 있는 두 가지 면을 이해하고 있었다. ①공에 집중하면 과거의 성적보다 다가올 투구를 생각하며 흥분하게 된다. 현재의 투구에 최고로 집중하게 되는 것이다. ②그의 괴상한 버릇은 정말 특이한 것이기 때문에 타자를 의아하게 만들 것이고, 결과적으로는 투수가 심리적으로 우위에 설 수 있다. 흐라보스키는 공을 향해 한바탕 욕설을 퍼붓고 글러브 속에 힘껏 메다꽂은 다음, 타자의 방망이를 피해 포수의 글러브로 공을 던진다. 하지만 훌륭한 관례를 가진 타자를 만난 경우는 예외다. 그야말로 뛰어난 기량이 속출하는, 최고 대 최고의 흥미진진한 시합이 벌어진다. 야구 역사상 가장 위대한 타자 중의 한 명인 헨리 애론 Henry Aeron과의 시합이 그랬다. 흐라보스키는 관례대로 공을 향해 욕설을 뱉은 뒤 타자 옆을 살짝 스치는 공을 투구했다. 애론의 방망이는 그 공을 경기장 밖으로 쳐냈는데, 강하면서도 낮게 날아가는 타구였다. 타석에서 물러나 더그 아웃으로 돌아온 애론은 무표정한 얼굴로 동료들에게 이렇게 말했다. "흐라보스키더러 가서 공을 찾아 또 욕을 퍼부어보라고 해!"

효과적인 관례는 어떻게 나오는 것인가? 나는 사람들에게 거꾸로 생각해보라고 권한다. 어떤 때 관례를 가지고 싶은가? 마음을 전환시키기를 원하는 때는 언제인가? 사람들은 대부분 그저 순수한 쾌락 때문에, 혹은 순간에 몰입하며 스스로에 대한 완전한 통제가 가능했던 과거의 느낌을 되찾기 위해 관례를 필요로 한다. 최고의 실행자들이 가지는 자기확신, 감정의 흐름을 따르는 여유, 중압감의 긍정적인 면을 찾고자 하는 사람들도 있다. 충실한 하나의 관례가 낳는 심리학적 결과를 밝혀보는 일은 매우 의미 있는 과제다. 이미 가지고 있던 수많은 준비 동작이나 몸짓, 상징적 행위들을 실험해본다면, 위대한 사고를 이끌어낸 것은 다른 누군가의 것도 아닌 자신의 모습임이 드러난다. 어떻게 가능하냐고? 중압감 속에서 사고를 변화시키는 결정적인 원동력은 늘 내부로부터 오는 것이 아니었던가?

나는 사람들에게 최고의 결과를 얻었던 때의 기억으로 돌아가 당시 뛰어난 성취를 이루게 된 동기, 실행 직전에 했을지도 모르는 어떤 일들을 생각해보라고 권한다. 당신이 신상품 출시를 앞두고 최고의 광고를 만들어내야 하는 마케팅 부장이라고 치자. 광고 기획은 이미 두 달 전부터 진행되었지만, 아침마다 최고의 인재들이 몇 시간이고 회의실에 앉아 머리를 쥐어짜도 신통한 아이디어가 나오지 않았다. 그러다 점심시간이 되었고, 당신은 손에 쥔 메모지를 잃어버릴까봐 게시판에 핀으로 꽂아놓은 뒤 샌드위치를 사러 나간다. 그리고 다시 사무실로 돌아와 라디오를 켜고 샌드위치를 먹기 시작한다. 당신은 노래의 리듬을 타며 샌드위치를 먹다 게시판을 쳐다본다. 거기엔 아침 회의 내용을 적은 메모지가 꽂혀 있다. 그러고 있자니 문득 당신의 머리를 때리는 어떤 사실에 주목하게 된다. 당신이 생각해낸 아이디어는 즉각 채택되었고, 새로운 광고 제작은 본 궤도에 오르게 된다.

이러한 경험을 회상하면 '어쩌다 마주친' 당신 안의 똑똑한 마케터를 다음번에도 활용할 수 있음을 알 수 있다. 하나의 관례를 통해서 말이다. 브레인스토밍 회의가 끝난 후에는 여유를 가짐으로써 독창성을 얻을 수 있을 것이다. 메모지를 꽂아놓고 사무실을 떠나서 뇌의 활동을 잠시 멈추게 한다거나, 음악을 들으면서 예술적 감수성을 높이고, 뇌가 목표에 몰입할 수 있도록 참선하듯이 벽을 똑바로 쳐다보는 식으로 말이다. 일주일 이상 하루 종일 앉아서 뇌를 혹사하는 회의는 확실히 피해야 한다. 그렇다면 시장 조사나 컴퓨터 그래픽 작업도 피해야 하는 걸가? 천만에, 그것도 당연히 필요하다. 하지만 창조적인 순간들은 대부분 그런 복잡한 것들로부터 잠시 동안이나마 떨어져 있을 때 나오는 경우가 많다. 그러므로 쥐어짜는 고통의 연속인 브레인스토밍으로부터 휴식 모드로 전환하기 위한 관례가 필요한 것이다. 몰입으로부터 휴식 모드로 들어가 창조성을 획득하게 되면, 그 전의 회의에서 얻은 것들을 관조적으로 바라보며 필요한 작업을 할 수 있을 것이다. 획기적인 아이디어가 떠오르지 않더라도 당신이 메모한 내용을 보며 다시 의지가 불타오르게 할 수도 있다.

분석이 끝나면 과거의 경험을 다음의 상황에 적용해볼 수 있다. 새 기획안을 위한 브레인스토밍 회의가 시작되었다. 그동안 마라톤 회의를 해왔다고 이번에도, 반드시 그럴 필요는 없다. 회의시간을 한 시간 정도로 잡고 그 시간이 끝나면 이유를 막론하고 모두 점심시간을 가지며 쉬라고 직원들에게 말하라. 회의가 끝나고 점심거리로 샌드위치를 사러 가는 동안 일에만 골몰하지 말고 집에 전화하여 아내와 이야기하거나, 아이들과의 주말여행을 계획하는 식으로 기분을 환기시켜라. 그리고 사무실로 돌아와 라디오를 켠 후 의자에 몸을 편히 기대고, 점심을 먹으면서 벽에 꽂힌 메모지로 머리를 채운다. 그래도 아무런 아이디어가 떠오르지 않는다면? 오후에 다시 한 번 똑같이 시도하라. 점심시간이 아니어도 티 타임이나 체육관에 잠시 들르는 정도면 된다. 그래도 아이디어가 떠오르지 않았다고? 그렇다고 해서 회의실에서 하루를 다 보내지는 말기를 바란다. 오늘 완성하지 못한 광고 기획안 때문에 가족이나 친구와 보내는 저녁을 망치고 싶지 않다면 말이다. 훌륭한 광고는 하루아침에 태어나지 않으며, 뇌를 혹사시킨다면 아이디어가 나오기까지 점점 더 많은 시간이 필요해질 것이다. 필요한 해결책이 떠오르지 않더라도 일은 잠시 잊어라. 프로젝트로 되돌아 올 때 관례를 실시하여 다시 최고의 집중력을 발휘하면 된다.

내가 만난 사람들 중 대다수의 비즈니스맨들은 실행 모드로 전환할 수 있는 관례 하나가 얼마나 많은 일을 효과적으로 끝낼 수 있는지를 알고 매우 놀라워했다. 그들 역시 하나의 프로젝트를 시작하면 거기에만 매달리느라 다른 프로젝트를 무시하던 사람들이었다. 또한 일을 시간에 맞추는 스타일이었다. 보고서를 작성하거나 차고를 깨끗이 정리하는 일에 일주일의 시간이 주어진다면, 일주일을 다 보내고 나서야 일을 마치게 된다. 그러나 관례를 일의 국면마다 활용한다면, 일주일 안에 끝마칠 수 있다.

무슨 일을 하건 잠재력을 극대화하기 위해서는, 최고의 집중력과 자신감으로 가득 찬 정신상태로 진입해야 한다. 그것을 도와주는 것이 관례다. 관례는 준비와 실제 실행 간에 이루어지는 모든 중요한 전환을 도울 수 있다. 그러나 관례가 쓸데없는 일이 되지 않도록 주의해야 한다. 최고의 성취자는 관례를 비롯해서 당장 주어진 일과 현재를 즐기는 사람들이라는 것을 명심하라.

예는 얼마든지 있다. 의사라면 신들린 듯 최고의 수술을 해치웠던 경험이 한 번쯤 있었을 것이다. 그렇다면 수술 전과 수술중에 무슨 일을 했었는지 생각해볼 필요가 있다. 손을 씻고, 수술용 장갑을 끼고, 메스의 진열상태를 확인하고, 간호사가 표시해둔 절개 자국을 살펴보는 사이 마음은 어디에 있었는가? 마찬가지로 수술 전에 어떤 사건이나 행동이 집중력을 떨어뜨리는지에 대해서도 생각해봐야 한다.

아무리 사람 대하는 일에 능숙하다고 자부하는 영업사원이라도, 새로운 고객을 만나 설득해야 하는 임무는 그를 긴장시키고 집중하게 만들 것이다. 그는 부드러운 분위기를 이끌 자신감을 끌어내기 위해 제품에 대한 따분한 자료나 정보가 담긴 수첩을 잠시 덮는다. 그리고 본론에 들어가기 전에 고객에게 건넬 만한 농담이나 자세 등을 생각해보다가 고객을 맞이했을 때는 눈을 바라봄으로써 신뢰감을 줄 수 있을 것이다. 이것이 좋은 관례의 예다. 만일 고객이 농담이나 분위기보다 숫자에 민감한 사람이라면 제품의 사양과 성능에 대해 정확하게 짚어줄 수 있는 엔지니어의 도움을 받을 수 있다. 엔지니어와 함께 앉아서 그로 하여금 당신이 대답하기 어려울 법한 질문을 쉼 없이 하도록 부탁하는 것이다. 그리고 마치 엔지니어가 고객인 것처럼 그의 질문에 고개를 끄덕이고, 미소를 지으며, 또

박또박 설득력 있게 답변한다. 엔지니어를 향해 고개를 한 번 끄덕이는 것만으로도 자신감이 붙고, 집중할 준비가 되면서, 제품에 대한 고객의 불신이나 계약에 실패할지도 모른다는 불안감을 버리고 현재 목표에 열중하게 된다.

물론 한 명의 고객과 맺은 계약이나 어떤 프로젝트의 실행 성과에 만족했었다 하더라도, 이것이 모든 경우에 그대로 적용되지는 않을 것이다. 다만 과거에 어떤 요소들이 좋은 결과를 이끌었는지 분석하는 태도 자체만으로도 긍정적으로 볼 수 있다. 경험이 축적되면 관례를 습관화할 수 있을 것이고, 특별한 상황에서는 습관화된 관례를 응용할 수도 있을 것이다.

이러한 관례들이 반드시 몸짓만을 뜻하는 것은 아님을 다시 한 번 기억하라. 단지 관례를 가지려는 목적만으로 화장실에 갔다 온 뒤 회의 자료를 복사하고, 손가락 관절을 꺾은 다음 수화기를 드는 행동은 불안감만 더할 뿐이다.

지속적이고 믿을 만한 생각의 변화를 유도할 수 있을 때만 그것을 관례라고 할 수 있다. 영업사원의 경우로 다시 돌아가 보자. 제품의 질이 뛰어나고, 고객도 이 제품이 필요한 상황이라면 그저 고객의 전화번호만 누르면 될 것이다. 그러나 때로는 전화를 거는데만 30분이 걸릴 수도 있다. 실행 모드로 정신적인 태세를 갖추도록 하는 것이라면 무엇이든, 얼마나 어리석어 보이든 상관없이 하나의 관례가 될 수 있다.

또 이런 예도 있다. 어떤 사람은 변호사 시험 직전에 시험장을 훑어보았다. 책을 더 볼 생각은 하지도 않고 말이다. 그는 시험장의 다른 학생들이 불안감에 벌벌 떠는 모습을 쳐다보면서, '나는 저 정도로 긴장하고 있지는 않구나' 하고 만족하고 감사한 다음, 즐겁게 문제를 풀게 되기를 고대했다. 그의 관례는 다른 사람의 괴상한 관례를 보고 비웃는 것이었다. 내 동생은 임상심리학자 자격시험을 치를 때, 어떤 사람이 이구아나에게 키스 하는 것을 본 적도 있다!

명심하라. 관례는 미신이 아니다. 행운이 깃든다는 복싱용 팬츠를 입은 영업사원이나 중요한 프레젠테이션을 앞두고 늘 한쪽만 익힌 계란 프라이 두 개를 먹는 임원처럼 관례와 미신을 혼동해선 안 된다. 물론 미신도 정신상태에 긍정적인 영향을 줄 수 있다. 회의 전에 막강한 행운을 지닌 넥타이를 맨다면 흐뭇한 기분이 될 수도 있고, 느낌은 현장으로까지 이어질 것이다. 이것이야 말로 당신이 관례로부터 기대할 수 있는 것이다. 정말 환상적이다. 하지만 미신과 관례에는 중요한 차이가 있다. 관례는 미신과 달리 사물이 아니라, 사고 자체와 관련되어 있다는 점이다. 중요한 회의가 있는 날, 행운의 넥타이를 두고 왔거나 애완견 때문에 넥타이가 엉망이 되었다면 어떻게 할 것인가? 미신에 의존한 당신은 맥없이 무너지고 말 것이다. 프레젠테이션에 대한 집중은커녕 간부들에게 자신이 얼마나 칠칠치 못하게 보일지에 대한 생각이 머리 속에 가득 차고, 의심과 걱정으로 머리가 터져버릴 지경이 되지 않겠는가?

실제로 나는 중요한 일을 앞두고 '행운의 물건' 을 잃어버린 사람으로부터 전화를 받은 적이 있다. "박사님, 20분 후에는 사무실에 도착해야 하는데 행운의 흰색 셔츠가 분홍색으로 물들어 버렸어요! 어떡하죠?" 이럴 때 나는 그 생각이 얼마나 우스꽝스러운지를 깨달을 수 있도록 대답한다. 미안하지만 그것이 그를 도와주는 길이기 때문이다. "어쩔 수 없군요. 다른 셔츠는 입고 갈 수 없다니 벌거벗고 가는 수밖에요. 다른 셔츠는 행운의 흰 셔츠만큼 경력이 없고, 또 시장에 대해 잘 알고 있지도 않겠죠."

자신에게 물어보아라. '내가 가진 것은 관례인가, 미신인가?' 행운의 셔츠나 넥타이, 양말 뒤집어 신기, 불상 코 문지르기 같은 것은 모조리 빼 버려라. 지금쯤 당신은 이런 의문을 가질 수도 있다. 진 크란츠의 조끼 는? 그것 역시 미신이 아닌가? 크란츠의 조끼는 미신이 아니라 관례다. 왜? 아폴로 13호가 발사되던 날, 조끼를 담은 상자는 발사 직전까지 도착 하지 않았다. 그렇다고 크란츠가 초조해하고, 자신과 팀원들 모두 완벽하 게 집중하지 못할 거라고 걱정하며 손톱이라도 물어뜯었을 것 같은가? 아니다. 대신 그는 나사의 로고가 박힌 모자를 쓰거나, 통제팀원에게 "비 행의 성공을 결정하는 것은 우리이지 내 조끼가 아니다"라고 말했을 것 이다. 이것이 바로 효과적인 관례의 특징이다. 중요한 것은 관례 자체가 아니라 최종결과이기 때문에 관례의 요소들을 항상 수정하거나 교체할 수 있는 것이다.

크란츠는 또한 '조끼 입기 의식'이라는 관례가 이전의 비행사들에게 '제대로 먹힐지' 혹은 '그렇지 못할 것인지' 하는 것에는 집착하지 않았 다. 좋은 관례는 즉시 실행으로 옮길 수 있도록 하는 것이므로 결과를 걱 정할 필요가 없다는 사실을 알고 있었던 것이다. 그것은 무대의 막이 내 려졌다가, 올려졌다가 하는 것처럼 단절된 것이 아니라 물 흐르는 듯 자 연스럽게 전환되는 과정에 있다. "관례를 끝냈으니 이제 실행할 준비가 되었어요."라든가, "관례를 끝냈는데, 그럼 이제 할 준비가 된 건가요?" 라는 생각은 할 수 없고 할 시간도 없어야 한다. 관례는 준비 모드에서 실 행 모드로 당신을 순간이동 시켜주는 스위치가 아니다.

종이 한 장을 쓰레기통 속으로 던져 넣는다고 상상해보라. 종이를 구기면서 쓰레기통의 위치를 확인하고, 심사숙고할 필요도 없이 바로 종이를 던진다. 눈을 쓰레기통에 고정시킴과 동시에 종이를 구기는 것이 바로 관례다. 지금 하고자 하는 행동에 집중할 수 있도록 도와주니까 말이다. 실행 전 관례는 정신을 집중시키고, 여기에 종이를 던질 수 있는 기술이 더해져 목적이 성취된다. 종이를 똘똘 뭉쳐 놓은 모양을 보고 "내가 저걸 충분히 뭉쳤었나? 정말 던질 준비가 되었던 걸까?"라고 의문을 품는 사람은 없을 것이다. 누군가에게 열쇠 꾸러미를 던질 때도 마찬가지다. 먼저 그것을 손 안에서 가볍게 흔들어 감촉과 무게를 느껴보고 던진다. 이것이 바로 관례의 목적이다. 관례에 대해서는 생각해서도 안 되고, 평가할 필요도 없다. 오로지 던지기 위한 준비와 던지기 사이, 상품 선전을 위한 준비와 판매 사이, 과학적 설계와 실험 사이에 전환을 위한 신호로 이용해야 한다.

외부의 장애 요소로부터 방해 받지 않을 수 있는 상태를 유지하는 것이 실행 전 관례의 목적이다. 또한 평가에 대한 압박을 잊고 우리의 뇌에게 휴식을 주는 단계이기도 하다. 눈 앞의 임무에 모든 감각들을 최고로 집중시키고, 목표를 향해 질주하도록 돕는 것이 바로 관례다.

당신만의 방식을
관례화하라

뛰어난 성취자처럼 생각할 수 있는 관례를 고안했는가? 그렇다면 이제 그것을 다듬고 조절할 차례다. 단지 생각해내는 것만으로는 충분치 않다. 행동심리학자로서의 내 업무를 끊임없이 방해하는 것 중 하나는 정신적인 게임에 임하는 선수들에게 코치가 쓸데없는 말을 자꾸 주입시키려 하는 것이다. 나는 코치에게 "제발 선수들이 각자 자기만의 방식으로 연습해볼 시간을 좀 주자"고 애걸하기까지 한다. 경기에서 승패를 결정하는 가장 중요한 요소로 정신력을 꼽는 코치의 말에는 공감한다. 그러나 바로 그 정신력을 고양시키기 위해 따로 시간을 안배해줄 필요가 있는 것이다. 소란과 혼란, 경쟁의 한가운데에 있는 선수들이 자신만의 관례를 연습해볼 시간 말이다.

같은 맥락으로 기업체 임원들에게도 직원들에게 개인적인 시간을 늘려주라고 조언한다. 그 시간에 하루의 일을 되짚어보고, 다시 전투에 임할 마음의 준비를 단단히 할 수 있을 것이기 때문이다. 당신은 직원들이 힘겹게 혹사당하는 사람이었으면 좋겠는가, 아니면 뛰어난 재능을 바탕으로 새로운 일에 도전하는 사람이기를 바라는가? 적절한 시간이 주어진다면 당신의 직원들은 후자가 될 수 있을 것이다. MBA를 받은 사람에게 스프레드시트 읽는 법을 가르칠 필요는 없겠지만, 중간관리자라면 효과적으로 업무를 수행하기 위해 일반적으로 한두 가지 정도 배워야 하는 기술이 있다. 관례도 그 중 하나다. 그들은 뛰어난 잠재력을 가지고 있으면서도 결정적인 순간에 어떻게 하면 능력을 확실히 보여줄 수 있는지 모른다. 비즈니스 스쿨이나 연수교육 프로그램도 온통 논리적 · 비판적으로 사고하는 법을 가르쳐줄 뿐이니 어쩌면 당연하다. 그들은 능력과 경험을 축적하는 과정인 준비 모드에서 탁월한 실력을 보이지만, 그뿐이다. 늘 준비 상태에 머물러 있는 것이다. 그렇기 때문에 다르게 생각하는 방법이 필요한 것이며, 실행 전 관례가 그 중 하나다.

나는 더 나아가 모든 경영학의 과정에는 관례에 관한 단기 과정을 개설

하고, 기업은 관례가 가지는 심리학적 목적을 밝히는 연수교육을 실시해야 한다고 생각한다. 이상적인 생각이 어떤 결과를 이끌어 내는지 규명할 수 있도록 모의실험 단계를 만들고, 새로운 관례들을 통합하여 실천하는 전략을 짤 수도 있다. 이처럼 학교와 여러 기구들이 효과적인 철학을 발전시키는 데 시간을 바쳐야 뛰어난 성취자들을 양성할 수 있다.

chapter 11

소크라테스는
슬럼프에 빠지지 않는다

Socrates Never Had a Slump

여기까지 읽어온 독자라면 어떻게 해야 특별한 사고를 하는 사람에게 뒤지지 않을 수 있는지, 실행자로서 자신이 가진 강점과 약점이 무엇인지 알았을 것이다. 당신은 어떻게 사고하는 사람인가? 요기나 마이클 델, 리차드 브랜슨처럼? 타일러 해밀턴, 존 애스플랜드처럼? 폴 뉴먼이나 빌 러셀, 진 크란츠, 혹은 제이미 켄트처럼? 아니면 다람쥐처럼? 지금쯤 당신이 '어떻게 하면 새롭게 사고할 수 있을지'에 관해 연구하기 시작했기를 바란다. 도중에 장애물에 부딪히거나, 이런 저런 생각으로 인해 오히려 뒷걸음질칠 수 있다. 하지만 걱정하지 말기를. 그것은 너무나 정상적일 뿐 아니라 위대한 성취를 추구할 때 당연히 거치게 되는 과정이다. 자신에 대한 확신이 부족한가? 문제에 집중하기가 어려운가? 성취를 위해 헌신하지 못하고 있나? 결과에 대한 두려움 때문에 도전하지 못하고 불안에 떨고 있지는 않은가? 자신의 것이 아닌 다른 사람의 꿈을 추구해왔거나, 자기의 진짜 꿈이 무엇인지조차 모르고 있지는 않은가?

이런 문제들을 안고 있는 사람은 대부분 즉각적인 결과를 원한다. 금세 눈에 띄는 놀라운 성취를 말이다. 그러나 진정한 성공을 이어가고 언제나 목표를 초과 달성하는 사람이 되고자 한다면, 지름길 따위는 결코 없음을 알아야 한다. 이미 지적했듯이 스위치 하나로 해결되는 문제가 아닌 것이다. '새로운 사고'는 결과와는 상관없이 당신을 움직이는 추진력이고, 지속적으로 가져야 할 마음상태다. 습관처럼 말이다. 이런 사고에 익숙해지기 위해서는 마음의 틀을 다시 짠다는 기분으로 어마어마한 연습을 해야 할 것이다. 중요한 일을 앞두고 스스로 충분히 확신에 차 있고 최대한 집중한다고 생각할 때조차, 우리의 몸과 정신은 예전부터 갖고 있었던 나쁜 습관으로 돌아가려고 한다. 이제 당신이 정말 다르게 생각하는 길을 선택했다면, 흔들림 없이 집중할 수 있도록 도와줄 새로운 지침이 필요하다.

그것이 바로 내가 '행동철학'이라고 부르는 것이다.

벌써부터 겁먹을 필요는 없다. 플라톤이나 칸트의 책을 읽으라는 게 아니니까. 다르게 생각한다는 것은 깊게 생각한다는 뜻이 아니다. 얼마나 많은 지식을 갖고 있는지, '삶의 의미'를 찾아 어디까지 왔는지는 중요하지 않다. 물론 이 철학을 발전시킨다면 삶이 더욱 깊은 의미를 가질 수 있겠지만 말이다. 나는 당신이 차라리 중학교도 채 졸업하지 못한 요기 베라처럼 생각했으면 좋겠다. 요기는 일단 게임이 시작되면 자신이 원하는 방향으로 생각을 유지해나간다. 역경에 처하든 성공의 한가운데에 있든, 명확히 규정된 행동철학을 고수함으로써 일관성을 지키는 것이다.

그러면 앞서 이야기했던 실행 전 관례와 행동철학의 차이는 무엇일까?

- 철학은 어떤 일을 하는지, 그 일을 왜 하는지에 대한 일관성 있고 총체적인 해답이다. 열정적인 삶, 성취를 위해 노력하는 과정에서 겪게 되는 성공과 실패를 다루기 위한 기본 틀이다.
- 관례는 실행의 순간마다 남과 다르게 생각하고 주어진 과제에 최선을 다하는 당신의 철학을 존중할 수 있도록 도와주는 것이다.

무한성취자들의 행동철학

UCLA의 전설적인 농구코치인 존 우든John Wooden은 선수들이 성공에 이를 수 있는 정신상태를 유지하기 위해 어떤 지침이 필요한지 고민했다. 여러 가지 기본 지침 중에 내가 가장 좋아하는 것은 이것이다. "우리는 항상 승리할 것이다, 주어진 시간만 충분하다면." 우든의 지휘 아래서 UCLA팀 선수들은 경기에서 지더라도 결코 당황하지 않았다. 승리로 향하는 길에 있지만 시간이 다 되어버린 것뿐이라고 믿었기 때문이다. 우든의 철학은 팀이 확신에 넘치는 사고를 하면서 결과에 얽매이지 않고 현재에 집중하도록 만든 위대한 전략이었다. 당신에게도 우든의 철학은 유용할 것이다.

❦ 결국, 나는 정상에 서게 될 것이다 ❧

어떤 기준으로도 당신은 분명히 경쟁자를 이길 것이다. 지금 당장이 아니더라도 충분한 시간만 주어지면 그렇게 하고 말 것이다. 회사를 차리는 게 꿈이라면, 몇 년이 걸릴지 몰라도 꿈을 이룰 때까지 신념을 지켜라. 일시적인 결과나 미진한 목표달성에 전전긍긍하지 않으면서 밀고 나간다면, 그 꿈은 이루어질 것이다.

이는 당신이 가진 잠재력을 모두 동원하여 실행할 때 필요한 자세다. 성공할 수 있을지 의심하거나 상황을 왜곡해서 받아들이고 중압감에 굴복하는 등 낡은 습관으로 돌아가려는 자신을 발견할 때, 우든의 철학은 당신을 재빨리 실행자의 자세로 돌려놓을 것이다. 나는 행동철학에 대해 강의할 때 종종 이런 예를 든다.

> ❝ 모든 사람들이 바지를 입을 때는
> 한 번에 한 다리만 펜다 ❞

나는 이것이 '신 거짓 증후군'과 반대되는 유익한 개념이라고 생각한다. 태어날 때부터 슈퍼스타로 예정된 사람은 아무도 없다. 빌 게이츠나 루 거스너, 그 외 당신이 존경하는 성공한 사람 모두는 밑바닥부터 시작했다. 그들도 우리처럼 집이나 회사에서, 가족이나 동료들로 인해 매일매일 장애에 부딪힌다. 하지만 역시 바지를 입을 때는 한 번에 한 다리만 펜다. 성공을 위해 차근차근 노력한다는 말이다.

그러고 보니 재미있는 일화가 하나 생각난다. 몇 년 전 일이었는데, 내 강의시간에 이 얘기를 하자, 한 학생이 의문을 제기했다. "교수님, 저는 한 번에 한 다리씩 꿰지 않는데요?" 그 말을 들은 나는 그가 바지를 입기는 입었는지 확인해보기까지 했다. "그래? 그러면 학생은 어떻게 바지를 입나?", "바지를 쥐고 침대 한 쪽에 선 다음, 뛰어들어서 양 발을 동시에 넣습니다!" 순간 강의실 안은 웃음바다가 됐지만 그는 여전히 진지했다. 그리고 가끔 조준이 잘못돼서 넘어질 때도 있다고 부연설명까지 했다. 어떻게 그런 습관이 생겼는지 묻자, 어렸을 때 옷 입기를 싫어하는 그를 위해 어머니가 고안해낸 일종의 '게임'이었던 것이다. 성인이 되어서도 재미있어서 계속 해왔다는 것이다.

학생들은 그를 이상하게 생각했지만 나는 그렇지 않았다. 오히려 그의 바지 입기가 재기 넘치는 행동이며, 내가 가르치는 내용과도 정확하게 부합한다고 생각했다. 보통 사람들이 아침마다 아무 생각 없이 하게 되는 사소한 일을 하나의 놀이로 만들었으니, 그는 매일 아침을 파티 하는 기분으로 시작하게 되지 않겠는가. 그는 어머니의 도움으로 사소한 일이라도 즐겁게 해야 한다는 사고방식을 익히게 된 것이다. 그의 이러한 아침 의식은 다음과 같은 행동철학으로 옮길 수 있다.

❝ 무슨 일이든, 그 일을
재미있게 하는 방법이 있다 ❞

다음 날 아침, 나는 침대 가장자리에 서서 어제 만난 학생이 일러준 대로 바지 입기를 연습하고 있었다. 당연히 첫 시도는 실패였다. 그리고 내 꼴은 완전히 '코믹 홈 비디오' 프로그램의 유력한 후보작감이었다. 하지만 덕분에 한바탕 실컷 웃고 난 뒤 오늘 하루에 대해 새로운 각오를 다질 수 있었다.

어떤 기업은 실제로 이러한 '재미'를 경영철학으로 가지고 있다. 버진 기업이 그런 경우다. 대표 리처드 브랜슨은 "나는 돈만 보고 사업을 하지는 않았다고 양심을 걸고 말할 수 있습니다. 돈만이 동기라면 안 버는 게 낫죠. 일은 사람들의 참여를 이끌어내고, 재미있어야 한다는 게 버진의 철학입니다."라고 말한다. 일을 재미로 해야 한다는 그의 생소한 경영철학은 회사에 막대한 이익을 남김으로써 그 유용함을 증명하기도 했다. 1970년대 초반에 휴스턴에서 '멘스 웨어하우스 *Men's Wearhouse*'를 처음 연 뒤 현재 미국에서 가장 큰 신사복 회사로 키워낸 조지 짐머 *George Zimmer*도 독특한 경영철학을 가진 사람 중 하나다. 그는 2003년 전 지점의 부지배인들이 모인 자리에서 이렇게 말했다. "어쩌면 우리는 여러분에게 충분한 월급을 드리지 못하고 있는지도 모릅니다. 우리가 재미라는 단어를 늘 잊지 않는 이유는 그 때문입니다. 우리는 재미를 중요하게 생각합니다. 하느님은 역시 모든 사람들에게 유머가 있다는 것을 아십니다. 그리고 그것을 여러분들의 비즈니스에 활용하기를 바라고 계실 겁니다." 재미라는 가치를 적용하여 성취를 이끌어내는 짐머의 '탈정형적 경영철학'은 유사한 다른 사례와 함께 〈타임〉 지에 특집기사로 소개되기도 했다.

물론 인생이 항상 즐거운 것은 아니다. 그러나 최고의 실행자들은 힘들고 비극적인 순간마저도 이겨낼 수 있는 전략을 손 안에 넣고 있게 마련이다. 나의 어머니는 호스피스로 일하시면서, 불치병에 걸린 사람이나 아이를 잃은 상실감에 빠져 있는 부모를 도와주신다. 사실 그런 일에 즐거움이란 말은 어울리지 않는다. 그러나 비극에 매몰되지 않고 현실을 냉정하게 파악하면서, 인생의 희망과 사랑, 일상이 주는 행복을 바라볼 수 있는 방법이 분명 그 안에 있다. 사별을 주제로 삼은 한 세미나에서 어머니는 "죽음이나 병이 찾아오는 것은 어쩔 수 없지만, 그것을 맞이한 우리의 행동은 통제가 가능하다"고 말씀하셨다. 비탄에 빠져 눈물을 흘리고 머리카락을 잡아 뜯으며 비극을 맞이할 수도 있지만, 고인의 명복을 빌고 추억을 회상하면서 가까운 사람들과 슬픔을 나누는 방법도 있다. 죽음이란 허무하기 짝이 없어 보이지만 꼭 그렇게 생각할 필요는 없는 것이다. 여기서 유용한 행동철학 하나가 나온다.

> ❝ 사건을 통제할 수는 없지만,
> 반응은 통제할 수 있다 ❞

남과 다르게 생각하고자 하는 모든 사람들에게 이런 원칙들이 필요하다. 그러나 내가 당신의 꿈을 정해줄 수 없는 것과 마찬가지로, 당신의 인생에 적용할 수 있는 철학 또한 제시해줄 수는 없다. 일관적으로 문제에 접근하고 실행할 수 있는 '나만의 기본 원칙'을 세우는 것은 각자의 몫이다. 이는 다르게 생각하는 사람이 되는 과정에서 얻는 즐거움 중 하나다.

능률적인
철학 만들기

대부분의 사람들은 행동철학, 아니면 그와 비슷한 것을 이미 갖고 있다. 오랜 세월 삶과 일에 대해 특정한 태도를 적응시켜온 결과다. 그러나 불행하게도 결과의 대부분은 심사숙고해서 얻어진 것이 아닌 경우가 많다. 큰 성공을 이룬 인물의 철학을 차용하거나, 대중매체를 통해 얻은 것을 자기 것으로 착각하기도 하고, 평범함을 최고의 가치로 치는 사회화의 과정에서 우발적으로 선택된 경우가 많다. 그 결과 많은 사람들이 성공으로 이끄는 철학이 아닌 성공을 저해하는 철학 주위를 맴돌고 있다. '연습이 완벽함을 낳는다' 는 말이 대표적인 예다. 완벽을 추구하는 것은 미덕이 아니며 오히려 중압감에 눌려 질식사에 이르는 가장 확실한 길이다. '현실적이 되라' 는 말이나 '자신을 뛰어넘지 말라', '한계를 알라' 는 말도 마찬가지다. 모두 신념을 제한하고 높은 성과를 가로막는 방해물이다. 부모님이나 선생님에게서 많이 듣던 '서두르면 일을 그르친다' 는 말은 어떤가? 나는 높은 성취를 위해서라면 지나친 신중함을 발휘하여 머뭇거릴 게 아니라, 위험을 감수하고 그 속으로 돌진해야 한다고 생각한다. 이제 스스로에게 물어볼 차례다. 내가 가지고 있는 행동철학은 나에게 도움을 주는가, 해악을 끼치는가? 가능한 솔직하게 이 질문에 대답해야 할 것이다. 지나치게 능률적인 철학을 갖고 있는 사람도 있다. '인간이라면 당연히 실수를 저지른다' 고 믿다가도, 상황이 달라지면 그 철학은 일시적으로 폐기처분된다. 입사를 위해 면접을 보러 가면서 이렇게 생각하는 것이다. '모든 사람들이 원하는 정말 괜찮은 자리야. 난 최선을 다해야 해. 실패가 있어서는 안 돼' 다른 말로 하면 '나는 지금부터 인간이 아니야' 라고 선언하는 것과 같다. 이런 원칙은 그럴싸해 보이기만 할 뿐이다. 훈련이나 응용을 통해 얻은 것도 아닐 것이고, 좀더 솔직히 말해서 행동의 철학이라곤 없는 것이라고 봐도 좋다. 이들이 높은 수준의 성취를 위해 필요한 확신과 집중, 동기를 부여할 수 있는 꿈 등 1장에서 다루었던 내용을 믿을지는 모르겠지만, 사실 이런 원칙을 가진 사람들의 믿음은 실제 행동이나 방식을 이끌 수 없다.

여기서 또 한 가지 스스로에게 질문해야 하는 문제가 있다. 내가 품고 있는 철학은 역경을 만났을 때 수정되지 않고 그대로 적용되고 있는가?

스스로에게 적합한 철학을 발견하고 그것을 일관성 있게 활용하기 위해서는 다음에 설명할 두 가지를 마음에 간직해야 한다.

능률적인 행동철학은 간결하고 명백해야 한다

나는 사람들에게 무언가를 실행해야 할 상황에 있다면 여러 가지 원칙 중에 딱 하나만 적용하라고 말한다. 그렇지 않으면 행동보다 철학에 더 집중하게 될지도 모르기 때문이다. 중요한 것은 다르게 생각하는 데 가장 큰 장애물이 무엇인지 알아본 다음, 실행을 방해하는 요소들과 맞설 수 있는 한 가지 원칙을 적용하는 것이다. 중압감을 극복하는 데 어려움을 느끼는 사람이라면 그 상황을 극복하기 위해 필요한 전략 하나만을 기억하고 실행해야 할 것이다. 예를 들면 다음과 같은 철학이다.

❝ 인간의 육체는 스트레스 속에서
더 나은 수행을 하도록 만들어졌다 ❞

중압감을 느끼는 상황이 몸에 전하는 신호는 당신 앞에 위험이 도사리고 있으며 그것을 극복할 준비가 되어 있다는 뜻이다. 여기에서 또 하나의 철학이 따라온다.

❝ 압박감을 느끼는 순간은 당신이 얼마나
훌륭한지를 보여줄 수 있는 기회다 ❞

이런 종류의 철학들이 포춘 쿠키(중국 음식점 등에서 안에 점괘를 적은 종이를 넣어 만든 과자 – 옮긴이 주)에서나 볼 수 있을 법한 진부한 것처럼 느껴질지도 모르겠다. 아닌게아니라 좀 그렇기도 하다. 하지만 적어도 속물근성이나 엘리트주의에서 비롯된 사고는 아니다. 복잡하고 현학적인 사고와는 상관없고, 오히려 단순하게 사고하는 방법인 것이다. 너무 익숙하게 느껴져서 진부하게 느껴지는 말이지만, 그럼에도 진실은 진실이다. 그러니 내던져 버리지 말고, 자신의 상황에 가장 잘 맞는 것 하나를 골라 의지하라. 마음에 드는 모든 문구들로 장황하게 리스트를 만들 필요는 없다.

당신에게 특별한 행동철학이어야 한다

여기저기 써먹을 수 있는 행동철학은 효과가 없다. 훌륭한 사람이 가진 철학이 당신만의 꿈을 이루는 데 꼭 필요한 것이라는 법도 없다. 뛰어난 성취를 위해 당신에게 필요한 철학이 나에겐 전혀 쓸모가 없을 수도 있다. 한 가지 예를 들면, 사실 나에게 신념은 별 문제가 아니다. 내가 실행자로서 넘어야 할 가장 큰 장애물은 인내심이다. 가치 있는 연구 과제들이 무척 많아서 지금 당장 그것들을 다 해치우고 싶지만, 하나하나 모두 고도로 집중할 수 있는 인내심이 부족한 경우가 많다. 나의 실행을 방해하는 것은 이런 문제다. 그래서 나는 내 상황에 맞는 개인 철학을 만들었다.

> ❝ 삶이라는 게임에서는
> 한 번에 하나의 투구만 허용된다 ❞

우리에겐 자기만의 철학이 필요하다. 그것은 개인이 원하는 사고방식을 위해, 철저히 개인에게 맞춰진 지침들이어야 한다. 앞서가는 성취를 위해서는 나쁜 사고 습관을 버리고, 나름의 철학을 발전시켜야 한다. 현재의 나와 변하고자 하는 내 모습 사이에 어떤 장애물이 있는지 당신은 알고 있을 것이다. 지금까지 다르게 생각하기 위해서는 어떤 요소가 필요하며, 부족한 점은 무엇인지 몇 번이고 지적해왔으니 말이다. 그렇기 때문에 이미 터는 닦아 놓은 셈이다. 이제 그 위에 철학의 기초공사를 할 차례다. 이때 나의 철학이 다른 사람에게 어떤 영향을 줄지 고민하면서 시간 낭비하지 말고, 동경해온 사람의 삶과 일에 대한 태도를 생각하지도 말라. 전문가로 자처하는 그 어떤 사람들의 처방도 받아들일 필요 없다. 철학을 세우는 데 오직 자신만을 의지하라. 그렇게 세워진 철학만이 당신의 수행능력을 높은 수준으로 이끌어줄 수 있다.

장애물을 넘어
철학으로

2002년 봄, 나는 한 대학의 경영학 석사과정 신입생들을 위한 워크숍을 진행해달라는 요청을 받았다. 학생들은 이미 직장에서 비중 있는 업무를 경험해 본 사람들이었다. 이들에게는 대학원에서 얻게 될 정보와 기술을 실제 업무에 적용하기 위한 원칙이 필요했다. 나는 그들이 행동철학을 만들어낼 수 있도록 하기 위해 우선 아침에 출근해서 책상에 앉아 있는 자신의 모습을 상상해보라고 주문했다. 그리고 다음과 같은 질문을 던졌다. "매일 아침 처음 떠오르는 생각이 무엇인가요? 미리 말하지만

'베이글을 먹을까, 도넛을 먹을까' 같은 대답은 사양입니다." 예상대로 학생들의 대답은 신통치 않았다.

대부분의 사람들은 전략과 계획을 실행할 때 결정적으로 필요한 철학을 잘 다듬어 놓지 않는다. 목표와 나름의 성공 공식, 사업 계획을 갖고 있기는 하지만, 그것은 그저 OX만 결정해줄 뿐이다. 사람들은 보통 사무실에 도착해서 컴퓨터에 일정을 입력하고, 바로 일에 뛰어들고 오늘 해야 할 일에 대해서만 생각한다. 그러나 평범한 결과가 아닌, 뛰어난 성취를 원한다면 '어떻게'를 더 비중 있게 고민해야 한다. 나는 워크숍에 참가한 학생들에게 행동철학을 가지고 있지 않으면 대학원 과정의 방법론에 갇혀버리게 될 것이라고 경고했다.

우리 모두 마찬가지다. 어떤 사람은 발등의 불을 끄는 데만도 급급한 처지이니, 철학을 가져야 한다는 말은 이상에 불과하다고 생각할 수도 있다. 그러나 행동철학은 남과 다르게 생각하여 뛰어난 성취를 이루고자 하는 우리에게 반드시 필요한 것이다. 장애물이 생겼을 때 그것을 현실적으로 바라보도록 하기 때문이다. 나는 내 교육 프로그램에 꾸준히 참가하는 기업 임원들에게 업무 수행 앞에 놓인 장애물에 대해 생각해보라고 주문한다. 영업사원이 고객과 통화하기 위해 전화기를 드는 일을 싫어하고 간부가 이사회에 참석하는 일이 힘들게 생각된다면, 그때 나타나는 부정적인 반응을 제어할 수 있는 지침을 마련해야 한다. 여기, 그러한 압박감을 해결할 수 있는 몇 가지 지침이 있다.

- 인간의 몸은 압박감에 의해 자극될 때 더 높은 수준의 능력을 발휘한다.
- 압박의 순간은 훈련해온 모든 능력을 유감없이 발휘할 수 있는 기회다.
- 압박은 성공을 위한 기회다.

- 압박감이 없다는 것은 지금 하는 일이 따분하고 흥미롭지 않으며, 가치 또한 느끼지 못하고 있다는 신호다.

압박감이 문제가 아닌 경우도 있을 것이다. 실행의 순간을 지나치게 의식하거나, 의욕적으로 많은 시간을 들여 준비했는데도 성과가 기대를 따르지 못하는 것이 문제라면 다음과 같은 지침들을 적용해볼 수 있다.

- 준비만으로 경쟁자를 이길 수 있는 것은 아니다.
- 학교에 오래 머물거나 세미나에 꾸준히 참가하는 것이 성공을 의미하지 않는다.
- 노력은 연필과 종이만 가지고 수학문제를 푸는 것과 같다. 실수를 하기 쉬울 뿐더러 계산기를 가진 사람에게 금방 지게 된다.

유용한 행동철학을 얻는 방법 중에는 자신이 정년을 맞이하여 파티에 참석 중인 모습을 상상해보는 것이 있다. 축사를 하는 사람들은 당신의 어떤 특징을 주로 이야기할까? 이런 말이 나오길 원하는 사람은 없을 것이다. "그녀는 항상 100% 이상으로 일했죠.", "내가 밤늦게 퇴근할 때도 딱 하나 불이 켜져 있는 자리가 있었는데, 늘 그의 자리였습니다.", "그는 늘 뼈가 부서지도록 일했어요." 당신이 늘 썼던 표현들이 나올 수도 있다. "되는 일이 없어.", "최악의 상황에 대비해야겠군." 아니면 사무실의 익살꾼들이 당신의 특징, 버릇을 흉내 낼지도 모른다. 자신감 넘치는 걸음걸이나 윙크, 하이파이브, 아니면 사람의 눈을 쳐다보지 않는 습관 같은 것 말이다.

이렇게 상상 속에서 질문을 떠올렸을 때 나오는 대답은, 자신이 다른 사람들로부터 어떤 철학을 가진 사람으로 인정받고 싶어 하는지를 알 수 있는 좋은 자료다. 뛰어난 성취를 이루기 위해 피해야 하는 것은 무엇이고, 습관화해야 하는 것은 무엇인지 당신에게 확실히 인식시켜줄 것이다. 이런 방법을 통해 기초가 잘 다져진 행동철학을 갖게 된다면, 그 어떤 장애물이나 실패도 당신을 파멸시키지 못할 것이다.

긍정적인
사고와 행동

부정적인 사고는 어마어마한 힘을 가지고 있다. 곧 재난이 닥칠 거라고 믿는다면 그 어떤 일에도 전념하거나 확신을 가질 수 없다. 그런 면에서 긍정적인 사고는 아주 훌륭한 것이지만, 반면에 남과 다르게 생각하는 데 방해가 될 수도 있다. 지나치게 목표 지향적인 데다가 실행자들이 의식의 흐름을 분석하게 만들기 때문이다. 진정 남과 다르게 생각하는 사람은 긍정적인 생각을 논리적으로 추리하기보다 긍정적인 행동의 힘을 믿는다. 자신이 얼마나 옳게 생각하고 있는지 고민하느라 행동을 멈추지 않는다. 여기에서 큰 차이가 온다.

의사의 예를 들어보자. 훌륭한 의사는 스스로에게 "나는 훌륭한 의사야, 나는 수술을 잘 해낼 거야."라고 말하면서 수술을 시작하지 않는다. 이러한 자기와의 대화는 어리석고 위험한 것이기 때문이다. 또 '먼저 이걸 하고, 그 다음 저걸 하자. 다음 해야 할 일은 뭐지?' 라고 생각하지도 하지 않는다. 그저 자신이 그동안 쌓아온 훈련과 경험을 믿으면서 자르고, 꿰맬 뿐이다. 한창 협상중인 유능한 세일즈맨이 세일즈 매뉴얼에 나와 있는 단계를 생각하지 않고, 위대한 연주자가 무대에 올라 악보를 보지 않는 것과 마찬가지다. 이들은 그저 자기가 잘할 수 있는 것을 하면서 즐기고 그것이 가장 최선의 결과를 얻는 방법이라는 것을 안다. 이들은 이미 자기 확신이 가득 차 있기 때문에 그 확신에 대해 심사숙고하며 고민하는 일도 없다. 일련의 지시사항이 아니라, 철학에 근거하여 실행하는 사람들은 '자신감을 가지자'나 '주어진 일에 몰두하자'는 말을 떠올릴 필요가 없다. 신앙심 깊은 사람들이 '믿음을 지키자'고 되새길 필요가 없 듯이 말이다.

행동철학은 몇 번이고 반복해서 외워야 하는 주문이 아니다. 성취를 위해 달려가려는 당신을 낡은 습관이 붙잡을 때, 그냥 보통 사람처럼 생각 해버리라고 유혹할 때조차 다르게 생각할 수 있도록 돕는 지침이다.

몰입의 철학

불특정 다수를 대상으로 하는 인생 매뉴얼이 역동적이고 예 측 불가능한 실제 삶에 유용할 리가 없다. 당신에게 필요한 것은 예상하 지 못했던 상황에서도 일관성 있는 태도를 지킬 수 있는 철학이다. 특수 한 상황에서만 적용되는 것이어서도 안 된다.

2년 전, 전직 전투기 조종사인 친구 데이브와 함께 곡예비행을 한 적이 있다. 우리는 2인용 곡예 비행기에 올라 360°, 180° 회전을 하면서 신나 게 공중을 날았다. 비행을 마칠 때쯤 데이브가 일부러 속도를 뚝 떨어뜨 리는 바람에 비행기는 급강하하며 착륙했다. 그때 나는 솔직히 겁이 나서 죽을 지경이었다. 비행기에서 내리고 데이브가 내 낙하산 멜빵을 보더니 장난을 걸어왔다. "자네, 좌석벨트는 괜찮나?" 그제야 정신을 차리고 보니 급강하할 때 멜빵을 너무 꽉 잡은 나머지 너덜너덜해져 있었다. 그제서야 나는 여유를 찾고 키득키득 웃으며 "응, 괜찮더군. 비행이 지루한 것은 아니구먼?" 하고 대답했다.

격납고로 돌아가는 도중에 데이브는 갑자기, 내 구미에 맞을 기사가 하나 있으니 기다려보라고 하면서 사무실로 뛰어갔다. 그가 가지고 돌아온 것은 정말 내게 꼭 필요한 것이었다. 나는 지금도 강좌 첫 시간마다 학생들에게 그 기사를 나눠주며 읽어보라고 한다. 내용은 비행중 갑자기 비행기의 이상을 느낀 조종사의 실화다. 한 조종사가 비행중이었는데, 어느 순간부터 비행기가 오른쪽으로 심하게 기울고 있음을 느꼈다. 설상가상으로 고도계는 통제 불능 상태여서 조종이 불가능했다. 그러나 그는 당황하지 않고 침착하게 평소 훈련 받은 그대로 행동했다. 속도를 늦추고, 보조날개를 조종하고, 비행기가 한쪽으로 기울지 않도록 방향키 페달을 밟았다. 또 관제탑에 무전을 쳐서 지금 자신이 비상 착륙을 시도하고 있음을 알렸다. 결국 조종사는 침착한 대응 덕분에 위험천만한 나선강하를 하지 않고 착륙할 수 있었다. 그러나 놀라운 것은 그것만이 다가 아니다. 비행사가 조종석에서 나와 보니 왼쪽 날개가 완전히 떨어져나가 없던 것이다! 믿을 수 없는 광경을 보고 사람들이 몰려들었다. 어떻게 하나의 날개로 비행을 하고 착륙할 수 있었을까? 많은 사람들이 궁금해 했지만 그도 답을 몰랐다. 비행기의 계기들은 한쪽 날개로 비행하고 있다는 사실을 알려주지 않았고, 그는 단지 문제가 있다는 것만 알았을 뿐이었다. 그리고 당연히 문제를 해결하기 위해 노력했을 뿐이다. 만일 날개가 없어졌다는 사실을 알았다면 어떻게 됐을까? 그는 날개 하나로 비행하는 것이 불가능하다는 사실을 알고 있으니 당장 낙하산을 폈을 것이고 비행기는 산산히 부서졌을 것이다. 이 기사에서 조종사가 보여준 행동철학은 응급실 의사, 소방관, 경찰 특공대 구조요원들처럼 전혀 예측 불가능한 성격의 일을 하는 사람들에게서 흔히 찾아볼 수 있다.

지금 하고 있는 일을 끈질기게 하라

응급상황에서는 뭔가 잘못되어가고 있다는 것, 무사히 빠져나가기 힘들 것이라는 사실에 초점이 맞춰지기 쉽다. 그저 알고 있는 방법을 동원해서 빠져나가기 위해 집중할 것이다. 비행기 밖으로 뛰어내리면서 낙하산 줄을 잡아당겼는데 퍼지지 않는 경우를 예로 들어보자. 만약 여벌의 낙하산을 퍼는 데도 실패했다면? 선택할 수 있는 것은 두 가지 중 하나다. 죽음을 기다리는 것과 죽지 않으려고 애쓰는 것. 생존확률이 희박하다는 사실이 숨통을 죄여오면 공포에 목숨을 맡겨버리게 될지도 모른다. 그러나 세상에는 분명 이런 상황에서도 살아남아 낙하산이 퍼지지 않았던 순간이나, 구급차에 실려 갈 때의 모험담을 들려주는 사람들이 있다. 물론 뼈가 몇 군데 부러지고, 큰 충격을 받기는 했겠지만 나무나 호수에 떨어져서 살아남은 것이다. 다르게 생각하는 사람이라면 공중에서 추락하고 있을 때 다음과 같은 철학을 믿고 있을 것이다.

> ❝ 기회는 항상 있다 ❞

다르게 생각하는 사람은 추락하면서 나무나 물처럼 충격을 줄이고 생존확률을 높여줄 요소가 있는 지점을 찾기 시작할 것이다. 그리고 팔과 다리를 벌려 바람 저항을 늘리고, 한 부분에 충격이 집중되지 않도록 어떤 자세로 내려앉고 관절을 구부릴지를 결정할 것이다. 그러나 솔직히 말하면 이렇게 말하고 있는 나도 그들이 어떻게 살아 돌아올 수 있었는지 잘 모르겠다. 하지만 다르게 생각하는 사람들은 확신이 드는 해결책을 생각해내야 하는 절체절명의 도전에도 기꺼이 맞선다. 사무엘 존슨의 말을 빌리자면, 죽을지도 모른다는 생각이 고도의 집중력을 일으키는 것이다.

나만의 행동철학을 개발하는 데 아래의 실례들이 도움이 될 것이다. 이미 생각의 일부가 된 행동철학이 따로 있더라도 성급하게 무시하지 말고, 이 전략들을 참고해보라. 명심해야 할 것은, 승리의 철학은 ①단순명료하고 ②자신만의 독특한 상황에 들어맞아야 하며 ③낡은 습관을 끄집어내는 장애물과 마주쳤을 때, 일관성을 지키며 뛰어난 사고를 유지하는 것이 목표여야 하고 ④특정한 결과로 이끌어주는 지도가 아니라 과정에 관한 것이어야 한다는 점이다.

압박감 속에서 성공하기

- 인간의 몸은 스트레스를 겪을 때 더욱 뛰어난 수행을 하도록 만들어졌다.
- 압박감은 당신이 얼마나 훌륭한 사람인지 보여줄 수 있는 기회다.
- 결정적인 순간일수록, 평소 훈련한 것을 더 많이 활용하게 된다.
- 압박감은 석탄을 다이아몬드로 바꾼다.
- 시험에 빠지거나 도전을 받지 못하면 성공에 이를 수 없다.
- 압박감이 없다는 것은 지금 하는 일이 따분하고 흥미롭지 않으며, 가치 또한 느끼지 못하고 있다는 사실을 알려주는 신호다.

- 스스로에게 도전이 되고, 약간의 두려움을 주며, 불편하게 만들거나 인내를 시험하는 무언가를 매일 하라.
- 느끼지 않는 삶은 가치가 없다.

건전한 헌신

- 110%를 준다고 항상 좋은 것은 아니다.
- 열심히 일하지 말고, 똑똑하게 일하라.
- 연습이 완벽을 만들지는 않는다.
- 연습할 동안은 경쟁자를 이길 수 없다.
- 지금 무엇을 하고 있든, 그 일을 재미있게 하는 방법이 있다.
- 대가가 없어도 가치 있는 일이라면 해야 한다.
- 경험이야말로 진정한 보상이다. 월급은 그에 비하면 보너스에 불과하다.
- 할 만한 가치가 있다면, 잘 할 만한 가치도 있다.
- 할 만한 가치가 있다면, 엉망으로 만들어볼 가치도 있다. 이는 특히 재능이 있음에도 지나친 완벽주의 때문에 항상 시원찮은 결과를 얻는 사람들에게 해당된다.
- 성공은 외적 조건이 아닌 내적 재능에 바탕을 둔다.

자신감

- 스타나 영웅이 특별한 존재로 태어나는 것은 아니다. 모두 같은 인간으로 태어난다.
- 모든 사람은 한 번에 한 다리씩 바지를 꿰 입는다.
- 시간만 충분히 주어진다면 당신은 분명히 성공할 것이다.
- 머릿속으로 상상해볼 수 있으면 실제로 할 수도 있다.
- 오늘 도달하지 못한 목표는 내일 다시 겨냥할 수 있다.
- 결과를 심각하게 받아들이지 말라.

- 자존심은 결과의 성공 여부가 아니라 자신의 습관, 약점, 실수에 대해 발전적인 평가를 함으로써 얻어지는 것이다.
- 보증할 수 있는 것은 없다. 늘 보람 있는 일을 하겠다는 보증조차도.
- 결과를 예측하기 어려운 과제일수록 스릴은 커진다.
- 실수를 가장 많이 하는 팀이 승리한다.
- 모든 장애물을 성공을 위한 기회로 생각하라.
- 모든 장애물이 그저 웃기는 이야기일 수도 있다고 생각하라.
- 내가 할 수 있는 모든 일은 주어진 일에 최선을 다하는 것이다.
- 나는 다른 사람들과 나를 비교하지 않는다.

꿈을 추구하기

- 당신의 생각은 다른 사람의 생각과 상관없이 값어치 있는 것이다.
- 당신이 미래는 그 자체로도 무언가 성취할 수 있는 좋은 기회다.
- 인생에서 중요한 것은 이름 앞에 어떤 직함을 다느냐, 얼마나 많은 돈을 벌었느냐가 아니다. 가능한 많은 행복과 만족을 찾아내는 것이 인생의 목표다.
- 인생은 실행해야 할 일들의 체크리스트가 아니라, 당신이 할 수 있는 일들을 찾는 과정이다.
- 성공은 하느님이 주신 재능을 활용하는 것이다.
- 능력을 최대화하라.
- 다른 누군가의 능력을 흉내내려 하지 말라.
- 당신은 태어났고, 살아 있고, 그리고 죽을 것이다. 이것을 인간의 힘으로 통제할 수는 없지만, 어떻게 살 것인지는 결정할 수 있다.
- 사건을 통제할 수는 없지만, 그에 대한 반응은 통제할 수 있다.
- 나의 자서전을 쓰기 시작하라.
- 당신이 원하면 그렇게 될 것이다.
- 훌륭한 아이디어나 혁신을 위해서는 그것을 시작할 누군가가 있어야 한다.

이 외에도 행동철학을 세우는 데 활용할 만한 위대한 철학들이 많다. 하지만 위에 소개한 말들은 지금까지 이야기한 행동심리학 영역의 일부이기 때문에 멈칫할 필요는 없다. 행동철학을 만들어가면서 가장 큰 보람은 엉성한 토대 위에 스스로 실행을 계획하고 쌓아간다는 점일 것이다. 혹시 이 과정에서 실패를 맛본다 하더라도 이 점만큼은 잊지 마라. 나에게 딱 맞는 철학을 찾기 위한 가장 빠른 길은, 중압감 하에서 당신이 사고하는 방식에 결점은 없는지를 냉정하게 파악하고, 자신의 행동을 솔직하게 분석하는 것이다.

chapter 12

4할 대 타자의 딜레마

The Next 400 Hitter Will Be…

워낙 많은 정보가 범람하는 세상이다 보니 마케터나 정치인들은 '숫자' 외에는 아무것도 믿지 않는다. 확실한 데이터를 원하지 않는 사람이 어디 있겠는가? 복잡한 상황과 다양한 인간형을 평가하는 데 객관적인 데이터 외에 마땅한 기준은 없다. 그런 의미에서 결과에 의지해 성공을 평가하는 경향은 이해할 수 있다. 판매, 수입, 순이익, 생산성 등은 매우 과학적이고 객관적인 척도니까. 그러나 숫자게임이 수행을 판단할 수 있는 가장 효과적이고 의미 있는 방법은 아니다. 기업은 객관적인 사실에 바탕을 두고 뛰어난 실력을 가진 사람들에게 문을 열어 놓고 있다. 그러나 묻고 싶다. 한 회사에서 실패자로 낙인 찍혀 해고됐던 사람이 경쟁사에서 정상에 올랐다는 이야기를 들어본 적이 있지 않은가? 뭐 하나 제대로 해내지 못하는 것처럼 보이던 운동선수가 팀을 옮겨 승리를 이끄는 견인차 역할을 하게 되었다는 이야기는 차라리 흔하다. 여기서 주목해야 할 점은 그들의 재능이 변한 게 아니라 환경이 변했다는 사실이다. 팀 동료, 코칭 스타일, 간부 등 팀원이 잠재력을 쉽게 발휘하도록 만드는 무언가가 반드시 있었을 것이다. 당신은 자신과 조직을 위해 그것을 찾아내야 한다.

여기 매사에 최선을 다하는 사람과 게으른 사람이 있다. 당신이 사장이라면 불가피하게 인원을 감축해야 할 때 누구를 해고할 것인가? 대부분 후자를 지목할 것이다. 하지만 이렇게 생각해보자. 게으름뱅이 사원은 엄청난 재능을 가졌음에도 잠재력의 극히 일부분만 쓰고 있고, 최선을 다하는 사원은 하루하루 모든 능력을 바치고 있어 더 이상 발전의 가능성이 없다면 어떻게 하겠는가? 훌륭한 임원은 그 게으른 사원을 해고하기보다 잠재력을 끄집어낼 수 있도록 도와줄 것이다. 성과가 낮은 사람의 재능을 이끌어내는 것이 그들에게 주어진 과제임을 알고 있기 때문이다. 마찬가지로 능력을 제대로 발휘하지 못하는 직원이나 사업을 좀더 성장시키려는 사업가에게 필요한 것은 아침잠을 깨워주는 전화나 격려의 말 따위가 아닌, 혁신적인 평가 방법이다. 대부분의 기업과 개인이 믿다 못해 맹신하고 있는, 숫자로 가득 찬 객관적인 측정과는 전혀 다른 방법 말이다.

나는 서문에서 평가를 훌륭한 수행의 적, 무시무시한 정신훈련이라고 조롱하는 등 시비조로 일관해왔다. 그러나 정신훈련이나 평가 모두 나름의 역할이 있음을 인정하지 않는 것은 아니다. 사실 어떤 면에서는 모든 사람들이 뒤로 한 발 물러나서 지금 하고 있는 일이 어떤 평가를 받고 있는지 정보를 수집할 필요도 있다. 얼마나 성공했느냐를 떠나서 자신이 발전했다는 사실에서 기쁨을 느낄 수도 있기 때문이다. 그러나 놀라운 성공을 거둔 슈퍼스타들도 숫자의 함정에 빠지는 나쁜 습관에 빠져들 수 있다. 그러므로 평가에서 결과의 성공 유무만이 중요한 것이 아니다. '다르게 생각하기'를 방해하지 않고 천편일률적인 사고 패턴을 강요하지 않는 방식으로 수행을 평가하는 것이 더욱 중요하다.

1. 미리 정해둔 시간에만 평가하라.
2. 평가를 할 때는 긴 안목으로 볼 때 성공을 결정지을 변수들만 보도록 하라.

이것이 바로 훌륭한 실행자가 스스로를 평가하는 방식이다. 그들은 절대 결과만 따지지 않고 과정만 평가하되, 실행을 하는 동안에는 평가하지 않는다.

4할 대 타자가
된다는 것

많은 비즈니스맨들이 과정을 평가하는 것과 결과를 평가하는 것에 어떤 차이가 있는지 잘 이해하지 못한다. 이에 비해 기적 같은 볼, 용납하기 힘든 심판 판정, 영광스럽지 못한 승리 등 승부의 세계에서 희노애락을 경험한 운동선수들은 확실히 그 차이를 쉽게 이해한다. 골프선수를 예로 들어보자. 그가 훌륭한 선수라면 토너먼트 랭킹이 자신의 능력을 측정하는 절대적인 척도가 아님을 알 것이다. 컨디션이 좋아 69타까지 쳐냈더라도, 필드의 모든 선수들이 68타 이하를 친다면 자신은 예선에서 탈락할 수 있기 때문이다. 이런 경우도 있다. 무지막지한 난코스에서 겨우 75타를 치는 데 그쳤어도, 상대 선수의 실책으로 선두를 차지할 수도 있다. 이렇게 골프선수의 득점은 그의 능력을 정확히 반영하지 못한다. 공이 난코스로 떨어질 가능성이 너무나 많고, 잔디 상태 때문에 원하는 속도로 굴러가지 않는 모습을 속수무책으로 지켜봐야 할 때도 있고, 혹은 바람이 맹렬하게 불 때도 있기 때문이다.

경기 기록표로 도배된 신문의 스포츠 면에서는 절대 이런 이야기를 찾아볼 수 없다. '스포츠 기자 선정 최고의 경기 내용 상' 특집기사가 생기지 않는 한. 그러나 가끔 위대한 운동선수도 스포츠 기자처럼 생각할 때가 있다. 그것이 경기를 망치는 지름길임에도 말이다.

과거 메이저 리그 타격 왕이기도 했던 야구 코치 카니 랜스포드 *Carney Lansford*도 그런 함정에 빠진 적이 있다. "타자들은 언제나 두 가지만 생각합니다. 스윙과 타율이죠. 그들은 과거에 내가 그랬듯이, 공을 때리고 바로 분석하고 계산해요. 아무 선수나 붙잡고 타율이 얼마냐고 물으면 소수점 마지막 자리까지 대답할 걸요."

그 어떤 행동심리학자도 카니보다 자기평가를 설득력 있게 설명하지 못할 것이다. 카니는 선수생활을 할 때 행동심리학에 대해 더 많이 알았더라면 4할 대 기록을 낼 수 있었을 거라며 안타까워했다. 카니는 실제로 선수 시절에 타율, 안타, 삼진 등 여러 부문에서 아메리칸 리그의 선두를 달렸다. 타격왕에 오르고 나서도 4할 대 기록을 낼 수 있는 기회는 4년이나 더 있었다. "몇몇 선수가 계속 날 물 먹였어요. 실패의 연속이었습니다. 도저히 그들처럼 할 수가 없었어요. 하지만 이제 그 이유를 알겠군요." 그가 생각만 해도 분하다는 듯이 말했다. 실제로 카니가 최고의 기량을 보여준 시즌 동안 4할 대의 고지는 거의 눈앞에 있었다. 그러나 바로 그때, 끝을 모르는 슬럼프에 빠져들고 말았다. 20여 타석에서 안타를 한 개도 치지 못한 것이다. 카니는 지금 그 이유를 '타율로 매일 스스로를 평가했기 때문'이라고 말한다. 카니는 자신이 평가 중독자였음을 스스로 고백한 셈이다.

무안타 행진이 시작되었던 그 순간을 그는 지금도 정확히 기억한다. 아마 카니뿐 아니라 야구선수라면 누구나 경험해봤을 것이다. 그날 카니는 매번 공을 똑똑히 보고 빈틈없이 쳐냈다. 타석에 섰을 때 기분도 좋았고, 공도 강하게 잘 맞았다. 그러나 그것을 입증해줄 안타가 없었다. 외야수 정면을 향해 직선타를 날리거나, 높게 뜨는 공을 쳐내서 아웃 당하기만 했다. 그는 더그 아웃에 앉아 다른 선수의 눈부신 플레이를 보며 '어떻게 해야 기회를 잡을지'만 생각했다. 그러고 있자니 타율이 떨어지고 있다는 생각이 슬그머니 고개를 들었다. 하지만 이때까지만 해도 괜찮았다. 좌절감을 떨쳐버리려 애쓰면서 네 번째 타석에 서서 공을 쳤을 때, 기나긴 슬럼프가 시작됐다. "정말 제대로 친 공이었어요. 어떻게 아무도 그 공에 맞지 않았는지 궁금할 정도였다니까요." 카니가 친 공은 선수생활 동안 쳤던 것 중에 최고로 잘 맞았다. 그러나 날아간 곳이 문제였다. 공은 수비수의 글러브를 피해 날아가는 대신, 1루수의 발에 떨어졌다. 카니가 너무 놀라서 1루수가 공을 집고 베이스를 밟았을 때, 타석에서 겨우 세 발자국을 뗀 상태였다. 아웃이었다. 그 결과 4타석 무안타가 되었고, 떨어진 타율은 본격적으로 카니를 괴롭히기 시작했다. 그는 멍하게 더그 아웃으로 걸어오며 이렇게 생각했다. '오늘처럼 공을 치는데도 베이스를 밟지 못한다면, 영원히 4할을 칠 길이 없는 거야.' 결국 그의 생각대로 됐다. 그 후 카니는 2주 연속 무안타 행진을 계속했다.

카니와 같은 위기를 맞으면 타자들은 아마추어 수학자가 된다. 수시로 타율을 헤아려보는 것이다. 그래서 어떤 코치는 어린 선수들에게 "타석에 10번 섰을 때, 안타 3개만 치면 된다"고 가르친다. 야구는 완벽을 추구하는 경기가 아니며, '안타 3개만' 쳐도 슈퍼스타가 되는 데는 아무 문제가 없다고 생각하게 만들기 위해서다. 이를 따르지 않고 계속 확률과 수치를 신봉한다면, 어린 선수의 미래에는 슬럼프만이 있을 것이다. 카니처럼 과거와 미래의 타석을 끊임없이 생각하다가 현재에 집중하지 못하게 되는 것이다. 몇 타석에 올라갔어도 무안타가 되면 압박감에 시달린 나머지 무리한 플레이를 하게 될 것이고, 좋은 타율을 올리고 있더라도 그것을 유지해야 한다는 생각에 초조하게 플레이를 하게 될 것이다. 바람직하지 않은 사고방식으로 인해 너무 일찍 추락을 경험하는 것이다.

여기서 우리가 생각해봐야 할 것은 무엇일까? 카니는 타율에 지나치게 신경 쓴 나머지 얼마나 투수에 대해 자신이 있었는지, 어떻게 공을 칠 것인지, 얼마나 여유 있었고 확신에 차 있었는지, 얼마나 배트에 공이 착 달라붙었는지를 모두 잊었다. 그 결과 자신을 정확하게 파악하지 못하고 너무 일찍 방황하게 됐다. 그리고 실패를 만회하기 위해 지나치게 고민하고 노력했을 뿐, 자기 내면에 그대로 둘 것은 무엇이고 버려야 할 것은 무엇인지를 파악하여 자기확신으로 무장하지 못했다. 잘못된 습관에 에너지를 쏟아 부은 것이다.

시간이 지나고 나서야 카니는 앞으로 4할 대를 절대 칠 수 없을 거라고 생각했던 바로 그 날이 선수생애 최고의 날이 되었어야 했다는 사실을 깨달았다. 그는 늘 공을 표적에 정확히 맞혔기 때문에 그렇게 빨리 절망에 휩싸이지 않아도 됐다. 만일 그날 자기가 친 공을 보고 경탄했다면, 힘을 들이지 않고도 부드러우면서도 강한 스윙을 날릴 수 있었던 그 순간의 환희를 생각했다면 좋았을 뻔했다. 그러면 자신의 눈과 손을 계속 믿을 수 있었을 테니 말이다. 어떻게 투수의 공을 파악해야 할지에 집중할 수도 있었을 것이고, 무안타 행진이 아닌 20안타를 거머쥘 수도 있었을지 모른다. 결국 그는 한 시즌 550타석을 채우고 난 뒤에야 4할 대 타자가 되어 야구 역사에 기록될 수도 있었다.

분명 위업을 이룰 수 있는 사람은 카니 랜스포드처럼 타고난 사람이어야 할 것이다. 하지만 그것만이 전부는 아니다. 수치로 드러내는 결과 통계치가 아닌, 통제 가능한 행동원칙으로 이루어진 자기평가 전략이 필요한 것이다.

통제할 수 있는 것만
평가하라

우리 주위에서 일어나는 모든 일은 카니의 공처럼 통제할 수 없는 사건들로 가득 차 있다. 통제 불가능한 요소들을 밝히는 데 다음 페이지의 표가 도움이 될 것이다.

주위에서 일어나는 일들의 여러 가지 측면을 ①당신 내면의 문제나 개인적인 것, ②관계나 그룹에 관한 것, ③당신이 통제할 수 있는 것, ④당신이 통제할 수 없는 것으로 나누라. 그리고 당장 연필을 잡고 빈 칸을 채워라.

나는 라이스 대학 투수들에게 이 차트를 작성하는 훈련을 시켰다. 그리고 시즌 내내 스스로 그 목록을 몇 번이나 검토하도록 했다. 그리고 그 결과, 2003년 대학부 월드 시리즈에서 의미 있는 오후를 맞이할 수 있었다.

	통제 가능	통제 불가능
내적 요소		
외적 요소		

우리는 스탠포드 팀과의 경기를 앞두고 있었고, 두 팀의 게임은 온 국민의 이목을 집중시킬 만큼 최고의 이벤트였다. 시각은 오후 1시, 전국 챔피언이 가려지기 8시간 전이었다. 당시 라이스 팀은 대학부 랭킹 1위에 전국 최강의 투수진을 보유했음에도 불구하고 약자로 인식되고 있었다. 전국 챔피언 자리를 놓고 싸워본 적도 없었다. 상대팀 스탠포드는 지칠 줄 모르는 열정이 돋보이는 팀으로 이 대회에서 두 번이나 우승한 적이 있고 지난 4년 동안 세 번이나 결승전에 진출한 강팀이었다.

결승전을 지켜보기 위해 수많은 관중들이 경기장으로 몰려들었다. 나는 이 소란스러운 상황에서 선수들의 정신무장을 도와주기 위해, 매 경기마다 하던 대로 그들과 함께 점심을 먹으러 갔다. 식사를 하면서 나는 그들에게 각자 큰 경기를 앞둔 마음가짐을 표현해보고, 혹시 경기 중 나타날 지도 모르는 장애물을 어떻게 처리할 것인지 생각해보라고 했다. 선수들의 대답을 듣고 나자, 나는 이들이 공원에서 내기 시합을 하듯이 유쾌하고 여유로운 마음으로 경기에 임할 준비가 되었다는 것을 알 수 있었다. 결과에 대한 평가를 두려워하지 않고 경기를 할 준비가 된 것이다. 문제는 마지막 경기에 등판하기로 한 필립 험버*Philip Humber*였다. 나는 그에게도 같은 질문을 했다. "필립, 자네는 어때?"

내가 이런 질문을 한 데는 이유가 있었다. 처음 그에게 "자네는 투수로서 무엇을 통제할 수 있다고 생각하나?"라고 질문했을 때, "볼 카운트에서 앞서고, 타자를 1루로 보내지 않고, 주자가 진루하지 못하게 견제하는 거요."라고 대답했던 것이다. 그때 나는 "아니, 내 말은 '진짜로' 통제할 수 있는 일이 뭐냐는 거야."라고 되물어야 했다. 필립은 영리한 청년이었기 때문에 곧 정확한 답을 찾아냈다. "아무것도요. 아! 공을 어디에 던져야 할지, 눈은 어디에 둘지를 정하는 것과 과감하게 투구하는 것 빼고요." 대답을 들은 나는 필립이 이제 큰 승리를 맛볼 수 있다는 것을 알았다. 필립이 자신의 의지대로 할 수 있는 일은 오로지 표적을 정하고 그것을 향해 공을 던지는 것뿐이다.

평가의 핵심은 이렇게 '진짜 할 수 있는 것을 하고 있는지 아닌지'가 되어야 한다. 그 외에 무엇이 중요하단 말인가!

결국 필립은 5명의 타자를 상대로 공을 던져서 월드 시리즈 지난 10년 역사상 처음으로 한 경기를 완투한 투수가 되었다. 평가에 연연하지 않는 침착한 그의 태도는 동료들에게까지 영향을 미쳤고, 라이스 대학은 14점을 득점하며 오랜 침체기를 벗어나 전국 우승을 거머쥐었다.

나는 다양한 사람들에게 수행 통제 차트를 작성하도록 하는 과정에서 재미있는 경향을 발견할 수 있었다. 첫번째는 모두들 '통제 가능' 란에 너무 많은 항목들을 적는다는 점이다. 필립이 바꿔야만 했던 나쁜 버릇처럼 말이다. 사람들은 자기가 실제보다 많은 것을 통제할 수 있다고 착각하곤 한다. 봉급이 대표적 사례다. 일을 하는 대가로 당신은 봉급을 받는다. 때문에 성취도가 올라가면 봉급도 인상되어야 하겠지만, 현실은 다르다. 칼자루를 쥐고 있는 경영진이 당신의 업무능력이 향상됐다는 것을 모를 수도 있고, 회사 주가가 곤두박질치고 있어 오히려 임금을 삭감하겠다고 할 수도 있다. 입사한 지 얼마 되지 않았기 때문에 첫번째 해고 대상자에 올라 있을지도 모른다. 이렇게 다양한 외부 요인에 당신은 아무런 힘을 발휘할 수 없다. 이런데도 통제 가능 란에 기입한 그 모든 것들을 좌지우지할 수 있다고 생각하는가?

두번째 재미있는 사실은 성공의 외적 요인 대부분을 내적 요인으로 착각한다는 점이다. 작성한 차트를 다시 보고 외적 요소와 내적 요소를 분리해서 생각해보라. 솔직하고 냉정하게 본다면 몇몇 항목은 외적 요소 란으로 옮겨야 한다는 것을 깨닫게 될 것이다.

세번째는 많은 사람들이 과정 자체와 그 과정에서 얻은 뜻밖의 결과물을 혼동한다는 점이다. 다시 차트로 돌아가서 노력에 의해 나타난 결과로 볼 수 있는 항목은 지우고, 원래부터 있었던 점들에는 동그라미를 쳐라. 자신에게 솔직한 상태로 이 작업을 마치면 많은 게 지워져 있음을 알게 될 것이다. 그리고 통제 가능 란에 지워지지 않은 채로 남은 것, 동그라미 쳐진 것만이 자기평가의 자료가 될 수 있다. '내 에너지를 통제 가능 칸에 쏟을 것인가, 아니면 다른 칸에 쏟을 것인가'에 대해 스스로에게 질문한 뒤, 얻어진 자료들을 가지고 자기평가에 들어가야 한다.

사람들은 통제 불가능한 항목에 얼마나 많은 시간을 허비해왔는지를 깨닫고 경악한다. 사장의 편애와 편견, 동료의 성격과 능력, 괴짜 고객, 도저히 당해낼 수 없는 천재적인 라이벌, 경제적 변수, 나라와 국제사회의 변화 등이 그것이다. 절대 개인의 힘으로 바꿀 수 없는 문제에 몰두하고 있다면 지워라. 그리고 그 시간에 실제로 당신을 더 나은 수행자로 변화시킬 사고를 연습하라.

일의 질을 측정하라
: 언제, 어떻게 하면 좋을까?

　　　　　　　　　　　　태도를 수치로 설명하기란 정말 어렵다. 열정적이거나 완전히 헌신하는 자세에 대해 파악하고 있다 쳐도, 어떻게 그것을 점수로 매길 수 있을 것인가? 이런 문제 때문에 양적 평가가 아닌 질적 평가가 필요한 것이다. 대부분의 사람들은 숫자를 중심으로 자기평가를 하는 데 익숙해져 있다. 그러나 이는 진정한 가치를 외면하는 것이다. 이 습관을 갑자기 바꾸기 어렵다면, 먼저 심리적 측면에 점수를 매겨 봄으로써 양적 평가에서 질적 평가로 전환해보라. 업무에 임하는 태도, 자신감, 집중력, 자극에 대처하는 능력에 대해 나름대로 점수를 매겨보는 것이다. 그리고 나만의 통계표를 만들어보라. 다시 한 번 강조하지만, 이때는 질적인 면에 비중을 두어 평가해야 한다.

　이상적인 평가 전략은 당신이 하는 일과 사고의 질적인 면에 대해 스스로를 평가하도록 도와줄 수 있어야 한다. 여기에 익숙해지면 다음 차례는 디지털 정보에서 아날로그 정보로, 통계자료에서 언어로 이동한다. 마음을 움직이는 데이터는 숫자가 아닌 이미지와 언어이기 때문이다. 시간이 좀더 지나면 자신감, 열정, 몰입과 같이 자신에게 필요하다고 생각되는 요소들을 정한 뒤, 나만의 기록이나 피드백 시스템을 만들 수 있을 것이다. 나는 차트를 포함한 일지를 적어보라고 권한다. 일지는 노력이 필요하다고 생각되는 변수들을 적을 칸과 터득했다고 생각되는 요소를 적을 칸으로 나누어 기록하면 된다. 다르게 생각하는 태도를 유지하는 것은 향상과 진보만큼이나 중요한 정신적 싸움이다. 이와 더불어 자신을 잘 훈련된 수행자로 만드는 모든 질적 변수들에 대해서도 계속 탐구하고 관찰해야 할 것이다.

자기평가를 언어와 이미지로 표현하는 방법도 있다. 우선 당신이 주어진 과제에 어느 정도 전념하고 있는지 평가하고자 하고자 한다면 '얼마나 시간을 투자했는지' 부터 계산하는 습관을 버려라. 그것은 전형적인 양적 사고방식이다. 대신 자신이 어디에 관심을 두고 있는지, 비전과 열의가 어떻게 지속되고 있는지, 수행을 하는 진정한 이유에 대해 얼마나 기록을 잘 해놓았는지, 어떤 장애물이 어떤 방식으로 자신에게 영향을 끼쳤는지를 분석하라.

또한 특정한 수행이나 주어진 하루를 최대한 자세하게 나누어 일지를 작성해볼 필요도 있다. 투구마다 타율을 일일이 분석하는 타자처럼 말이다. 당연히 여기서도 수치는 제외한다. 당신이 타자라면 어떤 확신을 가지고 공을 쳐냈는지, 상황을 정확히 파악하고 있었는지, 공을 똑바로 쳐다보았는지, 자신을 충분히 믿고 있었는지가 기록의 대상이다. 영업에 종사하는 사람이라면 고객 방문을 기준으로 하루를 나눠볼 수 있을 것이고, 엔지니어라면 프로젝트별로 나누면 될 것이다. 단 이런 종류의 자기평가는 가능한 계획적이고 조직적일 필요가 있다.

또 하나 중요한 점은 실행과 평가를 분리하는 것이다. 평가에 너무 집착하게 되면 실행에 부정적인 영향을 끼치기 때문이다. 평가의 부작용을 막기 위해 일주일이든 한달이든 간격을 미리 정해두고 평가하는 것이 중요하다. 예를 들면 '매주 금요일 점심식사 후 두 시간 동안' 하는 식이다. 동시에 여러 가지 프로젝트를 맡고 있을 때는 '각각의 프로젝트에 어떤 자세로 임하고 있는지' 스스로에게 물어야 한다. 주어진 과제들 사이에서 균형을 유지하지 못하면 중요한 문제를 놓치게 될 가능성이 높기 때문이다. 당신이 회사의 복지담당자라고 치자. 당신이 해결해야 하는 문제에 대한 균형감각을 가지고 있지 않으면, 보험 회사를 변경할 경우 발생하는 이익에 대해서는 눈을 번뜩이면서도 직원들의 건강에 대해 무관심해질지도 모른다. 당연히 그와 관련된 프레젠테이션에서는 벙어리가 될 것이다.

이렇게 스스로 평가한 내용들이 축적되면, 분기 말쯤에 이를 모아 일련의 패턴을 찾아볼 수 있다. 어느 날의 기록에 '프로젝트에 몰입하고 있다'라고 쓰여 있다면, 어떻게 그런 감정이 생겼는지 알아볼 필요가 있다. 기록을 하면 정말 간단하다. 아마 처음 해보는 프로젝트였거나, 마감이 임박한 프로젝트를 갑자기 맡게 되었거나, 능력의 한계를 느끼고 '내가 왜 이 일을 맡았을까' 하며 후회하고 있었기 때문이었을 것이다. 이렇게 평가하고 기록하는 것은 , 무엇이 당신의 수행능력을 높이고 무엇이 장애물이 되었는지 통찰할 수 있는 좋은 방법이다.

그러나 우리가 지금 하려는 것이 퍼즐게임이나 뻔한 자기계발 질문서에 답변하는 것이 아님을 잊어서는 안 된다. 보통 자아계발 지침서는 목록과 척도, 숫자들로 가득 차 있다. 그것은 당신에게 하루의 시작과 끝, 일주일 동안 일어난 일을 적고 또 적으라고 요구한다. 나는 그것이 생각을 바꾸기 위한 훈련이 아니라, 그저 종이 채우기에 불과하다고 생각한다. 여기에 집착하는 사람은 평가를 서류작성으로 착각하기 쉽다. 우리가 하고자 하는 질적 평가는 해야 할 목록 리스트와 분명히 다르다. 여기에 '내 평가서 양식의 모든 칸을 채워야 하니까 열심히 해야겠어'라는 생각은 정말이지 어울리지 않는다. 효과적인 평가는 통계를 만들어내는 것이 아니라, 유익한 피드백을 제공한다. 그것은 다음 수행을 성공적으로 이끌기 위한 마음의 출발점으로서, 업무에서 진정 중요한 부분이다. 기록만으로 끝나서도 소용이 없다. 질적 자기평가는, 앞서 제시한 행동철학이나 실행 전 관례처럼 남과 다른 특별한 사고를 할 수 있도록 돕고, 그것을 유지하도록 도와주는 또 하나의 수단이다.

평가와 실행의
시간을 구분하라

당신이 어떤 식으로 실행하는지는 시간이 지나면서 자연스럽게 나타나는 것이므로, 그것을 찾아 헤맬 필요는 없다. 누구도 일이 끝난 다음에 수행 전 관례를 실행하거나, 일을 하기도 전에 평가를 해버리지는 않는다. 협주곡을 연주하던 바이올리니스트가 자신이 '지금 음악에 전념하고 있나' 알아보기 위해 일부러 활을 떨어뜨리지는 않을 것이다. 마찬가지로 수술이 끝나기도 전에 의사가 환자를 깨워 "기분이 어때요?"라고 묻지 않는다. 그러나 이렇게 당연해 보이는 일에서도 당신은 시행착오를 거듭한다. 중요한 거래, 프레젠테이션, 경기 중간에서 얼마나 자주 자기의 수행을 의심하고 있는지 생각해보라. 책을 읽으면서 앞으로 몇 페이지가 남았는지 보려고 자꾸만 책을 뒤적거리는 학생도 있다.

그는 지금 읽고 있는 책에 몰입하지 않는 것이며 앞으로도 그럴 것이다. 실행 중에 당신에게 필요한 단 한 가지 보상은 완전히 몰입할 때 느끼는 희열이다. 뛰어난 경기를 펼치고 있는 운동선수가 저지르는 가장 최악의 실수는 혼자서 지금의 상태를 분석하는 것이다. '이거 굉장한데! 도저히 멈출 수가 없어! 어떻게 내가 이렇게 할 수 있는 건지 알아봐야겠는데?' 자신감을 의심하는 것은 그것이 달아나도록, 혹은 다시 나타나기 어렵도록 만드는 길이다.

이런 부작용을 막기 위해, 자기평가를 하는 시간을 실행과 부딪치지 않도록 떼어놓을 필요가 있다. 일주일, 한 달에 한 번이라는 식으로 기간을 정해놓고, 그 날에만 기록해온 것을 검토하고 평가하는 것이다. 회사에서 정기적으로 수련회를 간다면 바로 그 시간이 될 것이고, 일정이 빡빡하다면 업무에서 벗어날 수 있는 날이 평가의 시간이 될 것이다. 언제 평가할 것인지는 중요하지 않지만, 미리 계획한대로 평가하는 것이 중요하다. 인간의 기억이 어떻게 운동에 연결되는지를 연구하는 운동신경학자들에 따르면, 야구나 골프처럼 복잡한 운동을 하려면 무려 120만 번 반복해서 연습해야 손과 눈이 정확하게 협동하게 된다고 한다. 120만 번까지는 필요 없겠지만, 굳건한 자기확신을 얻기 위해서도 마찬가지로 연습이 필요하다. 정말로 120만 번이나 자기 확신을 연습한다면 타이거 우즈처럼 뛰어난 성취를 이룰 수 있을 것이 분명하다. 단, 골프 경기가 아니라 확신을 겨루는 경기여야겠지만.

자기평가는 당신이 실행 과정의 어떤 부분을 특히 힘들어 하는지를 알려주기도 한다. 가령 '아, 이제는 왜 더 이상 확신이 생기지 않는지 알겠어. 확신을 얻으려고 노력했지만, 자신감을 계속 유지하기 위해 나를 다양한 상황으로 몰아넣어 본 적이 없어' 하는 식으로 말이다.

'자기평가 파트너'를 구하는 것도 좋은 방법이다. 서로 조언하고, 건설적인 제안을 하면 자기평가가 훨씬 수월해질 것이기 때문이다. 특히 운동선수들은 기록하기를 싫어하는 경향이 있는데, 파트너가 있다면 기록에 게을러지지 않을 수 있을 것이다. 여기에서 중요한 것은 오늘 몇 Km나 달렸는지, 심장박동수는 얼마나 나왔는지 뿐만 아니라, 감정에 대해서 주목해야 한다는 점이다. 운동선수들은 보통 운동량을 정하기 위해 몇 시간이나 잤는지, 무엇을 얼마나 먹었는지, 피로감은 어느 정도인지에 대해서만 기록한다. 막연한 감정에 대해서는 알아볼 생각도 않는 것이다. 하지만 질적인 평가는 모든 운동선수들에게도 필요하다. 숫자와 통계로 이루어진 평가는 성취를 방해할 뿐이며, 질적인 평가가 함께 이루어져야 성취를 높일 수 있다.

운동선수든 음악가든 비즈니스맨이든 모두 마찬가지다. 뛰어난 성취를 위해 진지하게 노력하는 사람이라면 당연히 실행의 질을 돌아보고 반성해야 한다. 그것은 물론 쉬운 일이 아니다. 당신의 몸이 '오늘은 집중력이 향상되었어'라고 말해주지 않기 때문이다. 측정 도구도 없고, 옆에서 지켜봐줄 수행 코치나 심리학자도 없다. 결국 자신을 돌아볼 수 있는 유일한 방법은 자기평가다.

자기평가 기록은 자신도 몰랐던 모습을 보여주기도 한다. 한 시간 가량 일한 후에는 집중도가 현저히 떨어진다거나, 아침을 든든히 먹어야 컨디션을 유지할 수 있다는 사실 같은 것 말이다. 실행의 양적인 면을 충실하게 기록하면, 뛰어난 실행능력을 보인 날은 집중도가 올라가 있고, 반대인 경우에는 떨어져 있다는 사실을 알 수 있을 것이다. 심리학자들은 이를 '의존적 확신dependent confidence'이라고 부른다. 그러나 앞에서 여러 번 보았듯이, 최고의 수행자는 최악의 상황에서도 자기 확신에 가득 차 있다. 뛰어난 농구선수가 "이번 쿼터에서 슛을 10번이나 했는데 하나도 못 넣었어."라고 하는 대신 "공을 줘봐, 이번엔 넣을 수 있을 테니까!"라고 말하는 것처럼 말이다.

　이 모든 것들이 당신에게 유용한 정보다. 기록을 하고, 훈련 파트너를 구한 다음, 평가 기간을 미리 정하라. 양적인 면에 비중을 두어 기록하고, 바람직한 방법으로 성취도를 측정한다면 당신은 크게 발전할 수 있다. 자신을 있는 그대로 솔직하게 관찰할 준비만 되어 있다면 언제라도 시작할 수 있다.

최종 판단은
당신에게 달려 있다

　　　　　　비평에 크게 좌우되는 배우나 음악가, 연예인은 혹독한 평가 때문에 스스로를 보잘것없는 존재로 느낄 때가 많다. 이들은 평론가로부터 어떤 평가를 받느냐에 따라 최고의 스타가 되거나, 다른 일을 찾으러 떠나는 신세가 되기도 한다. 그러나 결론부터 말하자면 평가에 신경 쓸 필요는 없다. 연예기획자, 평론가, 기자들의 의견은 당신이 통제할 수 있는 것이 아니다. 평론가의 비평이란 대부분 진부하고, 성공한 예술가들 중, 비평에 좌지우지 되는 사람은 없었다. 비평은 적당히 한 귀로 흘려버려라. 그들은 창작에 실패한 사람들이다. 그들은 예술을 쪼개고 해체하는 비평보다 실제로 창작하는 쪽이 훨씬 힘들다는 사실을 알고 있다. 마틴 스콜세지 감독이 차기작에서 주연으로 써주겠다는 데도 평론이나 계속할 사람이 있을 것 같은가? 천만에!

예술가가 된다는 것은 자신의 본성을 그대로 발휘하며 실행하는 것이다. 위대한 예술가는 절대로 돈을 벌거나 빌보드 차트에 오르는 것을 목적으로 삼지 않는다. 또한 혹독한 평론에 좌우되지도 않고, 그래서 성공한다. 내 친구 중에도 그런 사람이 있다. 그는 문학계에서 매우 뛰어난 성공을 거둔 작가다. 그에게는 참 특이한 연설 습관이 있다. 사회자가 온갖 화려한 수식어를 갖다 붙여 그를 소개하면 점잖게 연단으로 나가, 자신에 대한 논평 중 가장 긴 것을 읽으며 연설을 시작한다. 논평이란 것이 얼마나 주관적이며, 창작자에게 무례한 것인지를 강조하려는 의도에서다. 혹시 당신도 비평 때문에 힘들어 하고 있지 않은가. 그렇다면 치료약으로 위대한 작가들의 작품을 혹독하게 다룬 평론집을 처방하겠다. 도스토예브스키, 마르셀 프루스트, 마크 트웨인, 제임스 조이스, 사무엘 베케트, 헨리 제임스, 그 외에 당신이 사랑하는 작가 누구라도 좋다. 그리고 생각해보라. 이 위대한 인물들이 평론에 휘둘렸다면 그렇게 훌륭한 작품을 쓸 수 있었을까? 그들 역시 비평 때문에 한두 번은 좌절을 겪었겠지만, 그것이 최고의 변수는 못됐을 것이다.

예술가로 유명해지면 질수록 비평에서 자유로워질 수 있다. 정상에 선 프로 운동선수가 가장 큰 좌절을 맛보는 순간이 언제인지 아는가? 바로 대중매체가 왜곡된 시선으로 그를 난도질할 때다. 매체가 좋아하는 것은 최고 스타의 선정적인 면이다. "빌 러셀은 이성을 상실했나?", "타이거 우즈, 장기 슬럼프의 홀에 빠지나?"처럼. 스포츠 신문에서는 거의 매년 '타이거 우즈, 슬럼프에 빠지다' 라는 제목의 기사를 메인으로 다뤘다. 그러나 타이거 우즈는 이를 비웃기라도 하듯이, 2003년에 5개의 토너먼트 경기에서 우승하고 453만 달러의 상금을 벌어들이면서 그 해 최고의 선수로 선정되었다. 처음 데뷔하고 6년 동안은 상금 타이틀 1위를 거머쥐지 못했지만, 마스터스, PGA, US 오픈, 브리티쉬 오픈 등 주요 토너먼트 경기 중 한 군데서도 우승하지 못한 해는 단 두 해 뿐이었다. 그런데도 그가 슬럼프라니? 타이거 우즈는 그것이 말도 안 되는 얘기라고 일축했고 동료들도 마찬가지였다. 심지어는 타이거 우즈에게 이렇게 말하기도 했으니까. "자네 같은 슬럼프라면 나도 거기에 좀 빠져보고 싶은데?"

스포츠 기자들은 이렇게 말한다. "숫자를 보셔야죠. 메이저 경기에서 우승하지도 못하고, 상금 타이틀 1위도 못했어요. 우즈한텐 그게 슬럼프 아닌가요?" 하지만 우즈도 그들처럼 숫자에만 신경 쓸까? 아니다. 그는 보통 성적을 내는 선수들과 다르다. 타이거 우즈 역시 매해 분명한 목표를 갖고 있지만, 성적에 대해서는 초연한 태도를 보인다. 위대한 선수들이 그렇듯이 그의 관심은 자신감, 전념, 몰입, 중압감 다스리기에 있다.

사람들은 최종결과만으로 당신을 평가하려 들 것이다. 그러나 당신에게 의미 있는 것은 다른 사람들의 왜곡된 평가가 아니다. 자신을 비판하는 사람들의 말에 흔들리기 시작하면, 바로 숫자게임의 함정에 빠지게 된다. '다르게 생각하기' 는 다른 누구도 아닌 당신의 머릿속에서 일어나는 일이다. 질적인 면에 관한 자기평가는 '가장 엄준한 심판자는 바로 나' 라는 매력을 가지고 있기도 하다. 상사, 경쟁자, 매체는 당신이 얼마나 뛰어난 사고를 하고 있는지, 어떤 목표를 가지고 있는지, 어떤 철학을 가지고 있으며 그것에 왜 몰입하는지 알지 못한다. 당신이 지금 최고로 집중하여 실행에 매진하고 있더라도 그들은 눈치 채지 못한다. 그만큼 막연하고 애매한 문제이기 때문에 그것을 알아낼 사람은 오로지 자신뿐이다.

당신은 이제 최고가 되기 위해 해야 할 일이 무엇인지 정확하게 알게 됐다. 남과 다르게 생각하는 법도 안다. 자기확신으로 충만해야 한다는 것도 안다. 당신은 자신의 진정한 가치와 능력을 아는 지구상의 유일한 사람이다. 이는 참으로 경이롭고 소중한 사실이다. 자신에게 최대한 정직하고, 평가에 반항한다거나 슬쩍 무시해버리지 않고, 자기 주도적으로 계획하고 실행하기만 하면 된다. 이제 당신은 실행자로서 지속적인 성공을 도달할 수 있는 위치에 서 있다. 당신의 일이 진정한 예술작품처럼 되는 경지까지 오를 수 있게 된 것이다.

chapter 13

무한성취의 예술 _
미켈란젤로, 마이클 조던, 그리고 당신

The Art of High Performance _ Michelangelo, Michael, and You

마이클 조던은 천부적인 재능을 가진 농구선수다. 그러나 객관적인 수치를 놓고 보면 이처럼 엉뚱한 소리도 없다. 조던은 한 시즌에서 경기 중 득점 순위 9위, 총득점 순위 18위, 슛팅 순위 6위에 올랐다. 주요 NBA 통계 어디에도 1위에 오르지 못한 것이다. 전성기 때도 가장 빠르거나 정확한 슛을 던지는 선수는 아니었다. 오히려 리바운드도 잘 못했고, 수비도 별로였다.

그러면 정정하겠다. 마이클 조던은 천부적인 재능을 가진 선수가 아니라고. 그러나 이것만은 확실한 사실이다. 마이클 조던은 가장 위대한 선수였고 앞으로도 그럴 것이라는 사실. 여기에서 의문이 생기는 것은 당연하다. 수비도 시원찮고, 득점도 보통인 선수가 어떻게 NBA의 MVP상을 다섯 번이나 타고, '지구상에서 가장 유명한 대머리'가 되었을까? 그렇다. 답은 노력이다. 열정적인 집중, 몰입, 모든 승부수를 던지는 자세, 진정한 자신감까지. 그를 최고로 만든 요소는 이런 것들이다. 하지만 이게 다는 아니다. 조던은 뛰어난 실행자들이 갖고 있는 또 다른 특징 하나를 더 가지고 있다.

💬 그는 예술가였던 것이다 💬

이는 결코 비유적인 표현이 아니다. 마이클 조던을 비롯한 위대한 선수들이 수많은 관중들 앞에서 해내는 놀라운 일들은, 진정 '실행예술 *Performance art*'이라고 부를 만하다. 그것은 음악, 문학, 미술, 건축 등 다양한 예술장르가 우리에게 전해주는 아름다움과 견줄 수 있을 정도다.

세르반테스 돈키호테 *Don Quixote* _ 산초 판자 *Sancho Panza* 와 논쟁을 벌이다가 산문체로 이야기를 풀어내는 방법, 즉 소설이라는 장르를 스페인에서 최초로 고안했다.

미켈란젤로 부오나로티 *Michelangelo Buonarotti* _ 그의 초기 그림은 이탈리아 중세시대를 대표하는 화가인 지오토 *Giotto* 와 마사치오 *Massicio* 의 영향을 받았다. 그러나 몇 년 후에 미술사 최고의 조각품인 '피에타 *Pieta*' 와 '다비드 *David*' 를 만들어, 그 누구와도 견줄 수 없는 '미켈란젤로' 가 되었다. 이후 그는 시스티나 성당 벽화와 '모세' 와 '노예' 라는 유명한 조각품을 남겼다. 플로렌스와 로마에 있는 아름다운 건축물 중 일부도 그의 작품이다.

루드비히 반 베토벤 *Ludwig van Beethoven* _ 열두 살의 나이에 '제2의 모짜르트'로 불렸지만 후에 '유일무이한 베토벤'이 되었다. 자기만의 개성, 독특한 연주 스타일, 열정적인 작곡을 선보이며 고전주의 음악에서 낭만주의로 넘어가는 새 장을 열었다. 당대의 비평가들과 지식인들은 너나없이 제5번 교향곡 '운명'이 주는 감동에 매료되었다. 베토벤은 귀가 거의 들리지 않던 말년에도 제9번 교향곡을 완성하여, 죽는 순간까지 음악의 역사를 새로 썼다.

안토니오 가우디 *Antonio Gaudi* _ 그의 건축 설계 모형은 너무 기묘하고 화려해서 조각이나 그림에 더 어울릴 것 같았다. 사람들은 그 디자인으로 과연 실용적인 건물을 지을 수 있을지 의심했다. 그러나 가우디는 바르셀로나를 자신의 작품으로 채워나감으로써 세계에서 가장 아름다운 도시로 변모시켰다. 그는 단 하나의 직선도 없는 건물을 설계한 적도 있다!

빈센트 반 고흐 *Vincent van Gogh* _ 그는 진한 유화물감을 사용하여 강렬하고 선명한 색채의 그림을 그렸다. 소재는 사소한 일상이나 작가의 내면에서 얻었다. 그 결과 이전에 어디서도 본 적이 없었던, 새롭고 충격적인 작품들이 나왔다. 사람들은 이제 들판에서 건초더미를 보거나 드넓게 펼쳐진 해바라기 밭을 보고 "고흐의 그림 같은 풍경이야."라고 말한다. 고흐는 현실을 재창조한 것이다.

사무엘 베케트 *Samuel Beckette* _ 그는 30년 동안 영어와 프랑스어로 난해한 내용의 에세이, 소설, 희곡을 쓰다가 1952년에 희곡《고도를 기다리며》를 발표했다. 베케트의 이전 작품들에 대해 "무슨 말을 하는 건지 도무지 모르겠다."던 비평가들조차 《고도를 기다리며》를 최고의 걸작으로 인정했다. 이후 베케트는 계속 난해한 희곡들을 써나갔다. 각각 다른 쓰레기통에서 사는 늙은 부부를 주인공으로 한 작품이 있는가 하면, 조명을 다 끄고 오직 여배우의 입만 비추는 작품도 있었다. 베케트의 작품은 분노와 상실감으로 가득해 대중적인 성공은 기대할 수도 없었고, 베케트는 그것을 바라지도 않았다. '표현되지 않는 것을 표현 한다'는 것이 그의 예술관이었다. 그는 1969년 노벨 문학상을 받을 때를 제외하고는 늘 대중으로부터 '침묵에 빠져 있는 작가'로 비춰졌다.

위에서 언급된 사람들은 모두 의심의 여지가 없는 위대한 예술가다. 과거에서 현재까지 창작에 대한 욕망으로 온갖 신성한 것들을 창조한 작가, 시인, 화가, 조각가, 음악가들을 떠올려보자. 이들은 많은 비평가들을 소름끼치게 만들었다. 새 시대를 깨운 위대한 예술가의 작품은 다른 예술가들에게도 영향을 끼쳤고, 사람들의 세상을 바라보는 태도마저 변화시켰다. 극작가 베르톨트 브레히트 Bertolt Brecht 의 말은 이런 상황을 잘 요약해준다. "예술은 현실을 반영하는 거울이 아니라, 그것을 다듬는 망치이다."

위대한 예술가처럼 마이클 조던도 농구팬들과 전문가들, 동료 선수들이 이전까지 보지 못했던 작품을 만들어냈다. 그 역시 다른 예술가들이 그러하듯, 정형적인 농구가 아니라 신체의 예술적 기교를 과시하는 덩크슛을 시도하여 명성을 얻었다. 이렇게 스포츠의 역사는 참된 예술가들의 성취와 유사한 것들로 가득하다.

밥 쿠지*Bob Cousy* _ 1950년대 세트 샷(set shot ; 정지 상태로 서서 한 손, 혹은 두 손으로 하는 샷 – 옮긴이 주)이 인기를 끌고 있던 때, 그는 한 손을 사용한 빠른 공격으로 농구 팬들과 상대편 선수들을 놀라게 했다. 1930년 어느 날, 자기보다 키가 큰 수비수 하나가 계속 따라붙자 그를 정면으로 마주 보고 순간적으로 정지했다. 그리고 상대 선수와 닿지 않게 공중으로 높이 솟아올라 농구 역사상 최초의 점프 슛을 성공시켰다. 오늘날 농구에서 점프 슛 이외의 슈팅은 생각할 수 없을 정도다. 새로운 것에 대한 최초의 시도는 뛰어난 예술 작품이 가지는 특징이다.

마이클 조던*Michael Jordan* _ 비록 나이가 들어 몸이 느려지고 있기는 하지만, 새로운 페이드 어웨이 슛(fade away shot ; 상대수비를 등지고 뒤로 점프하여 넣는 슛 – 옮긴이 주)을 개발하여 농구계를 충격에 빠뜨렸다.

오지 스미스*Ozzie Smith* _ 1980년대에 활동했던 세인트 루이스 카디널스의 유격수로 야구팬들로부터 '오즈의 마법사'로 통했다. 오즈는 빙글빙글 돌고, 점프하고, 기우뚱 거리다 넘어지는 등 발레극장에서나 볼 수 있을 법한 동작을 하며 경기했다. 지금도 관중들은 야구장에 오즈가 나타나면, 그가 뒤로 공중제비 넘는 모습을 보여주길 바라며 함성을 지를 것이다. 오즈가 은퇴한 자리는 오마 비즈*Omar Vizquel*가 메웠다. 유격수 자리로 깊게 들어오는 공을 처리하는, 야구에서 가장 어려운 플레이에 그만의 특허 동작이 있었던 것이다. 오른쪽으로 재빨리 움직이다가 갑자기 공을 향해 무릎으로 슬라이딩한 뒤, 공을 집어올림과 동시에 미끄러짐을 멈추고, 일어섬과 동시에 왼쪽으로 몸을 돌려 1루 주자에게 공을 던진다.

지금은 모든 유격수들이 이 동작을 연습하고 있다.

브래드 로빈슨_Brad Robinson_ _ 1906년 9월 5일, 세인트 루이스 대학과 캐롤 칼리지의 미식축구 경기에서 그는 잭 슈나이더_Jack Schneider_를 향해 공을 패스했다. 미식축구 역사상 최초의 패스였다. 형태가 불완전했고, 당시엔 페널티에 공격권 이전이 뒤따랐지만 첫번째 패스 후 10년이 지나지 않아 이 예술 형식은 규칙의 하나로 인정되었다.

할렘 글로브트로터스_Harlem Globetrotters_ _ 농구라는 예술을 순수 오락으로 바꿀 수 있음을 증명한 농구팀. 그들은 최초로 승패가 아니라 묘기농구를 보여주기 위해 결성되었다. 이들은 관중에게 중요한 것은 득점만이 아니라고 생각했다. 이들의 목적은 최고의 재능을 가진 선수들이 모여 신체 예술을 보여주는 것이다.

열거한 이들은 모두 새로운 방법으로 관중들을 놀라게 했으며, 또한 자신의 능력을 몇 단계나 끌어올렸다. 예술의 본질이 목적을 잊지 않으면서도, 새로운 방식과 상상력으로 현실을 재구성하는 것이라면 위대한 운동선수들도 예술가라고 할 수 있다. 이들은 예술가가 그렇듯이 공명심이 아닌 개인적인 욕망, 충동, 의무감으로 실행하고, 그로부터 흥분과 행복을 느낀다.

비즈니스도
예술이다?

그러나 비즈니스는 예술과 전혀 다른 것처럼 느껴진다. 비즈니스의 중요한 개념인 이익과 손실, 재정예측, 총결산, 리스크 관리는 모두 예술과 적대적 관계이지 않은가. 심지어 비즈니스에서 '창조적'이 된다는 것은 속임수를 뜻하기도 한다. 그런데도 비즈니스가 예술이 될 수 있을까?

그렇다. 가능하다. 예술가를 움직이는 내적 충동은 모든 위대한 수행자를 이끄는 힘이다. 비즈니스에 종사하는 사람들도 예외가 아니다. 이들은 신상품을 시장에 내놓아 유행을 창조해내는 것으로 즐거움을 느낀다. 세상을 변혁시키는 것보다 더 재미있는 일이 무엇이겠는가?

어떤 분야에서든 예술은 자신의 능력과 경험의 한계를 탐험하는 것으로부터 시작된다. 당신은 현재의 직장에 학력, 배경, 기술 등을 배경으로 고용됐을 것이다. 하지만 단지 기술을 사용하기 위해 매일 직장에 나간다면 더 이상의 발전은 없다. 보다 높은 성취를 이루고 싶다면 내부의 재능을 탐색해야 한다. 여기서 탐색이란, 그동안 훈련해 온 경험을 믿고 잠재력을 발휘하는 데 전념하는 것을 의미한다. 당신은 재능과 한계를 늘 실험하고, 더 높은 수준에 도전해야 한다. 가우디나 프랭크 로이드 라이트 *Frank Lloyd Wright*가 늘 주어진 청사진 그대로 건축하는 데만 열중했다면, 지금처럼 위대한 명성은 얻지 못했을 것이다.

그런 이유때문에 한계는 반드시 넘어야 한다. 한계를 돌파하는 데는 감정적인 헌신이 필요하다. 또한 불확실성을 두려워하지 않고, 오히려 그 위에서 성공할 수 있는 능력이 필요하다. 예술가들은 앞으로 어떤 결과가 나올지 예측할 수 없는 상황에서도 진정 몰입했다. 위대한 소설가는 '내가 배역에게 대사와 행동을 주는 것이 아니라 그들이 나를 이끄는 대로 따라 간다'고 말한다. 도예가는 오늘 자신의 손이 무엇을 만들어낼지 궁금해 한다. 마이클 조던이 오직 승리만 생각했다면 그는 전국을 돌아다니며 고등학교 학생들이나 상대하면서 시간을 보내도 좋았을 것이다. 하지만 조던은 진짜 야구를 하기 위해 '그 동네'를 떠났다.

'위대한 샷'이나 '놀라운 동작'은 신기하고 값지다. 그러나 결코 쉽게 얻어진 것은 아니다. 성공한 모든 사람들은 도전을 즐기면서, 실패만 남은 듯한 상황에서도 성공을 일궈낸다. 이들은 정상에 서는 것보다, 스스로 해낸다는 느낌, 무언가 새롭고 신나는 일에 도전하는 일에 진짜 재미를 느낀다.

유명한 미식축구 코치인 베리 스위처 Barry Switzer의 일화가 있다. 1987년 대학 미식축구 챔피언을 가리는 경기에서 그의 팀은 상당한 점수 차로 뒤지고 있었다. 스위처는 넷째 쿼터에서 쿼터백에게 트릭 플레이를 하라고 소리쳤다. 이에 쿼터백은 펌블루스키(Fumblerooskie ; 쿼터백이 공을 실수로 떨어뜨리는 척하고 같은 팀 선수가 그 공을 줍는 트릭 – 옮긴이 주)를 했고, 이 방법이 성공하여 득점으로 이어졌다! 워낙 점수 차가 나 있었기 때문에 이 점수가 승리를 안겨주지는 못했지만, 스위처는 낙담하지 않았다. 오히려 경기가 끝난 후 상대 팀 코치에게 다가가 악수를 청하고 펌블루스키 자랑에 여념이 없었다. "그 플레이 봤소? 저런, 우리 때문에 꽤 힘드셨겠네. 하지만 바로 그게 미식축구의 매력 아니겠소?" 그가 신경 쓴 것은 전국 우승이 아니라, 하나의 플레이가 가진 예술성이었다.

회사의 최고경영자나 성공한 기업가들의 전략 안에도 예술성과 재미가 존재한다. 큰 돈이 왔다갔다 하는 비즈니스 세계에서도 누가 가장 돈을 많이 벌었느냐가 성공을 가늠하는 유일한 기준은 아니다. 큰 거래에서 성공한 승리자는 항상 상상력과 창조력이라는 무기를 쥐고 있었다. 그러므로 비즈니스맨을 예술가라고 부를 수 있는 것이다. 다 죽어가던 IBM을 루 거스너가 월가의 유망주로 탈바꿈시키자, 언론이 그를 '회생의 예술가'라고 불렀던 것처럼 말이다. 프랑크푸르트의 화폐상이었던 마이어 로스차일드_Mayer Rothschild_도 그런 면에서 '예술가'였다. 그는 사실 돈을 벌기 위한 목적을 가진 사람이었다. 그래서 다섯 아들을 그가 1798년에 세운 은행의 다섯 개 지점으로 파견했다. 하지만 그의 아들들은 남다른 사고 방법, 번뜩이는 기지, 미켈란젤로의 황금 비율과 같은 균형감각으로 세기의 거래를 성사시켰다. 나폴레옹을 격파한 웰링턴 공작 후원, 크림전쟁_Crimean War_의 군자금 조달, 초기 이스라엘 건국에 대한 재정 지원, 수에즈 운하 통제권을 얻기 위한 영국 군대 지원 등은 이들이 이룬 '예술'의 일부에 불과하다. 로스차일드 국제은행은 지금도 UBS(스위스연방은행 – 옮긴이 주)나 시티은행 같은 다국적 대형은행에 대항할 수 있는 몇 안 되는 은행 중 하나다. 헨리 포드가 20년간 1,500만 대나 팔린 'T' 모델 자동차 조립라인을 고안한 일, 토마스 에디슨이 뉴욕 시에 첫 중앙전력소를 만든 일 등을 비롯해 역사에 남는 비즈니스는 모두 돈 이상의 것으로 평가된다.

앞서 언급한 이들을 비롯해 인터넷 혁명에 불을 당긴, 그들 못지않게 창조적인 후계자들도 마찬가지다. 이들은 모두 자신의 뛰어난 기술과 재능, 경험을 다양한 상황에 적용해 그야말로 세계를 뒤집었다. 이들은 모두 장애물에 도전하고, 창조적인 감성과 열정으로 그것을 뛰어넘었다. 새로운 움직임, 새로운 비즈니스 방법, 새로운 회사를 세웠음은 물론이고, 인생 자체를 대하는 시각까지 새롭게 창조했다. 마치 예술가처럼 말이다.

'꾸물거리기' 능력

나는 어렸을 때부터 내 아버지가 '더 괜찮은 물건을 만드는 일'이라고 부르곤 했던 수행의 예술을 배웠다. 아버지는 스키선수로 활약했던 시절, 어떻게 하면 스키가 더 빨라질 수 있는지를 실험하는 데 많은 노력을 했다. 그는 경기 때마다 코스 가장자리에 벤치와 텐트를 설치하고, 그 안에 왁스칠과 다림질을 할 수 있도록 준비한 뒤, 스키 한 무더기를 가지고 실험에 들어갔다. 그곳은 아버지만의 활주 테스트 실험실이었다. 혹시 누군가 괜찮은 스키 왁스나 트레일 그루밍 장비(스키 활주 자국을 없애는 장비-옮긴이 주)를 갖고 있는 것을 보면, 아버지는 그보다 나은 걸 만들기 위해 더 꿍꿍거렸다. 주위에서 무슨 일이 벌어지는지는 아랑곳하지 않았다. 저녁 식탁에 앉아서도 냅킨 위에 계획을 끄적거렸고, 휴가 기간 동안 느긋하게 연구할 수 있도록 자료와 견본을 수집했다. 아버지는 "넌 뭐든 원래보다 더 낫게 만드는 재주가 있단다."라고 나를 격려 했고, 나는 신이 나서 아버지와 함께 지하실로 내려가 스키에 왁스칠을 하느라 밤을 새우곤 했다.

아버지는 항상 '더 좋은 방법 찾기'라는 자신의 철학을 삶의 중심에 두고 사셨다. 하다못해 수도관에 문제가 생겨도 남들이 하는 식이 아니라 '더 잘' 고치는 방법을 찾아내려고 애썼다. 한번은 이런 일도 있었다. 잠잘 때 이불이 자꾸 다리에 감기는 것이 너무 짜증스러웠던 아버지는 궁리 끝에 이불에 나무못을 달았다. 그 후로는 이불이 흐트러지지 않았고, 아주 간단하게 덮고 치울 수 있었다. 내가 학교 야구팀 선수였을 때는, 공이 시속 140km로 튀어나오는 배팅 연습장을 지하실에 만들어 주신 덕분에 겨울방학 내내 원 없이 배팅연습을 할 수 있었다. 그 연습장은 지금 체육관으로 개조되었는데, 거기엔 아버지가 직접 설계한 운동기구들이 가득 채워져 있다. 그것은 근육을 키우고 싶은 부위를 집중적으로 운동할 수 있도록 특별히 고안되었다. 이제 73세의 아버지는 온몸의 관절을 모조리 교체하여 편안하게 뛸 수도, 걸을 수도 없다. 그러나 아직까지도 직접 제작한 스키 부츠를 신고 스키 마라톤을 완주하고, 3년 전에는 카누의 일종인 카약까지 시작하셨다. 아버지는 카약에서도 꽤 훌륭한 선수로, 자신보다 20~30년은 더 젊은 선수들과 겨루어 우승까지 할 정도다. 지금도 여전히 자기만의 실험실인 지하실에서 '어떻게 하면 좀더 빠르게 카약을 할 수 있을지' 연구하느라 바쁘게 지내고 계신다.

최고의 수행자는 나의 아버지와 비슷한 성향을 보인다. 지금 하고 있는 일을 흥미진진한 취미처럼 생각하고, 마치 자신이 연구에 미친 과학자라도 된 것처럼 행동하는 것이다. 이들은 자신의 잠재력이 가진 한계를 탐사하는 데 재미를 느낀다. 이것이 핵심이다. 수많은 사람들이 걸작을 만들고 싶어 하고, 메이저 리그에서 뛰거나 대기업을 경영하고 싶어 하지만, 만만한 일은 없다. 원하는 대로 되리라는 보장도 없고, 경쟁은 갈수록 치열해져만 간다. 그렇기 때문에 중요한 것이 바로 '예술가처럼 생각하기'다. 일을 배우고 기술을 연마하고 그것을 내 것으로 만들지 않는다면, 잠재능력의 한계를 탐사할 수 있는 기회는 오지 않는다. 여기에는 상당한 시간이 걸린다. 그러므로 충분한 시간을 들여 자신의 신념과 생각하는 방법을 바꿔야 한다. 훈련되지 않은 지금 그대로 승부를 시작하면 잠재력은 금세 바닥을 드러내고, 자신에게 주어진 소명을 알아내는 데도 실패할 것이다. 지금 어느 정도의 수준에 있는지와 상관없이, '예술가처럼 생각하기'는 능력의 최대치를 발휘할 수 있게 만들어준다.

이를 위해 내가 사람들에게 권하는 일 중 하나는 '꾸물거리기'에 더 많은 시간을 보내라는 것이다. 일을 하다 말고 맥주나 한잔 하러 가라는 말이 아니다. 내가 원하는 것은, 어려운 업무에 몰두하거나 변화를 꾀할 때 '재미'를 발견하는 것이다. 이때 결과가 어떻게 나올 것인지에 대해서는 잊었으면 좋겠다. 목표는 당신의 일이 취미처럼 느껴지도록, 일을 좀더 놀이에 가깝도록 만드는 것이다. "그냥 재밌어서 하는 것뿐인데, 월급까지 받는다니 신기한 일이예요."라고 말하는 사람들처럼 말이다. 엔지니어가 주말마저 반납하고 실험실에서 새 아이디어를 실험해보고, 그룹의 CEO가 기분을 재충전하고 돌아와서 다시 힘든 문제를 붙들고 씨름하는 이유는 이처럼 '그저 일이 재미있어서'다.

뭔가를 결정할 때 별로 복잡할 게 없었던 어린시절의 느긋함을 기억해보라. 잘 떠오르지 않으면 지금 가까운 학교 운동장에 가보면 된다. 거기에서 아이들이 얼마나 즐겁게 놀고 있는지가 아닌, 무엇에 관심과 집중을 두고 있는지 주목하라. 처음에는 단지 '아이들의 놀이'로 보일 수도 있지만, 그들이 무척 진지하다는 사실을 금방 깨닫게 될 것이다. 아이들은 모두 온 정신을 집중해서 '놀고' 있으며, 그렇지 않은 아이는 게임에서 제외되기 마련이다. 많은 예술가들이 '아이의 마음'을 유지하는 것을 자신의 성공 비결로 꼽는다. 과학도 마찬가지다. 그들은 세상이 돌아가는 원리를 보통 사람들과 다른 방법으로 접근하기 때문에 '꾸물거리는' 것이 중요할 것이다. 아인슈타인도 '시간이나 공간처럼, 모든 사람들이 당연하게 여기는 문제에 단순한 질문을 던지는 어린아이 같은 능력이 새로운 발견을 향한 유일한 길'이라고 말하며 여기에 동의했다.

앞서 소개했던 오마 비즈가 유격수를 하며 무릎을 쓰게 된 것도 처음엔 우연이었다. 공을 향해 뛰다가 속도를 조절할 수 없어서 넘어졌는데, 운 좋게도 공은 여전히 손 안에 있었다. 너무 다급해서 그대로 베이스 주자에게 공을 던지고 난 뒤, 오마는 '유레카 eureka'의 순간을 맛봤다. 속도 조절을 못 해서 비틀거린 덕분에 적절한 지점에서 정지할 수 있었고, 주자에게 공을 던지기가 더 수월해진 것이다. 그는 이때의 기억을 잊지 않고 일부러 무릎으로 넘어져서 볼을 마무리하는 연습을 시작했다. 경직된 태도를 가진 다른 유격수들은 그가 연습하는 모습을 보고 농땡이 치는 줄만 알았다. 그러나 금세 모두가 그를 따라하게 되었다.

예술은 종종 실수와 우연으로부터 이루어진다. 영국의 화가 프란시스 베이컨 Francis Bacon은 자신의 최고의 예술이 항상 '우연'의 산물이었다고 말했다.

새로 그림을 시작할 때 나는 어떤 그림을 그릴지 확실히 정해둔다. 하지만 그림을 그리는 동안에 갑자기, 그림 자체에서 예상치 못했던 형식과 새로운 방향이 떠오르곤 한다. 이것이 내가 우연이라고 부르는 것이다.

베이컨은 프로이드식으로 '우연이 무의식에서 나왔다'고 생각하지 않았다. 그에게 예술은, 마음에 이미 담아 두었던 것과 붓을 들고 그림을 그리기 시작할 때 떠오르는 영감의 혼합이었다. 그의 설명은 이렇다. "통제

가능한 요소는 항상 있다. 기적도 그 중 하나다." 정말 훌륭한 운동선수라면 이 말에 수긍하며 고개를 끄덕일 것이다. 그들은 자기가 지금 무엇을 하고 있는지 정확하게 알고 있으며 열정적으로 실행하는 동안 그 안에서 놀랍고 특별한 '무엇' 이 일어난다. 그들은 이것을 포용할 뿐만 아니라 적극적으로 찾아다니기까지 한다. 최고의 골퍼는 숲 쪽으로 어처구니없는 샷을 날렸다고 해서 자책만 하고 있지 않는다. 대신 궁지에서 벗어나기 위한 '새로운 샷' 을 재빨리 생각하기 시작한다. 그 선수가 경기 후에 다시는 그런 실수를 하지 않기 위해 연습할 거라고 생각한다면 그건 착각이다. 그는 위기에서 벗어나기 위해 실행했던 '새로운 샷' 을 재현하면서, 그것을 기초로 한 또 다른 새로운 샷을 완성하기 위한 연습을 하고 있을 것이다. 의사의 경우도 마찬가지다. 하지만 누구도 '꾸물거리기' 에 열중하는 의사를 원하지는 않을 것이다. 당신이 심장수술을 받아야 한다면 그 분야에서 경험이 풍부한 의사를 원하지, 새로운 시술법을 실험하고 있는 의사를 원하지는 않을 것이 아닌가. 그러나 당신이 찾고 있는 경험 많은 의사가 늘 똑같은 수술 하는 데 지겨워져서 '시늉만 내려는' 마음이라면 어떨까. 큰 실수는 보통 그런 때 일어난다. 그는 오랫동안 무난하고 적당한 방법으로 일하는 데 익숙해져서, 예기지 못한 사고가 생겼을 때 대처 능력이 부족할지도 모른다. 반면에 뛰어난 의사는 수술을 줄이고 나머지 시간을 새로운 기술을 익히거나 더 나은 기술을 개발하는 데 쓸 것이다. 그런 의사들은 오직 열정만으로 아침에 자리에서 일어날 수 있는 사람들이다. 반면 매너리즘에 빠진 의사는 어느 날 아침 일어나서 '왜 나는 지금 행복하지 않을까, 기계와 내가 뭐가 다를까' 하는 의문에 부딪히게 될 것이다.

브루스 맥루카스*Bruce McLucas* 박사는 가장 좋은 예다. 그는 로스앤젤레스에서 일하는 산부인과 의사인데, 몇 년 전에 마라톤을 하다가 우연히 비뇨기과 의사를 만났다. 그리고 비뇨기과 의사들이 사용하는 전기절단 탐침에 대해 듣게 되었다. "그 다음부터는 경주하는 내내 그 절단 탐침을 내가 하고 있는 수술에 어떻게 적용시킬 수 있을까 하는 생각만 들더군요." 그리고 얼마 뒤에 절단 탐침을 유섬유종 제거를 위한 산부인과 수술에 맞게 다시 설계해냈다. 그는 내시경 기술개발을 위해 병원을 휴업한 적도 있다. 복부를 작게 절개해서 작은 카메라가 달린 장비와 초소형 수술기구를 집어넣고, 모니터로 환부를 보면서 수술을 하는 기술을 고안해낸 것이다. 그 덕분에 1990년대부터 산부인과의 많은 치료가 수술 없이도 가능해졌고, 위험한 절개를 피할 수 있었으며, 환자의 의료비 부담도 덜어줄 수 있었다. 최근에는 종양에 혈액이 공급되는 것을 막아 종양을 축소시켜서 수술 없이 치료할 수 있는 '색전술*embolization*' 을 고안하기 위해 방사선과 의사들과 작업했다.

이것이 바로 예술적인 수술이다. 맥루카스에게 직업은 재미를 찾는 일이다. "의사들이 환자와 연구에 오랜 시간 매이는 것은 부담스러운 일이기도 하죠. 하지만 이전에 아무도 시도해보지 않은 기술을 이용해서 아픈 사람의 몸을 고치는 일은, 하면 할수록 더욱 스릴 있습니다." 맥루카스뿐 아니라 모든 사람들이 취미생활이나 스포츠 등에서 비슷한 경험을 해봤을 것이다. 최고 성취자가 되는 핵심 중 하나는 이렇게 집중, 환희, 창조성을 업무에 투입하는 것이다.

"꾸물거리다가 해고당하면 어떡해요." 사람들은 종종 내게 이렇게 묻는다. 물론 정말 그럴 수도 있다. 그러나 반면에 승진할 수도 있다. 게다가 일과 삶으로 인한 불행, 좌절, 걱정, 진부함, 탈진의 염려 따위는 하지 않아도 된다. 스스로를 한계까지 몰아붙이고, 위험에 도전하고, 그 과정에서 많은 실수를 경험하지 않는다면 더 이상의 발전은 없다. 그리고 '예술가처럼 생각하기'를 방해하는 직업에 고집스럽게 머물러 있는 경우도 마찬가지다. 비즈니스에서 판매와 거래는 프란시스 베이컨의 화폭 위 붓자국만큼 예측 불가능한 방식으로 전개되기도 한다. 생각해보라. 오늘날 주요 기업들은 얼마나 많은 우연으로부터 위대한 발견을 하고, 혁신적인 제품을 만들어 발전을 거듭해 왔는가? 페니실린은 배양기 안에서 '어쩌다가' 발견되었다. 포스트잇은 기존에 있는 풀보다 빨리 붙는 풀을 만들려다가 실패한 결과물이다. 피카소는 학교 성적이 나빠 독방에 갇히는 벌을 받고 혼자 시간을 보내다가 그림을 그리기 시작했다. 벨크로(일명 찍찍이)는 조지 드 메스트랄 *George de Mestral*이 도꼬마리라는 풀로 뒤덮인 들판을 산책하고 돌아와 옷에 붙은 풀을 발견하고 거기에서 아이디어를 얻어 만들어졌다. 아이들이 가장 좋아하는 고무 장난감, 실리 퍼티 *Silly Putty*는 2차 세계대전 때 고무를 만들려다가 얻은 결과다. 어디에 써야할지 도통 감을 잡을 수 없었던 연구원들은 전쟁 기간 내내 그것을 장난감으로 삼았다.

세계는 온갖 신기한 제품과 그것들을 만드는 회사로 가득하다. 거기에 평범한 것을 하나 더 보탤 필요는 없다. 당신은 없었던 것, 받아들여지지 않았던 것, 아직 아무도 일해본 적이 없는 분야를 꿈꾸고, 그런 일을 하는 회사를 만들어야 한다. 소재는 얼마든지 있다. 고대 그리스의 화폐부터 300년 전의 지폐, 오늘날의 신용카드 및 채권, 모기지론 같은 창조적인 금융수단까지, 돈마저도 발명되어야 했다. 옷걸이나 종이 클립, 미키마우스, 점프 샷보다, 지폐나 채권이 더 많은 상상력을 필요로 하는가? 나는 잘 모르겠다. 그러나 분명한 것은 이러한 과정 뒤에는 마치 예술을 하듯 이 모든 실패를 즐기며 남과 다르게 생각하는 누군가가 있다는 사실이다.

chapter 14

나는 실패한다,
고로 존재한다

Fallor, and You

내가 '꿈의 추구'와 '다르게 생각하기'에서 즐거움을 찾으라고 하면 꼭 이렇게 묻는 사람이 있다. "좋아요, 그런데 실패하면 어떡하죠?"

나는 그 사람에게 이런 과제를 내준다. 마이클 조던 혹은 자신이 좋아하는 슈퍼스타의 훌륭한 경기를 녹화한 비디오테이프를 찾는 것이다. 특히 마이클 조던이 경기종료 직전 골을 넣어 시카고불스에 3연패를 안겨준, 1993년도 NBA 챔피언 결승전을 추천한다. 비디오테이프를 구한 다음에는 두 칸으로 나눠진 종이 한 장을 가지고 경기를 보면 된다. 그리고 한 칸은 조던이 저지른 실수, 나머지 한 칸은 실수를 하고 난 그의 반응을 적어보는 것이다. 이 실험을 통해 드러난 사실은 다음과 같다.

1. "마이클 조던이 그렇게 많은 실수를 했을 줄은 몰랐어요." 팬들은 자기 영웅의 잘하는 면만 집중해서 보기 때문에 그의 실수를 잘 깨닫지 못한다. 그렇지만 조던은 나쁜 패스와 부정확한 슛을 하기도 한다. 이렇게 사람들은 영웅에게는 관대하면서도 막상 자신이 어떤 일을 실행할 때는 자신이 잘못하고 있는 면, 힘든 면만 신경 쓴다.

2. 조던은 실수를 해도 그것을 의식하는 듯한 반응을 보이지 않는다. 어처구니없는 행동을 하더라도 금세 다시 공을 잡고 위치를 잡는다. 오히려 혀를 내밀고 누군가에게 윙크하거나, 골을 향해 나아갈 기회만 살피는 눈빛은 마치 방금 최고의 플레이를 보여준 사람처럼 보이기까지 한다. 사람들은 조던의 이러한 점에 매료된다. 그는 실수했다는 사실조차 모르는 사람 같다. 실수가 반복될까봐 걱정하는 사람과는 다른 것이다.

위와 같은 사실은 훌륭한 실행에는 진지함이 필요하다고 생각한 대부분의 학생에게 다소 충격을 주었다. 그들이 본 것은 경기 종료를 알리는 직전까지 슛을 시도해 우승을 이끄는 위대한 농구선수였는데, 심각하게 집중하고 있는 모습은 어디에서도 찾을 수 없었던 것이다.

그러나 진정으로 위대한 실행을 하고자 한다면 성실하지 마라. 그렇게 되면 훈련의 마음에 시달리게 된다. 또한 '예술가처럼 생각하기'를 방해할 수도 있다. 실수를 한 뒤 그것에 대해 걱정하거나, 무엇이 잘못 되었는지를 곰곰이 따져보고 사과하느라 시간을 허비하는 것은 어리석다. 그것은 확신의 부족이며, 훈련의 마음이다. 당신은 의심이나 걱정, 실수에 대한 두려움에서 자유로울 수 있어야 한다. 신뢰의 마음이 그것이다. 실수를 하고 나서 혀를 내미는 마이클 조던을 배워야 한다.

내가 아는 사람들 중에는 지나치게 완벽하려고 애쓰는 사람들이 있다.

그들은 너무나 경쟁이 심하고 피를 말리는 일에 몰두한 나머지, 실행에서 약간의 결점이나 미진함이 있어도 치명적인 결과를 남길 수 있다고 생각한다. 그들의 관심은 오점이 없는 경력을 오래오래 유지하는 것이었다. 특히 보수적인 기업 임원들은 예측 불가능과 위험을 가장 싫어한다. 그들은 목적을 이루는 데 10년이 걸릴지 20년이 걸릴지 모르고, 재정위기에 몰릴지도 모르는 꿈에 매진하는 것을 극도로 두려워한다. 나는 그들에게 이렇게 말한다. "파산 좀 하면 어떻다고 그러세요?" 그러면 그들은 미친 사람 보듯 나를 보고 이렇게 말한다. "시간과 돈을 다 써버리면 가족은 어떻게 부양합니까? 그건 나에겐 정말 중요한 문제라구요." 그들은 문제가 생길 경우에는 반드시 해결 가능성이 존재한다는 사실을 믿지 않는다. 일단 재정상태가 어려워지면 다시는 회복될 수 없다고 생각할 뿐 아니라, 심한 경우 돈이 자유와 행복, 더 나은 삶을 보장해준다고 생각한다. 그리스 신화에나 존재하는 철학에 빠져 있는 것이다. 에이브러햄 링컨도 파산했다. 렘브란트도 그랬다. 토마스 제퍼슨은 가진 돈을 전부 날린 후에도 버지니아 대학교를 설립했다. 해리 트루먼은 창업을 두 번 시도했다 몽땅 날리고 파산했으며, 조지 부시도 젊었을 때 석유회사 경영에 실패한 적이 있다. 그러나 새로운 꿈이 그들을 다시 일어서게 했다.

우리는 왜 실패, 실망, 상실을 인생의 가치 있는 경험으로 여기지 않으며 상상조차 하지 않으려 하는가? 사랑 없는 삶, 성취와 만족이 없는 삶은 아무도 원하지 않으면서 말이다. 왜 지긋지긋한 경험을 포함한, 인생이 주는 모든 감정들을 맛보지 않고 산단 말인가? 심리학자들이 지적하듯이, 어두운 날을 경험하지 않고는 밝은 날을 즐길 수 없다. 실패 없는 성공은 무의미하다.

당신이 지금까지 살아오면서 의기소침해 본 적이 한 번도 없다면, 이것 하나는 확실하게 말할 수 있다. 당신의 꿈은 너무 초라하다. 성취와 성공을 연구하는 학자에게 가장 슬픈 것은, 야망이 없어서 한 번도 무언가에 도전해본 적이 없는 사람을 보는 것이다. 당신이 만약 실패할 확률이 적고 상심할 일이 없는 일을 찾는다면 단언하건대 쉽지 않을 것이다. 그것은 충만한 삶을 살 수 있는 기회를 스스로 박탈해버리고, 우리를 인간답게 만들어주는 감정을 외면하는 데 일생을 바치는 것과 같다.

사람들은 오늘날 성공한 유명인에게는 그들이 유명하면 할수록 실수 또한 더 많다는 것을 알지 못한다. 하지만 그들은 위대한 성취를 위해 실패의 가능성을 기꺼이 받아들이고 실패와 마주치면 잠시 뒤로 물러나 오히려 그것을 즐긴다.

이것이 믿기지 않는다면 스포츠에 관한 일화 하나를 소개하겠다. 1993년 NCAA 농구 챔피언십에서, 미시건 대학과 노스캐롤라이나 대학이 펼치는 4강전 마지막 경기 때의 일이다.

경기는 시작부터 서로 앞서거니 뒤서거니 하는 박빙으로, 경기가 거의 다 끝날 때가 되어도 승부를 예측할 수 없어 손에 땀을 쥐게 했다. 경기 종료까지 남은 시간은 11초, 미시건이 딱 2점 뒤진 상황에서 크리스 웨버 *Chris Webber*가 공을 잡았다. 그는 시즌 전부터 전국 챔피언 예상 리스트에 오른 선수로, 미시건 대학 '최고 5인방' 중에서도 중심 역할을 했다. 그러나 문제는, 그가 노스캐롤라이나 선수들에 둘러싸인 채 구석에 몰려 슛을 넣을 수 없는 상황이었다는 점이다. 웨버는 급한 마음에 타임아웃을 외쳤지만 순간 수백만의 시청자들은 경악했다. 팀이 주어진 타임아웃을 이미 다 써버렸던 것이다. 웨버의 어처구니없는 결정으로 팀에는 테크니

컬 파울이 적용되었고 전국 챔피언 자리도 날아갔다.

웨버는 매우 중대한 죄를 졌다. 그는 슛 실수를 하지도 않았고, 형편없는 슛을 쏘지도 않았지만 정신적인 실수 때문에 패배했다. 웨버는 경기 후 크게 뉘우치는 모습이었으나, 다음날 아버지와 함께 새 자동차 등록을 위해 외출하는 것이 보도되어, 그 뉘우침이 의심됐던 것이 사실이었다. 게다가 그의 새 자동차 번호판에는 'NO TOS (No time out)'라고 적혀 있었다. 그는 인생에서 가장 당황스러웠던 실수를 대중 앞에 선언해버린 셈이었다. 기자들이 이유를 묻자 그는 어깨를 으쓱하더니 이렇게 말했다. "챔피언십 경기 전까지 전 그저 좋은 팀에 속한 좋은 선수였죠. 하지만 이번 실수로 세계적으로 유명한 농구선수가 되었으니 그 악명 때문이라도 돈을 벌지 않겠어요?"

그리고 얼마 지나지 않아 웨버는 NBA 선수 선발 테스트에 참가하기 위해 학교를 떠났고 올랜도 매직의 1순위 지명자로서, 어마어마한 액수의 계약금을 받았다.

이러한 결과를 얻을 수 있었던 것은 그가 자신의 실수를 다르게 대한 방식 덕분이었다. 오늘날 대부분의 농구팬들은 웨버가 NCAA 챔피언십 경기를 망쳤다는 사실을 알지도 못할 것이고, 혹시 안다 해도 2001년 NBA의 MVP 투표 결과 4위, 2003년 NBA 올스타게임 참가, 개인 통산 만 점의 기록만을 보며 그때의 실수는 떠올리지 않을 것이다.

프로 운동선수들은 이렇게 더 이상 잃을 것이 없는 상황까지 통제를 할 수 있어야 한다. 비즈니스맨은 그러한 점에서 그들에게 배울 점이 많다. 최고의 선수들은 그들이 얻게 될 영광과 즐거움이 처절하고 비참한 실패 뒤에 있다는 사실을 잘 안다. 뭔가를 잃을 수도 있는 위험을 감수하는 것,

그리고 모든 것을 잃게 되는 경험은 진정 숨을 멎게 한다. 극적으로 성공을 거머쥔 월드 시리즈 챔피언이나, 조롱거리가 된 실책이나 경이로운 플레이를 펼친 스타들을 기억하는가? 빌 버크너 *Bill Buckner*가 글러브가 아닌 그의 다리 사이로 볼을 던지는 바람에 보스턴 레드 삭스는 68년 만에 처음 찾아온 월드 챔피언 자리를 놓쳤다. 커크 깁슨 *Kirk Gibson*은 걷기조차 힘든 다리 부상에도 불구하고 경기장 밖으로 안타를 쳐내며 88년 시리즈 2차전 경기를 승리로 이끌었다. 미식축구 팬이라면 약체 뉴잉글랜드 패트리어츠 *New England Patriots*가 어떻게 2002년 슈퍼볼 우승을 차지하게 되었는지를 생생하게 기억할 것이다. 전설적인 미식축구코치이자 해설자인 존 우드조차, 종료 1분 전에 공격권 이전의 위험을 감수하고 필드 전체를 돌파하려는 시도는 미친 짓이라고 했다. 차라리 타임아웃을 이용해서 연장전을 준비하라는 것이 그의 조언이었다. 그러나 패트리어츠는 돌파를 감행했고, 전광판의 남은 시간이 0이 되는 순간! 승리는 그들을 향해 미소 지었다. 이 모두가 삶을 충만하게 하는, 스포츠 역사상 잊을 수 없는 순간들이다.

힘든 도전에 직면해 숯을 날리는 선수들의 눈부신 활약은 전율을 일으킨다. 그들로 인해 기록은 깨지고 전설이 태어난다. 하지만 쉽고 안전한 길을 선택하는 사람들은 그 어디에도 기록되지 못한다.

이러한 위업은 게임, 거래, 사건 자체가 좋고 나쁘고에 따라 만들어지는 것이 아니라는 사실을 알아야 한다. 높은 수준의 성취란, 결과에 대한 평가가 아니다. 압박감으로 가득 찬 상황에 도전하여 최선을 다하고 즐기는 것을 수없이 반복하는 것이다. 책이 끝나기 전에 나는 이를 깨닫는 것이 찬스에 강한 성취자로의 첫걸음에 불과하다는 사실을 환기시키고 싶다. 최선을 다해 꾸준히 수행하는 법을 배우고, 남다르게 사고하는 습관을 기르며, 신뢰의 마음을 발전시켜 나가는 일은 단지 이 책을 읽는다고 해서 마법처럼 일어날 수 있는 것이 아니다. 가장 염려되는 것은 책 한 권을 다 읽거나, 자기 계발에 관한 카세트테이프 하나를 다 들었다고 해서 성취와 만족이 자신의 손 안에 있다고 착각하는 터무니없는 태도다. 나는 누구나 뛰어난 성취자가 되어 삶의 만족을 얻고 능력을 향상시킬 수 있다고 생각한다. 그러나 거기엔 낡은 사고방식을 바꾸고, 지금까지 설명한 새로운 생각들을 선택해서 끊임없이 연습하는 과정이 반드시 필요하다.

무한성취자가 된다는 것은 해탈이 아니다. 뛰어난 실행은 완벽한 실행과는 관계없다. 한 연구에 의하면 성공한 기업가들은 아이디어 하나로 큰 성공을 얻기까지 최소 여섯 번의 실패를 경험한다고 한다. 또한 높은 수준의 실행을 위한 사고 방법을 습득했다고 해도, 종종 그에 역행하거나 실수를 할 때가 있다. 당신이 일하는 분야의 영웅을 찾아보라. 그들의 자서전을 읽고, 잡지와 TV에 소개된 프로필을 자세히 훑어보고, 관련 정보들을 인터넷에서 검색해보라. 승승장구 일색인 그들의 경력에서도 찾아보면 분명 많은 결점이 발견될 것이다.

쓰러져가는 크라이슬러를 회생시킨 아이아코카 *Lee Iacocca* 는, 크라이슬러에 오기 전에 포드자동차 사장직에서 해임되었다. 애플 컴퓨터의 공동창업자인 스티브 잡스는 1985년 CEO 자리에서 강제로 물러났지만, 10여 년 뒤에 다시 스카우트되어 회사를 살려냈다. 델 컴퓨터의 마이클 델은 이렇게 선언했다. "혁신이란 위험을 감수하고 실패로부터 배우는 것입니다."

엔지니어나 과학자들만큼 실패가 가지는 의미를 잘 아는 사람들은 없을 것이다. 듀크 대학의 도시공학 교수인 헨리 페트로스키*Henri Petroski*는 "모든 장비, 기계, 시스템의 설계에는 실패가 따릅니다. 그러므로 엔지니어들이 성공적인 설계를 할 수 있는 길은 어떻게 실패할까를 생각하느냐에 있다고 해도 과언이 아니죠."라며 실패의 가치를 역설했다. 또한 "완전한 시스템이란 공학이 아니라 과학소설에나 있는 것입니다."라고 덧붙이면서 대부분의 설계는 '방어공학*defensive engineering*'이라고 지적했다. 완벽이 불가능하다는 사실을 깨닫게 되면, 실수란 목적을 향할 때 필요한 일종의 '통행권'으로 조금 우회해서 가는 것뿐이며, 정상에 오르기 위한 잠재력을 발휘하는 데 필수 요소임을 알게 될 것이다.

나는 위험 관리능력이나 창조성 자체를 위해 그것을 경험하라고 말하는 것이 아니다. 다만 어떤 일에서건 '꾸물거리기'와 실수를 긍정적으로 바라보는 방식을 가진다면, 당신이 가진 어떤 능력보다 가치 있는 도구를 가진 것이라고 말할 수 있다. 유명한 IT 컨설턴트로 컴퓨터의 시대가 올 것을 조기에 예언한 에스더 다이슨*Esther Dyson*은 "나는 문제에 대해 늘 창조적인 해결책을 생각하려 애쓰면서도, 그것이 유용해야만 가치 있다는 점을 잊지 않는다. 나는 실수를 통해 모든 것을 배웠다"고 말했다. 그의 좌우명은 '가장 많은 실수를 한 팀이 승리한다'고 했던 존 우든의 것과 일맥상통한다.

사무엘 베케트는 "누구도 감히 실패를 무릅쓰려 하지 않기 때문에 예술가가 된다는 것은 실패한다는 것을 의미한다. 실패는 예술가의 세계다."라고 말한 적이 있다. 《고도를 기다리며》보다 30년 전에 씌어진 한 희곡에 등장하는 인물은, 데카르트의 "나는 생각한다. 고로 존재한다."를 떠올리게 하는 대사로 베케트 자신의 입장을 대변한다. "나는 실패한다.

고로 존재한다."가 바로 그 대사다. 또 다른 위대한 예술가인 마이클 조던이 한 말로 바꾸면 "나는 실패하기 때문에 성공했다"가 될 수 있을 것이다.

베케트의 작품을 잘 아는 친구는 나에게 베케트가 한 또 다른 말을 알려주었다. "예술은 도약을 숭배한다." 나는 베케트와 마이클 조던이 만난다면 성공에 대한 재미있는 이야기들을 나눌 수 있지 않을까 생각한다. 그들은 문학평론가나 스포츠 기자들이 상상할 수 있는 것 이상으로 공통점이 많을 것이다.

나는 앞에서 조던이 어떤 NBA 기록에서도 1위에 오르지 못했다는 사실을 언급했다. 그러나 정정하겠다. 이는 거짓말이다. 마이클 조던은 다른 1위 기록을 보유하고 있다. 그는 농구 역사상 누구보다 많은 슛을 놓쳤다. 그리고 조던도 자신이 잘 알고 있는 것처럼, 그가 위대한 이유는 바로 그 때문이기도 하다. 꿈을 좇는 환희의 길에 방해가 되는 완전한 실패조차 허락하고 성공의 발판으로 만든 것이다. 그것은 남다른 사고의 최고 절정이다.

그러니 지금 당신이 있는 자리를 박차고 나와 그의 마음가짐을 연습하라. 명확한 꿈을 눈앞에 가지고, 요기처럼 기이하게 생각하고, 디언이나 리처드 브랜슨 혹은 도널드 트럼프처럼 몰입하고 확신을 가지면서, 타이거 우즈와 마이클 조던처럼 압박감을 기회로 이용하고 정확한 초점을 향해 집중하는 것을 연습하라. 그리고 모든 위대한 성취자들처럼, 일상적으로 신뢰의 마음에 진입하는 법을 배워라. 무엇보다 예술가가 되라. 당신에게는 평범함 말고는 잃을 것이 없다.

두 마리 토끼를 잡는
위대한 사람이 되라

당신이 올림픽에 출전한 체조선수라고 가정해보자. 이 경기를 위해 4년간, 아니 그 보다 더 오랜 기간 당신의 모든 것을 바쳐 준비해왔다. 이번 기회를 놓치면 4년을 기다려야 하거나 다시는 올림픽에 출전하지 못할지도 모른다. 당신의 이름이 잠시 후에 호명되면 심사위원들 앞에서 지금까지 연습해온 대로 완벽한 연기를 선보여야 한다. 실수란 용납되지 않는다. 극도로 긴장된 순간. 이때 당신은 극도의 긴장감을 어떻게 처리할 것인가?

인생의 중대한 순간에 어떤 태도를 취해야 실전에서 좋은 결과를 얻을 수 있을 것인가. 당신은 올림픽 출전권을 따낼 만큼의 충분한 실력을 가졌다. 연습처럼만 잘 된다면 금메달도 문제없다. 그러나 문제는 지금은 실전이라는 것이며 오직 이 순간만 인생에 기록될 것이다. 어쩌면 메달의 색깔을 결정짓는 것은 선수들의 단순한 실력 차가 아닐 수도 있다. 그들이 이런 상황에 어떤 심리상태로 경기에 임했느냐가 결과를 결정짓는 요인이 될 수 있다.

그러니 그런 극도의 긴장상태에서 어떤 태도를 취해야 하는지를 제대로 아는 것은 너무나 중대한 일이다.

그렇기 때문에 수많은 심리학자들은 이에 대한 연구를 해왔고 나름의 처방을 내렸다. 그래서 당신은 스트레스를 어떻게 다뤄야 하는지에 대해 들어봤던 조언을 토대로 답을 생각하고 있을 것이다. 그 답이 정말 확실하고 옳기만 하다면 비슷한 조건 하에 같은 노력을 하는 상황에서도 당신이 앞서 나갈 수 있는 확실한 이점이 생길 수 있다. 저자가 말하듯이 빌 게이츠와 비슷한 생각을 했던 사람, 타이거 우즈와 비슷한 실력을 가진 사람은 많다. 그들이 유명인이 된 이유는 보통 사람들과 다르게 생각하고 스트레스 상황에 어떻게 행동해야 하는지 본능적으로 알았기 때문이다.

이 책의 가치는 당신이 예상하고 있는 답을 정면으로 부정한다는 데 있을 것이다. 존 엘리엇이 내린 처방은 우리가 지금까지 흔히 들어왔던 이야기와는 정반대다. 당신이 쉽게 생각할 수 있는 방법은 무엇인가. 극도의 긴장상태에서는 긴장을 풀고 스트레스를 줄여야 한다는 게 해답이라고 생각하지 않는가. 연습할 때는 잘했으니 연습 때처럼 지금 생기는 긴장감을 벗어내기만 하면 잘 될 거라고, 그 방법만 터득하면 된다고 생각하지 않는가.

당신은 이미 그런 방법을 제시하는 수많은 자기계발서를 접했을지 모른다. 그리고 책 안의 방법을 따라하려고 노력도 했을지 모른다. 하지만 결과는 어땠는가. 노력은 해봤지만 성과가 없어 다시 이전의 나로 돌아가지는 않았는가. 당신의 실패 요인이 그들이 제시한 7단계, 혹은 10가지 방법을 제대로 실천하지 못한 데 있었다고 생각하는가.

존 엘리엇은 이럴 때 '신뢰 모드'로 전환할 것을 요구한다. 즉 모든 의심을 버리고 이전에 배웠던 기술이나 평가, 결과 등을 생각하지 않고 자신이 습득한 모든 전문적 기술이 그저 본능적으로 존재하도록 내버려두는 것이다.

그렇게 하기 위해서는 긴장을 푸는 대신 그것을 받아들여야 한다고 충고한다. 당신이 압박감때문에 겪는 신체의 반응들이 잘못된 인과관계로 인해 '긴장을 풀라'는 결론에 도달함을 과학적 이론으로 설명하는 것이다. 그리고 극도의 긴장감 속에서 살아남는 연습을 하라고 권한다. 올림픽 대회에서 자신의 순서를 앞두고 긴장하지 않는 것이 가능할까? 우리가 연습해야 할 것은 긴장을 없애는 것이 아니라 평소에도 그런 긴장의 상태를 만들어 그것에 익숙해짐으로써 문제없이 실력을 십분 발휘할 수 있도록 연습하는 것이다.

그는 또 성공에 이르는 방법으로 남들과 다르게 사고하고, 비현실적일 만큼 큰 꿈을 꾸고, 팀플레이어가 되지 말고, 남들의 비판 따위에는 아랑곳하지 말며, 모든 달걀을 한 바구니에 담으라고 충고한다. 그렇지만 큰 성공을 위해서는 반드시 미치광이나 괴짜가 되어야만 하는가. 다른 모든 것을 희생하고 거기에만 몰두해야 하는 것일까. 사실 이 책을 번역하면서 내내 들었던 의구심은 그런 것이었다. 일에서만 세계 최고가 되고 다른 모든 것을 잃는다면 그것이 진정한 성공이라 말할 수 있을까. 자기 분야에서 세계 최고가 되더라도 그 성공이 가족의 희생을 바탕으로 한 거라면, 그 과정에서 이혼을 하거나 친구를 잃어버리게 된다면 과연 진정한 성공을 한 것일까. 하지만 저자는 분명히 말했다. 이 책은 보통의 성공을 원하는 사람들을 위한 책이 아니라고 했던 것이다.

그러나 다행히도, 존 엘리엇은 열심히 노력하는 것만이 능사가 아니라는 충고도 잊지 않는다. 물론 근면과 성실은 소중한 가치이고 우수한 인재가 되는 데 훌륭한 발판이 되겠지만, 우리가 말하는 최고 성취자가 되기 위해서는 거기에만 매달려서는 안 된다는 것이다. 더 좋은 성과를 얻기 위해 더 많은 시간과 노력을 투자해야만 한다는 생각은 의욕만 앞서고 성과는 초라한 사람으로 만들기 쉽다.

그렇다. 방법을 알기만 한다면 우리는 두 마리 토끼를 다 잡을 수 있다. 성공으로 가는 확실한 방법을 알고 있다면 시행착오와 시간낭비는 없을 것이다. 자, 이제 마음을 열고 그가 말하는 성공 비결(물론 그가 말하듯 12단계 프로그램 같은 것은 없지만)을 실천해보자. 개인적 경험담에만 근거한 것이 아닌 과학적 사실에 기초한 그의 충고는, 당신이 남들보다 우위에 설 수 있도록 도와줄 것이다.

2005년 2월
최소영·김원옥

● 지은이 소개

존 엘리엇 *John Eliot, Ph.D.* _ 존 엘리엇 교수는 라이스 *Rice* 대학에서 경영학과 심리학을 가르치고 있으며, 휴스턴 대학과 SMU 콕스 비즈니스 스쿨 리더십 센터의 부교수로 재직중이다. 또한 여러 대학에서 스포츠 경영과 실력 향상 프로그램을 지휘하기도 했다. 2000년에는 기업 간부들과 프로 운동선수들, 그리고 전국 기업에 수행 능력 향상 교육과 훈련을 실시하는 마일스톤 그룹 *The Milestone Group* 을 공동 설립했다. 메릴 린치*Merrill Lynch*, 골드먼 삭스*Goldman Sachs*, 아디다스 *Adidas*, 나사 *NASA*, 국제 올림픽 위원회*IOC*, 필라델피아 이글스*Philadelphia Eagles*, 워싱턴 캐피털스 *Washington Capitals*, 매요 클리닉*Mayo Clinic* 등 여러 기업과 단체, 수백 명의 뛰어난 인물들이 그에게 상담을 받았다.

● 옮긴이 소개

최소영 _ 성균관대학교에서 영문학과 불문학을 전공했다. 코리아헤럴드 번역센터, 잉글리시 고에서 번역가로 활동했다. 번역서로는 《국가의 부와 빈곤》, 《누가 페미니즘을 죽였는가》 등이 있다.

김원옥 _ 경북대학교를 졸업했다. LG화학 해외영업팀에서 근무했으며, KBS에서 방송 작가로 활동했다. 번역서로는 《미래생활사전》(공역), 《Normal One》, 《Qestions and Answers on Death and Dying》(근간)이 있다.

한언의 사명선언문

Our Mission

一. 우리는 새로운 지식을 창출, 전파하여 전 인류가 이를 공유케 함으로써 인류문화의 발전과 행복에 이바지한다.

一. 우리는 끊임없이 학습하는 조직으로서 자신과 조직의 발전을 위해 쉼 없이 노력하며, 궁극적으로는 세계적 컨텐츠 그룹을 지향한다.

一. 우리는 정신적, 물질적으로 최고 수준의 복지를 실현하기 위해 노력하며, 명실공히 초일류 사원들의 집합체로서 부끄럼없이 행동한다.

Our Vision 한언은 컨텐츠 기업의 선도적 성공모델이 된다.

저희 한언인들은 위와 같은 사명을 항상 가슴 속에 간직하고
좋은 책을 만들기 위해 최선을 다하고 있습니다.
독자 여러분의 아낌없는 충고와 격려를 부탁드립니다.

\- 한언가족 -

HanEon's Mission statement

Our Mission

—. We create and broadcast new knowledge for the advancement and happiness of the whole human race.

—. We do our best to improve ourselves and the organization, with the ultimate goal of striving to be the best content group in the world.

—. We try to realize the highest quality of welfare system in both mental and physical ways and we behave in a manner that reflects our mission as proud members of HanEon Community.

Our Vision HanEon will be the leading Success Model of the content group.